논어처럼
이끌어라

나를 단단하게,
◆ 조직을 유연하게 만드는 고전의 힘 ◆

논어처럼
이끌어라

이강재 지음

21세기북스

● 저자의 글 ●

이 책은 K-Mooc 강좌 "논어와 현대사회-리더를 위한 논어의 읽기"
에서 강의한 내용을 수정 보완하여 쓴 것이다. 이 강좌는 2019년 처음 개
설되었다. 그해 2학기에 2,210명이 수강하여 수강생 수가 많은 강좌라는
이유로 교육부장관 표창을 받기도 하였다. 그렇지만 내가 이 책을 쓰려
고 마음먹은 것은 훨씬 여러 해 전이다. 대학에서 공자와 맹자를 강의하
면서 이들의 주장이 결국은 리더를 위한 이야기임을 강조했다. 여러 기업
과 대학 내의 최고위과정에서 "리더를 위한 공자(혹은 논어) 이야기"라는
제목으로 강의를 했다. 여기에서 사회 곳곳에서 활동 중인 리더를 만날
수 있었다. 학교 밖 사회를 잘 모르는 사람이 리더십 관련 강의를 하면서
오히려 내가 더 많은 것을 배웠다. 사회 각층의 리더와의 만남을 통해 또
다른 세계를 많이 배우게 된 것이다. 이때 만난 몇 분이 강의 내용을 중
심으로 책을 집필해볼 것을 권했고, 그것이 이 책을 쓴 계기이다.

2019년 11월부터 한국연구재단 인문사회연구본부장으로 파견 근무
를 할 기회가 생겼다. 인문사회연구본부장은 국가 예산으로 진행하는 연
구비 중 인문사회예술체육 분야를 총괄하는 자리이다. 이 일은 나에게
사회적으로 중요한 일을 한다는 것에 대한 기대를 품게 하였다. 동시에
과연 내가 한 조직의 리더로서 제대로 역할을 할지 궁금했다. 이곳은 일
종의 학습의 장이자 실험 공간이었다. 내가 정말 공자의 말에 따라 리더

의 역할을 성공적으로 했는지는 나중에 평가받을 것이다. 다만 나는 이곳에서 끊임없이 공자가 강조한 리더의 덕목을 생각했고 그것을 최대한 실천하려고 노력했다. 이제 본부장의 임기를 마치면서, 리더를 위한 공자의 이야기를 일단락 지으려 한다.

우리나라는 여러 차례 국가 리더의 교체를 경험하였다. 금년에 이루어진 리더의 교체에서 나는 이전과는 전혀 다른 경험을 하고 있다. 내가 국가의 공공기관에 파견 근무 중이기 때문이다. 리더의 교체가 미치는 영향을 가까이에서 경험했고 이 책을 마무리하는 과정에서 더 많은 생각을 하게 만들었다. 이 책에 K-Mooc의 강의 때보다 더 많은 생각이 포함되어 있다면 그 때문일 것이다.

문명 대전환의 시대, 리더의 역할이 중요하다. 리더가 바른 생각을 하고 바른 길을 가지 않으면 전 국민을 위험에 빠지게 할 수 있다. 더구나 최근 국제 정치와 경제 상황은 매우 불안정하다. 자국 이기주의가 이전보다 강해지면서 국가 간의 신의가 없어지고 전쟁도 불사하는 것을 보면 흡사 중국의 춘추전국시대를 연상하게 된다. 전쟁으로 촉발된 자원의 확보 경쟁, 자본의 과잉이 불러온 유동성의 확대는 전 세계를 어려움에 빠지게 하고 있다. 코로나19로 확인된 자연의 역습과 대처 능력에서 보여준 국가 간의 차이와 한계, 모든 분야에서의 무한 경쟁 시대를 보고 있다. 지금 이 시점은 정말로 리더가 중요한데, 리더십이 위기에 있다는 생각을 버릴 수 없다. 모든 시기, 모든 조직에서 리더와 리더십이 중요하지만, 지금은 더욱 그렇다는 말이다.

리더십이 위기에 처하여 회복이 필요하다면 우리는 다시 근본으로 돌아가야 한다. 인간과 사회의 근본을 돌아보고 우리가 지금 어디에 있고 어디로 가야 하는지, 그리고 리더는 어떤 모습이어야 하는지 살펴보아야 한다. 이 책에서 다루고 있는 내용은 리더가 성장해나가는 과정, 좋은 리더를 선택하는 기준, 위기에 빠진 리더십을 회복하는 방법과 관련된 것이다. 이는 국가만이 아니라 기업을 포함한 모든 조직에 필요하다.

나는 평소 유가 경전에 대한 학습과 연구를 하는 경학이 바로 경세학이라고 주장한다. 유가 경전은 과거에도 세상을 다스리는 학문이었고 앞으로도 그래야 한다는 생각이다. 즉 세상을 다스리는 힘이 되어야 한다는 말이다. 내가 왜 『논어』와 공자를 통해 리더십을 언급하는지 역시 이와 관련이 있다. 이는 모두 근본을 회복하는 일과 관련되며, 유가의 경전이 세상을 다스리는 학문이기 때문이다. 여기에서 과거의 이야기는 시대적으로는 과거이지만 그것을 '지금', '여기에' 맞게 읽어내면서 미래를 여는 역할을 하는 것이 필요하다.

최근 세상은 법률가들의 세상이다. 이는 공자가 강조했던 덕에 의한 정치와는 전혀 다른 길이다. 과거와 달리 복잡해진 사회에서 법률과 제도는 중요하다. 그런 점에서 법률가들의 득세는 피할 수 없다. 그렇지만 잊어서 안 될 것이 있다. 법률을 만드는 것이 사람이고 그것을 운용하는 것 역시 사람이라는 점이다. 지금 그 점을 잊어버린 듯한 모습에 걱정이 앞선다. 진나라가 전국을 통일하는 데 큰 역할을 한 것이 법가사상이다. 법가 중심의 통일된 진나라는 결코 아름답지도, 오래가지도 못했다. 공자에 의하면, 인간에 대한 애정이 없는 법률과 정치는 사람이 잘못을 저지르고도 형벌을 피하기만 하면 괜찮다고 생각한다. 법률만이 강조되는 사회는 규정을 중시하는 행정 관료의 세상이 된다. 그러나 사실 행정 관료를 포함하여 누구도 적극적으로 일하지 않는 세상이 된다. 형벌이 무서워 적극적인 행정이 이루어지지 않고 소극적인 대응만이 이루어진다. 이때 국민은 각자 자신의 안위를 책임져야 하며 국가의 존재는 없어진다. 이 점에서 지금 다시 세상의 발전을 위해 법률 중심적 사유를 견제했던 유학, 공자의 말씀에 귀 기울여볼 필요가 있다.

공자의 이상은 모두 함께 조화롭게 사는 세상이다. "서로 조화를 추구하되 맹목적으로 같기를 요구하지 않은" 사회를 꿈꾸었다. 우리 사회는 여러 방면으로 사회적 갈등이 심하고 이 때문에 생기는 사회적 비용이 매우 크다. 언제부터 이처럼 극단적으로 대립하게 되었는지 좀 더 깊은 연구가 필요하다. 여기에서 공자가 왜 자신과 생각이 다른 사람을 공격하면 오히려 더 위험하다고 했는지를 돌아보게 한다. 리더는 어떻게 하면 행복한 사회 공동체를 만들 수 있을 것인지에 대한 깊은 성찰을 해야 한다.

이 책은 모두 세 부분으로 구성된다. 제1부인 제1강과 제2강은 전체 내용의 서론이다. '지금' '우리'가 '왜' 공자를, 그리고 '어떻게' 읽어야 하는지를 언급한다. 독자들은 반드시 이 부분을 먼저 읽어보길 권한다. 제2부인 제3강부터 제9강까지는 『논어』 44구절을 통해 공자가 생각하는 리더십을 다루고 있다. 여기서는 질서가 무너진 세상에서 탁월한 지도자를 발견하는 지혜, 절대 흔들리지 않을 리더의 원칙을 세우는 방법, 국가와 조직의 운명을 바꾸는 진정한 리더의 의미를 다루고 있다. 공자에 의해 시도된 국가의 리더십 회복 프로젝트라고 할 수 있다. 표제어가 44구절이지만 다루고 있는 『논어』 구절은 그 몇 배에 이른다. 각 구절에 대한 원문과 우리말 독음, 쉬운 우리말 해석, 각 구절별로 간략한 해설, 고주와 신주에 근거한 해설 방법, 리더십과 관련된 시사점 순으로 구성되어 있다.

최대한 쉬운 우리말을 쓰려고 했고 전문적인 학술 용어는 피하였다. 제2부는 반드시 순서대로 읽어나갈 필요는 없으며 독자가 선택적으로 어느 것을 먼저 읽어도 된다. 제3부인 제10강부터 제12강은 공자와 『논어』 더 알아보기이다. 국내에 나온 『논어』 서적에 없는 내용도 많고 본문 이해에도 중요할 수 있기에 독자들이 되도록 읽어보기를 권한다.

책의 집필을 마무리하는 시점에 지난 3년간 수행한 한국연구재단 파견 업무가 거의 동시에 종료된다. 그동안 인문사회연구본부장을 잘 수행할 수 있도록 도움을 준 전 구성원들에 대한 고마움을 잊을 수 없다. 내가 중요한 정책적 결정을 내리는 과정에서 여러 도움과 조언을 주었던 보직자들도 이 책에 직간접적으로 영향을 미쳤을 것이 분명하다. 사회과학단장 윤비 교수는 성균관대학교에서 정치사상을 전공하는데, 단장 업무 틈틈이 많은 독서량과 글쓰기를 지속하였다. 또 내가 잘 모르는 유럽의 정치사와 리더십에 대한 이야기를 많이 들려주었다. 이런 자극이 없었다면 내가 지금 이 책을 완성할 수 없었을 것이다. 인문사회연구지원실의 이덕우 실장은 나의 K-Mooc 강의를 모두 듣고 중요한 조언을 해주었다. 아마도 내 책의 첫 독자 중의 한 사람이 될 것이다. 인문사회연구본부장을 하는 동안 인문사회 학술 진흥을 위한다는 명분으로 파견 나오면서 원래의 소속기관에 진 빚이 크다. 이를 너그럽게 이해해준 서울대학교 중문학과 동료 교수들께 고마운 마음을 전한다. 내가 없는 동안 부득이하게 각자도생을 경험했을 대학원의 지도학생들, 가끔 온라인으로 만났지만 더 가까이에서 도움을 주지 못한 점에 대해 미안한 마음이다. 21세기북스 김영곤 대표와 서가명강팀 강지은 팀장과 공승현 선생 덕분에 멋진 책이 되었다. 내가 대중 독자를 대상으로 책을 쓴다고는 해도 여전히 대학에서 학생을 가르치고 글 쓰며 살아온 서생의 한계를 버릴 수 없다. 이분들이 내가 수용하지 않을 수 없는 고귀한 수정 제안을 많이 해주었다. 끝으로 이 책이 우리 사회의 흔들리는 리더십을 바로 세우는 힘이 되기를 기원한다.

2023년 1월 이강재 쓰다

차례

저자의 글 • 4

1부 입문|환란의 시대에는 혜안이 필요하다

1강 흔들리는 리더십을 다잡아 주는 힘

위기에 빠진 리더십, 『논어』로 회복하라 | 군자의 발견 • 17

인간의 무한한 가치에 대한 믿음을 가져라 | 해석의 전제 • 24

2강 근본으로 돌아가면 새로운 비전이 열린다

다양한 해석을 즐겨라 | 백가쟁명 • 32

무한한 가능성을 발견하라 | 대우탄금 • 34

의심하고 시도하라 | 진신서, 즉불여무서 • 36

세상을 이끌어라 | 천년의 메시지 • 39

2부 단련|리더십의 기준을 바로 세우는 지혜

3강 학습을 통해 내면을 성장시키다

배우고 실천하는 것에서 출발하라 | 시습 • 45

생각만 한다고 되는 것이 아니다 | 학이사 • 53

적극적으로 배우고 가르쳐라 | 학불염, 회불권 • 56

자신을 위한 공부를 하라 | 위기지학 • 59

어려워도 끝까지 노력하는 사람이 귀하다 | 곤이학지 • 62

간절하게 묻고 실행 가능한 것을 실천하라 | 절문근사 • 66

끊임없이 자신을 돌아보라 | 삼성 • 69

4강 원칙은 지키되 유연하게 사고하라

사소한 것은 버려야 한다 | 식무구포, 거무구안 · 75

가난하지만 지킬 것은 지킨다 | 단표누항 · 78

부귀와 생사에 연연하지 말라 | 부귀재천 · 83

어려워도 좌절하지 않는 법을 터득하라 | 불원천불우인 · 88

내면과 외형을 조화롭게 하라 | 문질빈빈 · 93

즐기는 사람은 이기지 못한다 | 지호락 · 96

맹목적인 확신은 독이다 | 지인용 · 99

덕이 있는 사람이 가치 있는 말을 한다 | 유덕자필유언 · 103

솔직하게 인정하고 과감하게 고쳐라 | 과즉물탄개 · 106

5강 아무나 리더를 꿈꾸어서는 안 된다

리더의 자격을 스스로 되물어라 | 민무득이칭언 · 112

물이 흘러가듯 권력도 오래가지 못한다 | 서자여사부 · 116

리더의 길은 결코 쉽지 않다 | 임중도원 · 119

리더 역할의 무게를 깨달아라 | 위군난 · 121

모르는 것은 물어보아야 한다 | 매사문 · 126

6강 모든 것이 리더 하기 나름이다

모범을 보이면 존중이 따라온다 | 군자지덕풍 · 133

누구나 동등한 인간임을 인식하라 | 성상근 · 137

내 부모만큼 타인의 부모도 중요하다 | 무본 · 141

리더는 멀리 볼 줄 알아야 한다 | 인무원려, 필유근우 · 147

리더도 구성원도 잘 쉴 수 있어야 한다 | 욕기 · 150

7강 사람이 가장 중요하다

훌륭한 리더는 사람들을 다가오게 만든다 | 근자열, 원자래 · 157

타인의 장점을 아는 것이 소통의 시작이다 | 견현사제 · 160

직접 확인하고 살펴봐야 한다 | 필찰언 · 162

구성원의 신뢰가 없으면 리더도 없다 | 무신불립 · 165

때로는 과감한 결단이 필요하다 | 재사가의 · 170

8강 소통하는 리더가 성공하는 조직을 만든다

사람을 제대로 볼 줄 알아야 한다 | 문일지십 · 175

서로의 차이를 인정하고 포용하라 | 공호이단, 사해야이 · 179

실수를 해도 적극적으로 일하는 사람이 필요하다 | 필야광견호 · 183

정직한 사람이 우선이다 | 거직조제왕 · 187

덕을 가진 사람은 외롭지 않다 | 덕불고, 필유린 · 192

입은 다물고 지갑은 열어라 | 군자삼계 · 194

9강 꿈꾸는 리더가 사회를 바꾼다

모두가 잘 사는 세상을 만들어라 | 노자안지 · 201

사람에 충성하지 않고 의리를 따를 뿐이다 | 의지여비 · 205

일관성 있는 태도가 믿음을 얻는다 | 경사이신 · 207

위급한 순간에도 지킬 것은 지킨다 | 전패필어시 · 211

진정성으로 최선을 다하라 | 일이관지 · 216

속도보다 방향이 중요하다 | 욕속부달 · 220

리더의 네 가지 덕목을 갖추어라 | 군자지도사 · 224

3부 도약 | 탁월한 지도자를 발견하는 시간

10강 공자, 진정한 리더의 삶을 살다

격랑에 맞서 질서와 예법을 세우다 | 공자의 시대 · 231

적극적으로 학습하고 왕성히 활동하다 | 청년기와 장년기 · 236

꿈을 위해 천하를 떠돌다 | 주유천하와 말년기 · 240

11강 리더를 완성하는 공자의 가르침

한 점 부끄럼 없는 리더가 되어라 | 공자의 정치 · 253

시대의 변화를 읽고 올바른 사회를 선도하라 | 공자의 꿈 · 261

12강 『논어』, 더 깊이 알면 더 널리 보인다

차곡차곡 축적되어 견고해지다 | 고전의 편찬 · 268

여러 굴곡을 거쳐 현대에 전해오다 | 고전의 전래 · 271

참고문헌 · 277

1부

| 입문 |

환란의 시대에는
혜안이 필요하다

1강

흔들리는 리더십을
다잡아 주는 힘

위기에 빠진 리더십,『논어』로 회복하라

군자의 발견

한국의 인문학은 대학 내의 냉탕과 사회 속의 열탕이라는 이중적 상황에 있다. 대학 내의 인문학 관련 학과는 통폐합되면서 학생이 대폭 감소하였고 젊은 세대들의 기피 대상이 되고 있다. 반면 평생교육, 시민교육 현장에서의 인문학은 인기가 높으며 4차 산업혁명 시기의 중요한 스토리와 콘텐츠 생산이라는 차원에서 중시되고 있다. 인공지능AI 등의 발전에 따른 인간성과 도덕성의 중요성, 비판력과 상상력, 창의 정신 등의 원천으로서 역할이 강조되면서 앞으로 없어서는 안 될 분야로서 주목을 받고 있다.

이러한 이중적 상황 속에서 연구와 교육의 중심인 대학의 인문학은 매우 어려운 처지에 놓여 있다. 우리 사회의 급속한 성장과 이에 따른 배금주의적 성향이라든가 현실 추구에 지나치게 몰두하다 보니 인간의 정신세계를 등한시하고 있는 것이 그 원인으로 언급된다. 그러나 인문학의 어려움에 대한 다양한 분석에는 인문학이 우리 사회에서 일어나는 많은 문제에 대해 깊은 성찰을 하지 못한 채 상아탑 속에 안주함으로써 야기된 결과라는 분석도 포함된다. 전통시대 인문학, 특히 동아시아의 유가 중심적인 학문은 자기 자신의 수양을 중시하는 '수기修己'와 세상을 다스리는 '치인治人'의 두 가지로 전개되었다. 치인은 세상을 경영한다는 '경세經世'와 실질적인 쓰임에 도움이 되어야 한다는 '치용致用'이라는 두 가지

어휘로 설명된다. 수기와 치인은 서로 깊은 관련이 있다. 나는 이제 다시 『논어』를 비롯한 고전에 대한 학습과 연구를 경세의 측면에서 접근할 필요가 있다고 생각한다. 이것은 우리 사회의 현실 문제에 대한 인문학적 성찰과 대안 제시, 그리고 국가의 발전 전략의 하나로서 인문학이라는 필요성에 대한 응답이다. 이 책에서 시도하는 "『논어』의 현대적 재읽기" 역시 사회적 의제에 대한 인문학적 성찰로서의 가치를 갖는다.

『논어』는 현대사회에서 여전히 읽을 만한 가치가 있는 책인가? 그저 지나간 시대의 미련 때문에 아직도 '공자왈', '맹자왈' 하고 있는 것은 아닌가? 이는 고전을 대하는 자세에 대한 물음이며 동시에 '지금', '여기'에서 『논어』는 무엇인지에 대한 근본적인 질문이다.

'수주대토守株待兎'라는 성어가 있다. 이는 『한비자韓非子』의 「오두五蠹」에 나오는 이야기에 근거한다. 글자 그대로 해석하면, "나무 그루터기를 지키면서 토끼를 기다린다"는 말이다. 이는 많은 사람이 알고 있는 성어이며, 지금도 중·고등학교 한문 교과서에 나온다. 그 내용은 다음과 같다.

> 송나라 사람이 밭을 갈고 있었다. 밭 가운데 나무 그루터기가 있었는데, 토끼가 달려가다 여기에 부딪혀서 목이 부러져 죽었다. 이 사람은 이를 보고서 쟁기를 내려놓고 나무 그루터기를 지키면서 다시 토끼를 얻을 수 있기를 기대하였다. 그러나 토끼는 다시 얻지 못하고 그 자신은 송나라 사람의 웃음거리가 되었다.

출전이 『한비자』의 「오두」라고 하였는데, 여기서 '오두'라고 하는 것은 다섯 가지 좀이다. 한비자가 세상을 좀먹는 다섯 가지 병폐로 든 것 중에 유가가 포함된다. 아래에서 한비자의 생각 속으로 좀 더 들어가 보자.

공자, 맹자는 가장 살기 좋았던 이상적인 사회로 요순시대를 거론한다. 아마도 요순시대라는 말을 모르는 사람은 거의 없을 것이다. 그러나 "요순시대에는 사람이 어떻게 살았는가?"라는 구체적인 질문에 제대로 답할 수 있는 사람은 거의 없다. 그것은 요순시대가 역사의 시대가 아니며 아직까지 신화의 시대에 속하기 때문이다. '아직까지'라고 하는 것은 중국의 곳곳에 요임금과 순임금의 유적지가 있고 그것의 진위를 믿을 수는 없지만 앞으로는 역사의 일부분으로 서술할 때가 있을 것이라는 생각 때문이다.

요순시대는 대략 B.C.2300~B.C.2400년 정도의 시대이다. 이는 단군의 시기와 비슷하다. 즉 지금부터 대략 4,500여 년 전인데, 중국은 신석기시대 후기 아니면 청동기가 시작된 직후이다. 우리나라에서 출토된 유물에 의하면 한반도에서는 아직 청동기가 시작되기 전이다. 그 시기에 사람은 어떻게 살았을까? 그 시기는 아마도 고대 원시적인 국가의 형태를 가졌을 뿐 체계적인 국가가 이루어지지는 않았을 것이다. 한비자가 공자를 비판하면서 하는 얘기는 다음과 같다. 즉 요순시대는 아주 허름하고 별 볼일 없어 보이는 소박한 삶을 살았기에 서로 양보하고 이해하고 다투지 않았다. 공자와 맹자의 주장은, 그런 시대에 나왔거나 그런 시대에 가능했던 사상이어서, 서로 필요하면 양보하고 나눠주는 것이며 때로는 이웃 나라가 쳐들어와도 "우리 땅이 필요하십니까? 백성을 죽이지 마시고 그저 땅을 가져가십시오"라고 해도 되는 사회라는 것이다. 그래서 한비자의 시각에 의하면, 공자가 살았던 춘추시대와 한비자가 살았던 전국시대는 그 이전의 요순시대와는 비교할 수 없이 혼란스럽고 다툼이 심한 시대이다. 그런 시대에 요순시대의 정치를 여전히 적용한다면, 이것은 참으로 어리석다는 주장이다.

이 때문에 '수주대토'의 주된 요지는 바로 이어지는 다음 구절에 있다.

> 지금 선왕 시대에 통하던 정치를 가지고 현재의 사람을 다
> 스리고자 하는 것은 모두 위 이야기의 그루터기를 지키는
> 것과 같은 것이다.

계속된 전쟁으로 혼란이 극심했던 전국시대를 사는 한비자에게는, 춘추시대 후기를 살았던 공자가 선왕의 정치를 강조하면서 가장 이상적인 경지로 요순 임금을 언급한 것은 당시의 혼란한 사회에 적용할 수 없고 시대의 변화를 읽어내지 못한 잘못된 주장일 뿐이다. 즉 공자의 주장은 이전에 이루어졌던 일이 새롭게 바뀐 환경에서 또다시 이루어지기를 바라는 어리석은 행동과 같다.

많은 사람은 이 고사를 중·고등학교에서 배우지만 고사가 말하는 교훈을 정확하게 배운 적이 없다. 그 이유는 이렇다. 마지막 구절에서 알 수 있듯이 이 고사는 놀랍게도 '공자, 맹자 바보'이다. 그렇지만 우리나라는 전통적으로 유교를 숭상했고 유가 중심적인 사회였다. 20년 전, 30년 전까지만 해도 유가와 관련된 학회에 가보면 제일 뒷자리에는 전통적인 복장, 갓을 쓰고 한복을 입은 나이 많은 어른이 앉아 있다가 때로는 굉장히 공격적인 언사를 할 때가 있었다. "말도 안 되는 얘기를 왜 그렇게 하느냐?"라는 것인데, 전통적으로 본인이 배워왔던 공부와 다른 내용을 말

할 때 나오는 반응이다. 이런 상황에서 공자, 맹자 바보라는 내용을 가르칠 수 없었기에 앞부분에 나오는 송나라 사람으로부터 비웃음을 받았다는 것까지만 가르친 것이다.

공자가 살았던 춘추시대는 한비자가 살았던 전국시대와 다르고 우리가 사는 현대사회와는 더 큰 차이가 있다. 따라서 '수주대토'라는 성어는, 현대의 문제를 이야기하면서 공자, 맹자를 언급하는 것이 시대착오라는 것이다. 즉, 현재의 시점에서 공자와 맹자 등의 고전을 통해 우리 사회가 직면하고 있는 여러 문제를 논하는 것이 위에서 한비자가 비판한 것과 비슷한 어리석은 일일 수도 있다.

사실 이 고사는 송나라의 농부 이야기로 설정되어 있다. 춘추시대는 도시국가의 연합체로서 매우 많은 나라 이름이 있다. 하필 왜 송나라의 농부를 바보로 만든 것일까? 여기에도 복선이 있다. 우리는 대부분 공자가 중국의 노나라 사람이라고 알고 있다. 그러나 노나라는 공자의 모국, 즉 어머니의 나라이고 공자의 원 조상은 송나라 사람이다. 공자의 조상은 송나라의 귀족인 대부였다가 몰락해서 나중에 노나라로 들어온다. 이 때문에 중국인의 마음속에 공자의 고국은 송나라이다. 그래서 은연중에 공자의 고국인 송나라를 들어서 공자를 비난한 것이다. 중국에서 과거의 송나라 지역을 여행하다 보면 공자가 그 지역을 지나갔다고 해서 '공자환향처孔子還鄕處', 즉 공자가 고향으로 돌아온 곳을 기념하는 장소도 있다. 중국의 전통적인 사고에 의하면, 공자는 송나라 사람이며, 따라서 이 고사 역시 송나라 농부를 비판하고 그것을 통해 공자, 맹자의 사상을 비판한 것이다.

공자가 살았던 춘추시대와 비교할 때 맹자와 한비자가 살았던 전국시대는 훨씬 더 복잡한 상황이었다. 우리가 사는 현대사회는 공자가 살았던 춘추시대보다, 그리고 한비자가 살았던 전국시대보다 더 복잡하다. 따라서 '수주대토'라는 성어는 현대인에게 "이 복잡한 현대를 살면서 공자, 맹자를 이야기하는 것이 혹시 시대착오가 아니냐?"라는 질문이다. 공자와 『논어』를 현대에 다시 읽는다는 것이 정말 필요한 것인지에 대한 회의적인 시각이 있다는 것이다.

그렇지만 지금 여기에서 고전을 통해 우리 사회가 직면한 여러 가지 문제, 가령 사회 통합, 세대 갈등, 빈부의 격차에 의한 갈등, 남녀 젠더 갈등, 차별 없이 살아가기, 리더십의 문제 등을 언급하는 것은 몇 가지 측면에서 의미가 있다.

첫째, 『논어』에 보이는 공자의 주요한 사상은 갈등의 조정을 통한 화합이라는 점에 주목하고 있다. 공자의 대표적인 사상은 사랑을 뜻하는 '인仁'과 조화를 뜻하는 '예禮'라는 두 가지로 설명할 수 있다. 이 중 '예'는 전쟁으로 국가 사이의 갈등이 극에 달하던 춘추전국시대에 서로 조화롭게 함께 살아가는 세상을 꿈꾼 공자의 사상이다. 따라서 다양한 사회적 갈등에서 통합의 방향과 미래 중심적인 발전 방향을 찾지 못하는 우리에게 제시하는 바가 크다. 사회의 통합이나 남북의 화해 등은 일방적 권력의 힘이나 전쟁 등의 무력에 의한 것이 아닌 서로 간의 갈등을 조정하고 이를 통해 궁극적인 조화와 평화를 이루는 것이므로 공자의 '조화'와 '화합'의 사상은 매우 중요한 의의가 있다.

둘째, 우리나라는 내부의 여론 분열, 진영 논리 등으로 구체적인 현실을 직접 거론하면서 자유로운 논의를 진행하기 어렵다. 어떤 논의를 하든 남북 분단과 전쟁의 경험이 만들어낸 갈등과 여기에서 이익을 취해온 집단으로 인해 열린 논의가 어려우며, 이것이 다시 지역적 갈등이나 빈부의 갈등 등으로 확대되면서 끝없는 이념 논쟁에 빠지기 쉽다. 여기에 고전에 근거하여 우회적으로 간접적인 논의를 하는 것의 가치가 있다. 젊은 세대에게 『논어』와 『맹자』는 고리타분한 옛날이야기 혹은 '공자왈', '맹자왈'로 대표되는 고지식하고 상투적인 윤리교육이라는 인상을 떠올릴 수 있다. 그러나 아직도 많은 사람은 공자의 말이나 가르침이라고 할 때 스스로 실천하지는 못하더라도 타당한 가르침 혹은 따라야만 할 교훈이라고 생각한다. 이 때문에 현재 직면하고 있는 문제를 논의하면서 고전을 통해 우회적으로 이야기하는 것이 때로는 직접적인 언급보다 더 강력한 힘을 가진다. 이는 조선 시대 국왕과 신하 사이에서 발달했던 경연經筵이 보여준 역동성과 밀접한 관련이 있다. 경연은 유가의 경전에 나오는 과거의 이야기를 가지고 그것을 어떻게 해석할 것이며, 당시 사회에 어떻게 적용할 수 있을지를 두고 국왕과 신하가 치열하게 논의한 흔적이다. 따라서 조선 시대의 경연처럼 현대인도 공자나 맹자의 이야기를 현대적으로 어떻게 해석할지 논의한다면 사회적 의제를 해결하는 데 더 큰 힘을 갖는 논리와 근거를 찾아낼 수 있다.

셋째, 『논어』 속에 나오는 공자가 살아 있을 때 행한 말과 행동은 기본적으로 당시의 사회적 지도자이거나 지도자가 되기를 꿈꾸는 사람에게 보여준 것이다. 따라서 공자의 언행을 통해 우리가 현대적으로 유추할 수 있는 것은 리더란 무엇이고 어떻게 행동해야 하는지에 대한 인문학적 통찰이다. 따라서 『논어』를 현대적으로 다시 읽어내면서 리더의 관점에서 접근하는 것은 『논어』에 대한 타당한 접근이다. 특히 최근 사회는 문명 대전환의 시대를 맞이하여 리더십이 더욱 중요해지고 있다. 아날로그 문명이 디지털 문명으로 전환되는 시기이고 인간 중심의 문명이 인간과 자연의 조화를 추구해야 할 생태 문명으로 전환되는 시기이다. 국제적으로는 에너지를 둘러싼 분쟁과 전쟁이 이어지고 있고 국가적으로는 과거의 추격형 국가에서 선도형 국가로의 전환과 더불어 단순히 경제적 성장이 아닌 성숙한 사회로의 성장을 해야 할 과제가 주어져 있다. 리더십의 위기는 곧 그 조직의 존폐를 결정할 정도로 중요하며, 기업이나 정부 모두 리더십이 중요한 시기이다. 이 책은 『논어』, '현대사회', '리더', '다시 읽기'라는 네 가지 키워드가 들어 있으며, '지금' 그리고 '여기'에서 『논어』의 의미에 초점을 두고 이야기를 풀어가고 있다.

인간의 무한한 가치에 대한 믿음을 가져라

해석의 전제

공자의 언행을 기록한 『논어』는 공자가 직접 쓴 책이 아니며, 공자의 제자 혹은 공자 제자의 제자가 기록하여 전해진 것이다. 공자가 직접 쓰지 않았다는 점 때문에 『논어』를 이해할 때 주의할 점이 있다.

먼저 공자가 직접 쓰지 않았다는 것은, 공자의 원래 뜻과 다른 내용이 『논어』 속에 포함될 수 있다는 의미이다. 가령 공자의 제자 중 자로라는 제자가 있다. 『논어』에 가장 빈번하게 등장하는 자로는 공자와 나이 차이가 9세였고, 무인 출신으로 성격이 무척 급했던 것으로 전해진다. 나는 자로의 성격을 "단순, 무식, 솔직, 과격"이라는 말로 설명한다. 이런 제자를 걱정한 공자는 어느 날 "자로야, 너 그러면 제 명에 못 죽는다"라고 걱정스럽게 말하였다. 이를 멀리서 보고 있던 다른 제자가 훗날 『논어』를 편찬하면서 너무나 진지하게 "자로는 제 명에 죽지 못할 것이다若由也. 不得其死然"라고 공자의 말을 남겼다. 자로는 공자가 걱정한 대로 위나라의 내전에서 세상을 떠나게 된다. 후학들은 이 구절을 근거로 공자가 제자의 미래를 예측했다는 등의 뛰어남이 있다고 해설을 할 수도 있다. 그렇지만 이는 공자의 본뜻을 잘 이해하지 못한 제자가 남긴 구절에 불과하다. 아무리 어떤 제자가 밉다고 공개적으로 그가 제 명에 죽지 못할 것이라고 선언하는 스승이 있겠는가? 이처럼 『논어』에는 원래 공자의 의도와 다른 내용이 남아 있다.

또한 『논어』는 편찬 이후 현재까지 전해지면서 여러 굴곡을 거쳤다. 이 책은 진시황 시절을 거치면서 분서갱유焚書坑儒의 대상이 되었고 후에 다시 복원되는 과정에서 원래와는 완전히 같지 않게 복원되었을 가능성이 있다. 이 때문에 현재의 텍스트에 있는 구절을 전부 그대로 믿어서는 안 된다.

다음으로 책에 담긴 내용이 당시 '누구에게', '왜' 이렇게 말했을까 하는 점에 주의해야 한다. 『논어』의 구절은 당시 사회의 리더였던 군주나 귀족에게 해준 이야기이다. 또 공자에게 배운 제자의 대다수는 학습을 통해 사회의 지도층으로 나아가고자 하는, 즉 리더를 꿈꾸었다. 이들에게 올바른 삶의 지침을 제시한 것이 바로 『논어』이다. 유가에서 중요한 개념이 '수기'와 '치인'이다. 수기는 자기 자신을 수양하는 것이고 치인은 남을 다스리는 것이다. 즉 스스로 학습하고 공부를 한 이후에 다른 사람을 다스리는 사람, 리더가 되는 것이 유가에서 학습해야 하며 목표로 삼는 것이다.

동아시아는 전통시대부터 『논어』에 대해 많은 논란이 있었고, 현재까지도 이어진다. 지금은 볼 수 없지만, 2011년 초 중국 베이징 천안문 광장 건너편의 중국국립박물관 앞에 공자의 동상이 세워졌다. 동상이 세워진 이후에 중국 내에서 "지금 공자를 이야기하는 것이 무슨 의미가 있느냐?"라는 반대와 여러 논란이 일어난다. 혹자는 "공자를 통해 도덕교육을 해야 한다"라고 주장하지만 많은 사람은 "공자는 지금 시대에 어울리지 않는다"라고 반대하였다. 논란의 결과 설치 한 달 반 만에 동상은 철거된다. 이것이 몇 년 전 중국에서 있었던 『논어』와 공자에 대한 논란을 보여주는 대표적인 사건이다.

우리나라도 마찬가지이다. 2000년대 초반에 『공자가 죽어야 나라가 산다』라는 도발적인 제목의 책이 출간되어 인기를 끌었다. 당시 책의 구체적인 내용은 차치하고 도발적인 책의 제목 때문에 "과연 우리 시대에 공자는 어떤 인물이고 어떤 의미가 있는가?"라는 논란이 일었다. 이처럼 『논어』는 해석 방법이나 수용 과정에서 논란이 있었고 또 여전히 논란이 적지 않다. 이 때문에 나는 『논어』에 대한 특정한 해설만이 옳다고 주장하기보다 각자 다시 읽어보면서 스스로 질문하고 그에 대한 답을 찾으려는 노력이 더 중요하다고 생각한다. 이 책 역시 특정한 결론을 미리 내리고 이를 독자에게 강요하기보다 각자의 삶을 돌아보는 기회가 되기를 바랄 뿐이다.

또한 『논어』를 통해 현대사회에서의 인문학적 가치, 특히 지식인이 갖추어야 할 인문학적 소양 혹은 인문정신에 대해 생각해볼 필요가 있다. 다음 구절을 보자.

자로가 노나라 성문 밖에서 하룻밤을 묵은 적이 있었다. 다음 날 아침 성문을 지키는 문지기가 자로에게 어디에서 왔는지 물었다. 자로가 공자의 문하에서 왔다고 대답하자, 문지기가 말했다. "바로 안 되는 줄 알면서도 그것을 하는 분 말이군요!"　　　　　　　　　　　　　　　　　　　　　　「헌문」

위 대화 속의 문지기는 말단 관직의 군인이다. 문지기가 공자에 대해 현실적으로 이룰 수 없는 꿈을 꾸고 있으며 그것을 공자 자신도 이미 잘 알고 있다고 평가한다. 이 구절을 통해 우리는 공자 당시 평범한 사람조차 공자라는 인물을 알고 있었고 공자가 이상을 추구했다는 평가를 공유했다고 유추할 수 있다.

위 이야기는 공자를 이해하는 데 시사하는 바가 크다. 공자가 당시에 무모한 시도를 하는 사람이라는 평가를 받았다는 점과 공자가 세상을 떠난 후 2,500여 년이 지난 현재도 많은 사람으로부터 존경을 받고 있다는 점 때문이다. 대부분의 독자는 공자 당시의 군주나 귀족의 이름을 잘 알지 못한다. 반면 공자가 당시 군주나 귀족 혹은 대단한 출세를 한 사람이 아님에도 지금 공자를 모르는 사람이 거의 없다. 이를 보면 공자가 당시 무모하거나 가능성이 없는 일을 한다고 비판을 받았지만 반대로 지금은 존중받고 있다는 점에서 공자가 갖는 힘, 공자의 가치를 생각할 수 있다.

인문학은 인간에 대한 학문이지만, '인간의 무한한 가치'에 대한 믿음을 전제로 이루어진다. 우리는 누구나 이상과 현실 사이에서 어떤 길을 갈지 고민할 때가 많다. 공자가 그랬던 것처럼 인문학은 언제나 이상에 대한 꿈을 버리지 않는 것에서 시작한다. 공자가 살아 있을 당시 온 세상이 모두 무력을 중심으로 국력 신장에 힘을 쏟을 때, 공자는 지식인의 사명이 아랫사람을 사랑하고 또 조화로운 세상을 만드는 것이라고 하였다. 지금 우리가 사는 현대사회 역시 대부분 물질만능주의에 경도되어 있다. 이 속에서 인문학을 한다는 것은 공자가 당시 주장한 것과 비슷한 처지에 있다. 우리 역시 공자가 살아 있던 당시에 이미 안 되는 줄 알면서 무엇인가를 해보겠다고 발버둥 쳤던 것과 비슷한 상황일지도 모른다고 생각한다.

어떤 행동이나 주장이 당장에는 비현실적인 것 같지만 역으로 모두 현실적인 이익만을 추구한다면 세상은 살아가기 힘들 수밖에 없다. 가령 중국의 전국시대는 진시황의 진나라가 통일을 달성한다. 진나라의 통일 시기에 진시황은 한비자의 법가 사상에 경도되어 있었고, 법가 사상이 진나라 통일에 공헌한 것도 사실이다. 하지만 현실적인 이익, 서로 간의 불신, 군주는 신하를 믿어서는 안 되고 신하는 다시 윗사람인 군주를 믿어서는 안 되는 사상을 출발점으로 한 한비자의 법가 사상이 오히려 통일 이후 진나라를 빨리 망하게 하고 말았다는 평가도 가능하다. 진나라는 B.C.221년에 통일한 후 14년 만인 B.C.207년에 망한다. 한비자 역시 법가의 중요한 사상가였지만 진나라 시황제를 만나서 자기의 사상을 직접 펼쳐보지도 못하고 비극적으로 비참하게 죽고 만다. 즉 그의 사상이 당장 눈앞에서의 긍정성, 현실적인 이익이 있지만 끝내 세상을 길게 끌고 가는 데 한계가 있다는 것이다. 이처럼 각각의 사상은 장단점이 있으며 어떤 영역에서는 의미가 있지만 어떤 부분에서는 한계가 있다. 현대사회에서 공자의 사상 역시 모든 면에서 가치가 있다고 할 수는 없지만, 여전히 여러 면에서 중시되어야 할 가치가 있다.

일반인들이 공자에 대해 오해하고 있는 것이 있다. 그중 대표적인 것이 공자가 당시에 별로 성공하지 못했거나 출세하지 못했다는 생각이다. 물론 공자는 55세부터 15년 가까운 기간, 흔히 '주유천하周遊天下'라고 부르는 중국 전역을 돌아다닌 시기가 있었다. 이는 공자가 자신이 생각하는 이상적인 국가를 만들기 위해 그것을 알아줄 군주를 만나고자 하는 여정이며, 단순히 벼슬을 구하기 위한 여행이 아니었다. 더구나 그는 세습 신분제 사회 속에서 군인 출신, 즉 당시 중인 계급 출신으로서의 신분적인 한계가 있었음에도 대사구大司寇[1]라는 벼슬을 하였다. 이는 지금으로 치면 검찰총장 혹은 법무부장관과 유사한 지위이다. 따라서 사회적으로도 상당히 출세한 사람이다. 비록 가난한 집안에서 어렵게 청소년기를 보냈지만, 노나라를 떠나 중국 전역을 떠돌아다니기 직전까지 노나라에서 법률을 책임지는 관직에 있었다. 공자의 제자들은 공자의 제자라는 것 때문에 제후에게 대부분 발탁되고 상당한 지위에 오른다. 이처럼 공자는 당시 이미 상당한 영향력이 있었던 인물이다. 이는 공자의 주장이 별다른 주의를 받지 못했던 것이 아니라는 것을 말해주는 것이다. 공자의 언행이 단순히 구호에서 끝난 것이 아니라 실천력을 가지고 사회적 영향력도 적지 않았다.

　　'군자君子'라는 말은 임금, 군주를 뜻하는 말인 '군君'과 아들이라는 뜻의 '자子'로 이루어져 있다. 즉 군자라는 말은 원래 군주의 아들을 뜻한다. 군주의 아들은 일반적으로 당시 사회에서 귀족으로 대접을 받으며

1　학자에 따라서는 공자의 모국인 노나라에는 대사구가 없었고 그저 사구라는 직책이 있었다고 주장한다.

높은 지위에 오를 가능성이 있다. 이 때문에 높은 지위에 오르는 사회의 리더는 충분한 수양을 거쳐 높은 도덕적 완벽성을 가져야 한다고 전제하고 군자라는 말에 도덕적으로 뛰어난 인물이라는 의미를 부여하였다. 이는 『논어』가 리더를 위한 가르침이라고 말한 이유이기도 하다. 이 책에서 말하는 『논어』는 리더를 위한 교과서로서의 『논어』이며, 그 근저에는 인문학자로서의 공자의 모습을 상정한 것이다.

2강

근본으로 돌아가면
새로운 비전이 열린다

다양한 해석을 즐겨라

백가쟁명 百家爭鳴

'백가쟁명'이란, '백가百家', '여러 의견을 달리하는 사람들이', '쟁명爭鳴', '다투어 울다'라는 말이다. 다양한 주장을 하는 다양한 학자들이 서로 각자의 주장을 펼친다는 것이다. 이는 현대의 고전 번역, 특히 이 책에서 언급하는『논어』에 그대로 적용된다.

지금까지『논어』를 설명한, 혹은 주석한 책은 어느 정도 출판되었을 까?『논어』가 한중일의 동아시아 삼국을 포함해 전 세계에서 얼마나 출판되었는지 명확하게 파악하기는 쉽지 않다. 일본의 하야시 다이스케가 쓴『논어연보論語年譜』에는 역대『논어』의 주석서가 3,000여 종이라고 언급했다.[2] 중국 청나라 말기 정수덕의『논어집석論語集釋』은 책 제목 그대로『논어』에 대한 여러 해석을 모아놓은 것으로 유명한데, 이 책에 인용된 서적이 600여 종이나 된다. 이처럼『논어』에 대한 역대의 해설서, 주석서는 정말 많다.

우리나라도『논어』관련 서적이 많다. 국내에서 1945년 이후에 출판된『논어』관련 서적을 보면 300여 종이 훨씬 넘는데, 이 300여 종이라고 하는 것도 어림잡은 것에 불과하다. 나는 2008년 과거에 우리나라에서 출판된『논어』서적을 조사한 적이 있다. 당시에 250여 종이 조사되어 나왔

---

2   박종연 역,『논어』(서울 을유문화사, 2006.3.20.)에서 재인용.

는데, 그 이후 지난 10여 년 동안 거의 매년 10종 이상의 『논어』 관련 서적이 출판된다. 한 인터넷 서점에서 『논어』를 검색해보니 940여 건이 검색되었다. 이 중 인문학 분야에 있는 것만 해도 460여 건이 검색된다. 물론이 안에는 초판, 재판이 같이 들어 있는 것도 적지 않기 때문에 중복된자료가 많다. 나는 『논어』에 해설을 붙인 서적으로 현재까지 국내에 출판된 것이 대략 300여 종 이상이라고 추측한다.

나는 『논어』를 전공해 해석 방법을 연구하여 박사 학위를 취득하였고아직도 『논어』를 교육하고 연구하며 지낸다. 때로는 내가 공자 팔아먹고산다는 말을 농담처럼 한다. 이 때문에 내가 『논어』 관련 서적을 쓰는 것은 당연할 수 있다. 그런데 직접 『논어』를 전공하지 않아도 동아시아의한문으로 이루어진 문헌을 연구하는 사람에게는 일종의 '로망'과 같은 것이 있다. 그것은 자신의 이름으로 된, 즉 자기의 목소리로 된 『논어』를 한권 내보는 것이다. 그래서 많은 중국 고전 전문가가 『논어』와 관련된 책을 쓰고 있고 또 앞으로도 쓸 것이므로 『논어』 관련된 책은 앞으로도 계속 출판될 것이 분명하다. 최근에는 고전 전공 연구자가 아닌 언론인이나 기업 경영자 등 다른 분야의 종사자가 쓴 것도 적지 않다. 『기자가 본논어』, 『논어 경영학』 등의 제목을 가진 책들이 계속 출판되고 있다.

『논어』는 독자 자신이 어떤 상황에 있느냐에 따라서 각 구절을 매우다르게 해석하는 경향이 있다. 우리가 흔히 셰익스피어 희곡을 20대에볼 때, 30대, 40대, 50대에 볼 때 모두 다르다는 얘기를 하는데, 『논어』도마찬가지이다. 그것은 우리가 가지는 문제의식이 다르고 주어진 상황이다르기 때문이다. 즉 『논어』는 우리에게 "이것만이 삶의 답이야!"라고 절대적인 해답을 주는 책이 아니다. 따라서 『논어』를 대하면서 각자 스스로 문제를 던지고 해답을 찾아가는 과정으로 『논어』를 공부할 필요가 있다. 여기에서 『논어』의 출판도 서로의 특성을 다투는 '백가쟁명'이지만, 『논어』의 구절에 대한 다양한 사람의 목소리 혹은 『논어』를 읽는 방법이 열려 있다는 것 역시 '백가쟁명'이다.

무한한 가능성을 발견하라

대우탄금 對牛彈琴

'대우탄금'은 고대의 성어이면서 동시에 현대 중국의 성어이기도 하다. 여기에서 '대對'는 무엇인가를 마주 대하다는 '대할 대'이며, '우牛'는 '소 우', '탄彈'은 '두드릴 탄'으로 '악기를 연주하다'라는 뜻이며, '금琴'은 '거문고', '가야금' 같은 것인데, 현대 중국어로는 '피아노'를 뜻한다. 따라서 이 성어를 현대식으로 풀이한다면 "소를 앞에 두고 피아노를 치다"라는 말이다. 우리말에 많이 쓰는 성어 '쇠귀에 경 읽기'와 유사하다. 이 고사와 관련하여 현대 중국의 재미있는 유머가 있다. 이는 내가 오래전 중국의 유머로 들은 것이며 실제 역사적인 사실이 아니다.

중국의 유명한 정치가인 저우언라이 총리가 어느 날 화교 출신으로 매우 유명한 피아니스트의 연주회를 갔다. 국가의 많은 일을 처리하느라 굉장히 피곤했을 총리가 조용한 연주를 듣다가 잠시 졸았다. 총리가 제일 좋은 VIP 자리에 앉았는데 졸았다면 모두의 눈에 띄었을 것이다. 연주하던 피아니스트가 잠시 객석의 반응을 살피던 중 총리가 졸고 있는 것을 보았다. 그는 자기가 얼마나 유명한 피아니스트인데 저렇게 졸 수 있을까 하며 기분이 나빴다. 그래서 연주를 쉬는 막간에 자리를 뜨면서 "대우탄금對牛彈琴!"이라는 말을 하였다. 즉 "아, 소를 앞에 두고 내가 피아노를 치고 있다니!"라고. 국가의 총리가 소가 되는 순간이다. 그때 막 잠에서 깨어나 그 소리를 들은 총리가 "대! 우탄금對! 牛彈琴" 하고 한마디를 한다.

현대 중국어를 아는 사람은 이 말이 무슨 뜻인지 알 것이다. 현대 중국어에 "대對!"라고 끊어 말하면 이는 "맞습니다"라는 뜻이다. 또 "우탄금牛彈琴"은 "소가 피아노를 치고 있다"라는 말이 된다. 그렇다면 "대! 우탄금"은 "맞아요. 소가 피아노를 치고 있습니다"라는 말이며, 피아니스트가 바로 소가 된다. 이 이야기는 앞서도 말한 것처럼 유머의 하나로 나온 것이기에 사실은 아니지만, 사실이라면 저우언라이 총리가 굉장히 순발력이 있고 지혜롭다는 것을 보여준다.

"대우탄금"과 "대! 우탄금"이라는 두 말은 단순히 끊어 읽기만 달리했을 뿐인데, 뜻의 변화가 크다. 그것도 '소'가 가리키는 대상이 전혀 달라진다. 세상을 바라보는 것에는 매우 다양한 관점이 있으며, 공자와 맹자를 바라보는 것에도 다양한 관점이 가능하다. 『논어』를 비롯한 한문으로 된 고전 문헌은 원래 끊어 읽기가 없었다. 현대에 와서도 중국어는 문장 단위로 끊어 쓸 뿐이다. 한문으로 된 원문을 어떻게 끊어 읽느냐에 따라 정반대의 해석이 가능하다. 사실 현재 우리가 보는 것은 대부분 과거의 학자가 해놓은 끊어 읽기를 그대로 따라 읽는 것에 불과하다.

위 구절에서 보듯이 한문으로 된 고전 원문의 해석에는 다양한 가능성이 열려 있다. 위 고사는 우리가 고전을 읽어나갈 때 좀 더 열린 마음으로 읽어야 한다는 것을 말해준다. 나는 『논어』의 해석을 연구하면서 끊어 읽기 하나에 의해 뜻이 전혀 달라지는 경우를 여러 번 경험하였다. 그래서 이미 나와 있는 주석을 맹목적으로 믿으면서 '이것만이 옳은 해석이다'라고 생각하지 말라는 것을 강조한다. 한문으로 이루어진 고전은 원래 끊어 읽기가 없었고 후대의 정리 과정에서 나온 산물에 불과하다.

다시 한번 강조하건대, 우리가 학습하려는 『논어』는 수백 종의 해석, 주석서가 있는데 그 번역서가 반드시 맞는 해석이 아니다. 이는 지금 내가 읽는 방법에도 똑같이 적용된다. 독자들은 고전 한문 전공자가 아니므로 고전의 내용을 잘 모른다고만 생각할 것이 아니다. 한문으로 된 원래의 문장이나 그것의 한글 번역문을 읽을 때 만약 이해가 안 되거나 혹은 왜 이런 말이 나왔을지 모르겠다고 하면 그 해석이 맞는지 의심을 해봐야 한다. 먼저 의심을 해보고 의심이 풀리지 않으면, 그것을 현대적인 관점에서 다시 읽기를 시도해야 한다는 것이다. 이처럼 '대우탄금' 고사를 통해 한문으로 된 고전은 무한한 해석의 가능성이 열려 있음을 확인하게 된다.

의심하고 시도하라

진신서, 즉불여무서 盡信書, 則不如無書

"진신서, 즉불여무서"에서 '진'은 '모두 진盡'이며, '신'은 '믿을 신信', '서書'는 유가의 경전인 『서경』을 가리킨다. 그래서 '진신서'는 "『서경』의 말을 모두 믿다"라는 말이다. '불여무서不如無書'에서 'A不如B'는 'A는 B보다 못하다'라는 뜻이며, '무서無書'는 『서경』이 없다'라는 뜻이다. 따라서 위 구절은 "『서경』에 있는 말을 모두 다 믿는다면 차라리 『서경』이 없는 편이 낫다"라는 말이다. 『맹자』의 「진심장구하」에 나오는 다음 구절을 보자.

> 『서경』의 말을 모두 믿을 바에는 차라리 『서경』이 없는 편이
> 낫다. 나는 「무성」에 있는 구절 중에서 서너 구절을 취할 뿐
> 이다. '인자한 사람은 천하에 그를 대적할 사람이 없는 것인
> 데, 지극히 인자한 사람이 지극히 인자하지 못한 사람을 정벌
> 하였는데 어떻게 피가 절굿공이를 띄울 정도가 되겠느냐?'

「무성武成」은 『서경』의 일부이다. 「무성」은 중국의 하와 상 두 왕조에 이어 나온 주나라 무왕이 상나라, 즉 은나라의 폭군으로 유명한 주임금을 정벌하여 이룬 큰 업적을 기록해놓은 것이다. 여기에 "피가 흘러 절굿공이가 떠다니다血流漂杵"라는 말이 있다. 이 말은, 매우 많은 사람의 희생 때문에 피가 강물처럼 흘러 절구질을 할 때 쓰는 절굿공이가 떠다닐 정도였다는 것이다. 이 구절만을 가지고 본다면 주나라 무왕이 엄청난 살육을 저질렀다고 생각된다.

어떤 사람이 '공자나 맹자 모두 주나라의 무왕은 매우 어진 임금이라고 했는데 이 무왕이 포악무도한 군주인 주임금을 정벌할 때 이렇게 많은 살육을 할 수 있는가? 훌륭한 군주라고 알려진 것이 잘못된 것은 아닌가?'라고 합리적인 의심을 한 것이다. 맹자는 "이것은 일종의 상징이고 과장일 뿐이다. 그러니 이것을 말 그대로 모두 믿을 바에는 차라리 『서

경』자체가 없는 게 나을 것이다"라고 말한다.

위 구절을 통해 고전, 특히『서경』을 대하는 맹자의 태도를 알 수 있다. 이는『논어』를 대할 때도 똑같이 적용된다.『논어』등의 고전을 읽을 때 그 안의 내용을 무조건 믿고 따라야 한다면 그것은 안 된다. 때로는 고전 속의 내용이 보편적인 이치에 어긋날 수 있기에 만약 보편타당한 이치에 어긋난다면 그대로 믿기보다는 왜 그렇게 썼는지를 의심해볼 필요가 있다.

의심하고 새로운 해석을 시도하는 근거는 반드시 자신의 억측이 아닌 보편적 이치를 전제로 해야 한다. 맹목적으로 믿지 않고 보편적인 이치를 전제로 의심하고 새롭게 해석하려고 노력해야 한다는 것이 바로 맹자가 언급한 것이며, 우리가『논어』를 읽을 때 역시 생각해야 한다.

앞서도 이미 언급한 바 있는, 공자가 자로에 대해 했다는 말이 바로 이 경우에 속한다. 공자가 "자로는 제 명에 못 죽을 것이다"라고 진지하게 이야기했을 가능성이 전혀 없다. 과거『논어』의 주석을 달면서 자로가 위나라 내전에 휘말려서 죽었기 때문에 공자가 제자의 현재를 보면서 미래를 예견할 정도로 훌륭하다고 해설하는 것은 적절하지 않다. 즉 공자가 그런 말을 한 것은 맞지만 이는 지나가면서 한 말이거나, 아니면 큰 의미를 두지 않았던 말일 수도 있는데 그것을 맹목적으로 믿었을 때 잘못된 해석이 나온다.

이처럼『논어』의 구절들을 이해할 때 '지금' 그리고 '여기'의 여러 가지 상황에 근거해서 보편적인 이치에 합당한지를 가지고 판단해야 한다. 이 것이 "『서경』의 내용을 모두 믿을 바에는『서경』이 없는 편이 낫다"라는 고사가 주는 교훈이다.

세상을 이끌어라

천년의 메시지

『논어』를 왜 리더의 이야기로 읽고자 하는지 언급하고자 한다. 『논어』
는 당시 이미 리더이거나 혹은 리더이기를 희망한 제자에게 해준 말이 기
록되어 있으며, 공자의 행동 역시 리더의 모습으로서 읽어야 한다. 즉 공
자는 당시의 군주나 권력을 가진 귀족에게 혹은 관료가 되고자 하는 제
자에게 이야기를 해주고 행동을 보여준 것이다. 그러므로 『논어』는 '리더
의 길', '리더십의 덕목'과 깊은 관련이 있다.

리더십의 유형과 덕목에 대해서는 많은 견해가 있다. 나는 리더십에
있어서 가장 중요한 것으로 '비전'과 '소통'과 '실행력(혹은 실천력)'을 든다.
그렇다면 공자의 비전과 소통과 실행력은 어떠했는지 살펴보자.

공자의 비전, 즉 그가 바라는 이상적인 사회는 "서로의 차이를 인정한
함께 살기"이다. 이는 모두 하나 되는 사회라는 뜻의 '대동사회大同社會'라
는 말에 잘 나타나 있다. 대동사회에 대한 언급이 『논어』에는 보이지 않
는다. 이는 『예기禮記』의 「예운禮運」에 나오는 공자의 이야기를 통해 알 수
있다.

> 옛날에 큰 도가 행해지던 일과 하은주 삼대三代의 뛰어난 인
> 물이 때를 만나 도를 행한 일을 내가 비록 눈으로 직접 볼
> 수는 없었으나, 삼대의 뛰어난 인물이 한 일은 기록이 있다.

기록에 따르면 큰 도가 행하여진 세상에는 천하가 모두 만인의 것이었다. 사람들은 현명한 사람과 능력 있는 사람을 선출하여 관직에 임하게 하고, 온갖 수단을 다하여 상호 간의 신뢰와 친목을 두텁게 하였다. 그러므로 사람들은 각자의 부모만을 부모로 하지 않았고, 각자의 자기 자식만을 자식으로 여기지 아니하여, 노인에게는 그의 생애를 편안히 마치게 하였으며 장정에게는 충분한 일을 시켰고 어린이에게는 마음껏 성장할 수 있게 하였으며 과부와 고아, 장애인 등에게는 고생 없는 생활을 시켰고 성년 남자에게는 직업을 주었으며 여자에게는 그에 합당한 남편을 갖게 하였다. 재화財貨를 헛되이 낭비하지는 않았지만 자기만 사사로이 독점하지 않았으며, 힘은 사람의 몸에서 나오지 않으면 안 되는 것이지만 그 노력을 반드시 자기 자신의 사리私利를 위해서만 쓰지는 않았다. 모두가 이러한 마음가짐이었기 때문에 사리사욕에 따르는 모략이 있을 수 없었고, 절도나 폭력도 없었으며 아무도 문을 잠그는 일이 없었다. 이것을 대동大同의 세상이라고 말하는 것이다.[3]

'대동'은 문자적 의미로만 해석하면 '크게 동일하다', '모두가 동등하다'라는 의미이다.[4] 공자의 언설에서 알 수 있듯이, 대동사회란 서로 각자의

---

3 이 구절에 대한 번역은 이상옥 역, 『신완역 예기』(1987, 명문당)의 상권 456~457쪽에 나오는 번역문을 근거로 문투를 부분적으로 수정한 것이다.

4 국립국어원 『표준국어대사전』에서는 '대동大同'에 대해 다음 세 가지 의미 항목을 제시하고 있

역할을 충실히 수행하며 재화가 어느 한곳에 집중되지 않으며 사사로운 욕심에 의해 인도되지 않는 사회를 말한다. 이는 비록 관리가 있어 세상을 다스리고 있고 그 통치를 받는 사람이 있는, 즉 대인관계의 상하관계가 있지만 서로 함께 살아가는 평등한 세상을 말한다. 이와 같은 유가에서 말하는 이상적인 사회는 현대적 의미로 '사회 통합이 이루어진 사회'라고 할 수 있다.

여기에서 "서로의 차이를 인정한 함께 살기"라는 것은, 『논어』에서 언급한 '화이부동和而不同'과 깊은 관련이 있다. 이때 '화和'란 서로 조화를 이루어 함께 가는 것이다. '동同'이란 일방적으로 모두가 똑같이 하는 것을 말한다. 그래서 화이부동은 서로의 차이를 인정하되 맹목적으로 서로 같은 것이 아닌 것, 즉 서로의 차이를 인정한 함께 살기를 말한다. 이때 목표로 삼는 대동사회는 '크게 하나 되는 사회'이며 '모두 하나 되는 사회'이다.

후대의 여러 학자도 대동사회에 대해 많은 논의를 진행한다. 청대 말기에 강유위는 『대동서大同書』라는 책을 써서 대동사회에 대한 자기의 이상을 기술하였다. 공자는 이처럼 '화이부동', 즉 '서로의 차이를 인정한 함께 살기'에 입각해서 모두 하나 되는 '대동사회'를 비전으로 제시하였다.

공자가 강조하는 소통의 모습은, 리더로서의 군주가 백성을 사랑하는 것에서 출발한다. 세상의 변화에 따라 사람 사이의 관계나 예법이 달라진다고 주장한다. 공자는 타인의 의견을 잘 듣고 관찰하고 그들이 어떤

다. ① 큰 세력이 합동함. ② 온 세상이 번영하여 화평하게 됨. ③ 조금 차이는 있어도 대체로 같음. 이 세 가지는 문자적 해석에서 나아가 문맥적 의미까지 포함한 것이다.

장점이 있는지 살펴보는 능력이 출중했던 것으로 보인다.

'실행력'이란 구체적으로 어떤 것을 실행하고 완성하는지를 말한다. 공자는 50대가 되어 주요한 관직 생활을 하게 된다. 물론 20대에 잠깐 말단 관직을 하였지만 50대가 되어서야 중앙의 주요 관직을 맡게 된다. 공자가 관직 생활을 하면서 사회를 개혁하고 변화시키려고 노력했던 일들은 모두 국가의 발전에 공헌하는 모습들이다. 또 15년 동안 제자들과 함께 천하를 떠돌아다니면서 제자들에게 리더십을 발휘했고 이런 실행력이 제자들이 공자를 믿고 따랐던 요인이었다.

앞서도 언급한 것처럼 유가의 '군자'라는 말이 현대적으로 본다면 리더를 가리키는 것이라고 할 때 결국 공자의 학문은 리더십에 대한 것이다. 춘추전국시대의 법가나 노장, 묵가 등의 다른 사상도 생각해보면, 당시에 이 사상에 관심을 기울이거나 기록한 책을 볼 수 있는 독자층은 5%도 안 되는 아주 소수이며 바로 사회의 리더였다. 따라서 선진 시대의 고대 사상은 기본적으로 당시의 리더에게 해준 이야기이고 리더십을 전제로 읽어야 한다.

우리는 대학을 '고등교육기관'이라 부르는데, 고등교육기관의 목표는 한 사회의 올바른 지도자 양성이다. 이처럼 『논어』와 공자에 대한 학습은 리더십을 학습하는 것이며 고등교육기관의 목적과 연관되어 있다. 이것이 바로 이 책에서 리더의 관점, 세상을 이끌어가는 관점으로 『논어』를 볼 필요가 있다고 강조하는 까닭이다. 이처럼 공자는 이상적인 사회에 대한 비전이 있었고 그것을 제자를 비롯한 주위의 사람들과 소통하였으며 이를 현실 속에서 실천해나가는 실행력이 있었다.

2부

| 단련 |

리더십의 기준을
바로 세우는 지혜

3강

학습을 통해
내면을 성장시키다

배우고 실천하는 것에서 출발하라

시습 時習

배우고 그것을 계속해서 실천해갈 수 있다면, 정말 기쁜 일
이다.

뜻을 함께하는 좋은 친구들이 멀리서 찾아와준다면 정말
즐거운 일이다.

다른 사람이 나를 알아주지 않아도 내가 가는 옳은 길을 변
함없이 갈 수 있다면 정말 옳은 삶을 살아가는 리더라고 할
수 있다.

學而時習之, 不亦說乎?
학 이 시 습 지 불 역 열 호
有朋自遠方來, 不亦樂乎?
유 붕 자 원 방 래 불 역 락 호
人不知而不慍, 不亦君子乎?   「학이」
인 부 지 이 불 온 불 역 군 자 호

논어의 맨 처음 등장하여 『논어』를 학습한 적이 거의 없는 사람도 대
부분 알고 있는 구절이다. 내가 고등학교 시절, 국어 교과서에 실렸던 양
주동의 수필 「면학의 서」에서는, 처음 이 구절이 『논어』의 첫 구절로 너무
평범하다고 생각했다가 나중에 그렇지 않음을 깨달았다는 말이 나온다.
나 역시 비슷한 느낌을 경험한 구절이다.

이처럼 유명한 『논어』의 첫 구절이지만, 해석 방식은 다양하다. 위에

제시된 우리말 번역문은 공부하는 사람이 스스로 자신의 행동을 돌아본다는 내용이다. 국내의 대부분『논어』번역서에서 이를 채택하고 있는데, 이는 주희의『논어집주論語集注』에 근거한 해석일 뿐이며 주희 이전에는 이와 달랐다. 가령 한나라 때 하안의『논어집해論語集解』에 근거한다면, 선생님의 관점에서 제자들이 스스로 공부하는 모습에 대해 기뻐하고 곳곳에서 제자들이 찾아오는 것에 대해 즐거워하며 설령 제자들이 선생님의 가르침을 이해하지 못하는 때가 있어도 화를 내지 않고 참고 기다릴 줄 알아야 함을 말하는 구절이 된다.

"학이시습지, 불역열호?"를 보자. "학이시습지"의 '학學'은 '배우다'라는 말이고, '시時'는 '때', '시간'을 뜻한다. '습習'은 '익히다', '지之'는 대명사로서 '그것'이다. 따라서 "학이시습지"는 배우고 그것을 익힌다는 말이다. '시時'는 전통적으로 '때때로'라고 번역한 경우가 많은데, 이는 주희가 '시습지時習之'라고 주석한 것에서 '시時'가 두 번 등장하므로 '때때'라고 번역한 것에서 유래한다. 한문에서 같은 글자가 두 번 연이어 나오면 '모든'이라는 의미를 넣어서 해석할 때가 많아서 '시시時時'는 '모든 때', 즉 '항상'의 뜻이다. 또한 '습習'은 '익히다', '학습하다'라는 말이지만, 전통적인 공부는 단순히 지식의 습득이 아니라 올바른 인간이 되어가는 과정이라고 한다면 이 말은 '실천하다'라는 뜻을 갖게 된다. 그렇다면 이 구절은 배우고 그 배운 것을 항상 실천한다는 말이 된다. "불역열호"에서 '역亦'은 '또한'이라는 뜻이고 '호乎'는 문장의 끝에서 의문문임을 나타내는 어기사인데, "不亦~乎"라는 구조는 "또한 ~이 아닌가?", "정말 ~하다"라는 강조의 의미로 쓰인다. 위 구절은 "배우고 항상 그것을 익히면 정말 즐거운 일이 아니겠느냐?"라는 말이 된다.

문장의 해석은 단순한 듯하지만, 세밀하게 따져보면 모든 구절마다 논란이 적지 않다. 가령 '학擧'이 '배우다'라는 것에 큰 이견은 없지만 배우는 대상이 무엇이냐에 대해서는 견해가 다를 수 있다. 『논어』에서 공부한다거나 학습한다고 할 때 이는 다만 문자를 배우고 문헌을 배우는 것이 아니라 올바른 삶의 도리를 배우는 것이다. 따라서 여기의 '학擧'은 포괄적으로 '배움'이라는 뜻이 된다. '시時'는 앞에서 '항상'이라는 말로 풀었는데, '가끔', '필요할 때'의 뜻이나 '때에 맞게', '적시에'라고 해석하기도 한다. '익히다'라는 뜻의 '습習'은 단순히 무엇인가를 학습한다는 뜻이 아니라 '열심히 연습하다', 혹은 더 나아가 '실천하다'라는 뜻으로 풀이할 수 있다. '열說'의 경우, 무엇인가를 '말하다'라는 뜻일 때는 '설'로 발음되지만 여기서는 '열'로 발음하고 '기뻐하다'라고 풀이한다. 이는 '기뻐하다'라는 뜻을 갖는 '열悅'과 동일한 단어로 다루는 것인데, 이 두 한자는 고대에 음과 뜻이 같아서 서로 호환되어 쓰였다. 이는 두 글자가 모두 '기뻐하다'라는 뜻을 갖는 오른쪽 편방의 '열兌'과 깊은 관련이 있다는 것에 연유한다.

다음으로 "유붕자원방래, 불역락호?"를 살펴보자. '유붕'의 '유有'는 '있다'라는 말이고 '붕朋'은 '벗', '친구'를 뜻한다. '유'가 명사 앞에 놓이면 '어떤'이라는 말이 되므로 '유붕有朋'은 '어떤 벗' 혹은 '벗이 있어'라고 해석된다. '자自'는 '스스로' 혹은 '~로부터'로 해석되며, '방方'은 '곳', '지역'이라는 말이므로 '원방遠方'은 '먼 곳'의 뜻이다. "유붕자원방래"는 "어떤 벗이 먼 곳으로부터 오다" 혹은 "먼 곳으로부터 오는 벗이 있다"는 말이다. 간혹 '방方'을 '방문하다'라는 '방訪'과 같은 것으로 보고 '방래方來'를 붙여 '방문하여 찾아오다'라고 해석하는 학자도 있다. "불역락호"의 '락樂'은 '즐겁다'라는 말이므로, 이 말은 "정말 즐겁지 않은가?"라는 말이다. 따라서 이 구절은

"먼 곳으로부터 찾아오는 친구가 있다면 정말 즐거운 일이 아니겠는가?"라고 해석된다.

　세 번째 구절 "인부지이불온, 불역군자호?"를 살펴보자. 『논어』에 등장하는 '인人'은 내가 아닌 '다른 사람'을 말하지만 막연하게 타인을 가리키는 것이 아니라는 주장도 있다. 즉 평민들, 일반 백성을 의미하는 말이 아니라 신분이 일정 수준 이상인 귀족 집단 중에서 자신이 아닌 타인을 말한다는 것이다. 이 주장에 따르면 이곳의 '인'은 '사士'나 '대부大夫' 등 귀족들에 대한 언급이다. '온慍'은 '성내다, 화내다, 노여워하다'라는 뜻이다. "인부지이불온"에서 알지 못한다는 '부지不知'와 화를 내지 않는다는 '불온 不慍'의 해석에 대해서는 논란이 많다. 일반적으로 이 구절은 "다른 사람이 나를 알아주지 않아도 내가 화를 내지 않는다"라는 뜻으로 해석한다. '일반적으로' 이렇게 해석한다는 것은 다양한 해석의 여지가 있다는 말이다. 앞서도 이미 언급한 것처럼 『논어』의 첫 구절 전체를 선생님이 학생을 대하는 태도로 해석한다면 이 구절은 "설령 제자들이 선생님의 가르침을 이해하지 못하는 때가 있어도 (선생님께서) 화를 내지 않고 (학생들이 이해할 때까지) 참고 기다릴 줄 알아야 한다"라는 말이 된다.

　현재 우리가 읽는 『논어』의 통행본은 전체가 1만 5,919자로 이루어져 있는데, 그 어느 구절도 이설이 없는 것이 없어서 "이 구절은 반드시 이렇게 해석된다"라고 말할 수 있는 구절은 별로 없다. 여기에서 각 구절에 대한 다양한 해석을 모두 제시할 수는 없지만, 간단하게 몇 가지만 언급하도록 하자.

　"학이시습지"에 대해, 『논어』의 4대 주석서 중 가장 오래된 완정본인 하안의 『논어집해』에 인용된 왕숙은 "배우고 제때에 맞게 그것을 익힌다"라고 해석한다. 앞서 '시'를 '항상'의 뜻으로 해석한 것과 차이가 난다.

"유붕자원방래"에 대해, 정현은 이곳의 '유有'는 '우友'와 발음이 같으므로 '우'의 뜻으로 풀어야 하며 이때 '우'는 '같은 뜻을 가진 친구同志'이고 '붕朋'은 '같은 선생님 밑에서 공부한 친구同門'를 가리킨다고 해석한다. 이 해석을 이어받아 청나라 때 유월은 '방方'은 '병竝'과 같아서 '나란히, 함께'의 뜻이므로 이 구절은 "같은 뜻을 가진 친구와 동문수학한 친구가 멀리에서 함께 찾아오다"라는 뜻으로 풀어야 한다고 주장한다. 물론 여기에서 '유'가 '우'와 고대와 현대의 중국어에서 모두 발음이 같아서 뜻이 통할 수는 있지만, 그렇다고 '유붕有朋'을 '우붕友朋'으로 풀어야만 하는 필연성은 없다. 현대 중국어에서 '붕우'가 친구를 뜻하지만 '우붕'이라는 말을 쓰지 않으며 고전 문헌에서도 '우붕'이라는 용례를 찾아보기 어렵다. 또 뜻을 같이하는 친구를 '우'라고 한다는 설명에도 불구하고, 일반적으로 한 선생님 밑에서 함께 공부하면 대체로 뜻을 함께하고 있다고 보는 경향이 있었던 전통적인 입장에서 꼭 '우'와 '붕'을 나누어서 썼을 것인지에 대해서는 회의적이다.

또한 『논어집해』에서는 "'온慍'은 '성내다'는 뜻이다"라고 하면서, 이어서 "일반적으로 사람에게는 모르는 것이 있을 수 있는데, 군자는 이에 대해서 성내지 않는다"라고 설명한다. 이 설명에 의하면, "인부지이불온"은 누가 무엇인가에 대해 모르는 것이 있어도 그 사람에 대해 성내지 않는다는 뜻이 된다. 우리가 잘 아는 해석은, 군자는 다른 사람이 나를 알아주지 않아도 내가 그 사람에게 화를 내지 않는 것이다. 그렇지만 『논어집해』는 화를 내지 않는 주체가 군자인 것은 같지만 화를 내는 대상이 특정한 어떤 것을 모르는 상대방이다.

『집주』에 보이는 몇 가지 설명에 대해 좀 더 살펴보자. 무엇인가를 학습한다는 뜻으로 잘 알고 있는 '習'이라는 글자는 '羽'와 '白'이 상하로 결합하여 구성된 글자이다. '羽'는 '깃털'이고 '白'은 '흰색'을 뜻한다. '習'의 고문자에서 '白' 부분은 '日'의 옛 글자로 되어 있는데, 이는 '해'를 가리킨다. 따라서 '習'자는 태양 아래에서 날개를 펴고 있는 것을 본뜬 글자이다. 새가 태어나서 날 수 있기까지 많은 연습을 거쳐야 하는 것처럼 모든 학습도 멈추지 않고 배워야 함을 '習'자가 보여주고 있다.

"유붕자원방래, 불역락호?"의 '붕朋'에 대해 『집주』에서는 '동류同類'라고 설명하면서, "이 붕이 먼 곳에서 온다면 가까이 있는 자는 말할 나위도 없다. 당연히 배우러 온다"라고 설명한다. 또 앞 구절 "불역열호"의 '說'(기쁠 열)과 "불역락호"의 '樂'(즐거울 락)을 구분하면서 "기쁨은 마음속에 있는 것이고, 즐거워함은 그것을 발산하여 밖으로 드러내는 것이다"라고 설명한다. 또 윤씨의 말을 인용하여 "배우는 학學은 자신에게 달린 일이고 알아주고 알아주지 않는 것은 남에게 달린 일이니 무슨 화를 낼 것이 있겠는가?"라고 설명한다. 주희는 이러한 경지에 대해 "다른 사람과의 관계 속에서 즐거운 것은 자연스럽고 쉽지만, 알아주지 않는데도 화를 내지 않는 것은 일반적이지 않아서 어렵다. 그래서 자신의 수양을 완성한 군자만이 이를 할 수 있다"라고 덧붙인다. 이와 같은 주희의 견해에 따라 『논어』 경문을 보면, "배우고 익히면 기쁘다. 친구가 찾아오면 즐겁다. 군자는 남이 자신을 알아주지 않아도 화를 내지 않는다"라는 서로 큰 연관이 없는 별개의 세 가지 사항을 언급한 일종의 생활철학을 밝힌 구절이다.

이에 비해 『집해』의 견해를 따르면, 이 구절은 학생을 대하는 선생님의 모습에 초점을 두고 있다. 즉 내가 가르치고 있는 학생들이 열심히 공부하는 모습에 대한 기쁨, 배우려고 찾아오는 학생들을 바라보는 즐거움, 부족한 학생도 인정하고 참아주는 교사라는 세 가지 모습이다. 이 구절에 쓰인 '우友', '붕朋' 두 단어는 벗이나 친구를 의미하는데, 전통적인 스승과 제자의 관계를 생각하면 이해할 수 있다. 스승과 제자는 군사부일체君師父一體라는 말처럼 넘어서기 어려운 존재이기도 하지만 다른 한편으로는 좀 더 일찍 공부한 스승과 늦게 시작한 학생이 함께 공부해나가는 관계여서 때로는 형제처럼 또 때로는 친구와 같은 존재이기도 하다. 이 때문에 이전에도 '朋'이 '제자'를 가리킨다는 해설이 있었고, 위 구절 전체를 배움과 가르침의 과정으로 해석하는 것이 가능해진다.

이것이 『집주』와 『집해』의 해석상 차이이다. 여기에서 내가 이를 언급하는 것은 어느 것이 옳고 어느 것이 잘못되었다는 절대적인 옳고 그름을 말하려는 것이 아니다. 『논어』의 구절을 이해할 때 그동안 매우 다양한 해석이 있었다는 것을 생각하고 어느 것만이 옳다는 생각에 사로잡혀 있어서는 안 됨을 말하려는 것이다. 즉 경전을 바라볼 때 열린 자세를 가져야 한다는 것에 대한 강조이다.

배우고 그것을 연습한다는 것은 끊임없는 세상의 변화 속에서 현실을 냉철하게 파악할 수 있도록 계속 공부해나가는 모습이다. 리더는 누구보다도 세상의 변화를 앞서 파악할 수 있어야 전체 구성원들이 올바른 방향을 찾아나갈 수 있다. 이를 위해 계속 공부해나가야 하는 것은 당연한 기본적인 일이다. 벗이 찾아온다는 것은 리더가 어떤 일을 할 때 그와 함께하고자 찾아오는 많은 동지이며 동시에 구성원들이 다가오는 것이다. 섭공이 공자에게 정치를 물었을 때, "가까이 있는 사람이 기뻐하고 멀리 있는 사람이 다가온다"라고 답변한 것에서 알 수 있듯이 훌륭한 리더는 그에게 함께하려고 찾아오는 사람이 많다. 남이 알아주지 않아도 화를 내지 않는다는 것은 타인에 대해 화를 내지 않는 것이기도 하지만 동시에 남이 알아주지도 않는 일을 하기 위해 왜 이렇게 고생하며 노력하고 있을까 하고 나 스스로 회의에 빠지지 않는 것이다. 이러한 자세는 리더가 올바른 비전을 가지고 있어도 모든 구성원이 그것을 이해하는 것은 아니기 때문에 때로는 외로운 결단을 해야 할 때가 있음을 생각하면 충분히 수긍이 가는 구절이다. 또 스스로 화를 내지 않는다면 그것은 자신이 생각한 비전을 실행하려는 의지가 강하다는 점에서도 리더의 중요한 모습을 보여준다.

이상에서 『논어』 전체의 첫 구절을 살펴보았다. 위의 설명을 보면서 독자들은 '그 오랫동안 전해온 동아시아 최고의 고전이라고 하면서 왜 이렇게 다양한 해석이 있을까?' 혹은 '무엇이 옳은 해석이고 무엇이 잘못된 해석일까?'라는 의심을 가질 수 있다. '공자가 말을 할 당시에는 분명히 명확한 한 가지 의미로 말하고 있을 텐데…'라고 생각할 수 있다. 내가 앞에서 각 구절에 대한 다양한 해석 방법을 소개한 목적은, 어떤 해석만이 옳다거나 틀리다는 것을 말하려는 것이 아니라 전통적으로 이처럼 다양한 해석이 있었고 각각의 해석은 나름대로의 타당성을 갖는 경우가 많기 때문에 이전의 특정한 해석만을 고집하는 것이 타당하지 않다는 것을 강조하려는 것이다. 어떤 주석이든 그 주석을 달았던 사람의 사상이 개입되어 있고 그에 따라 경문의 해석에서 편향성이 나타날 가능성은 충분하다. 이 때문에 좀 더 다양하고 보편적인 사고 속에서 구절을 해석하고 이를 실천하려는 마음이 필요하다. 그렇게 할 때 다양한 주석이 뜻밖의 깨달음을 주고 고전을 읽는 즐거움을 주기도 한다. 이것이 바로 다양한 해석을 동시에 제시하면서 해설을 한 이유이다.

생각만 한다고 되는 것이 아니다

학이사 學而思

> 이전 시대의 경험을 배우기만 하고 그 배운 내용에 대해 깊
> 이 있는 사고가 뒤따르지 않으면 남는 것이 없고, 자기만의
> 생각 속에 빠져 있을 뿐 이전 시대의 경험을 배워 실질적인
> 내용을 채워가려고 하지 않으면 허황되어 위태롭게 된다.

學而不思則罔, 思而不學則殆.　　　　　　　　「위정」
학 이 불 사 즉 망　사 이 불 학 즉 태

　우리는 창의적인 사유가 절대적으로 중시되는 사회에 살고 있다. 그러
나 새로운 것은 맹목적으로 과거를 부정하여 이루어지는 것이 아니고 이
전에 학습되고 경험한 것을 기반으로 만들어진다. 이 때문에 과거의 것
에 대한 학습과 새로운 것에 대한 사고는 별개의 것이 아니며 함께 이루
어져야 한다. 위 구절의 제목으로 삼은 "학이사"는 "배우고 생각하다"라
는 말이다. 『논어』에 "학이사"라는 말이 나오지 않지만 위 구절의 핵심적
인 뜻을 유추해서 만들어낸 말이다.

　"학이불사즉명"에서 '학學'이란 '배움'을 말하며 과거 지식에 대한 학습
혹은 앞사람의 경험을 본보기로 삼는 것을 가리킨다. '사思'는 생각, 사고,

즉 새로운 것에 대한 사유를 가리킨다. '망罔'은 『논어집해』에서는 흐릿해서 얻은 것이 없다고 풀었고, 황간의 『논어의소論語義疏』에서는 '속다'라는 뜻으로 풀었으며, 『논어집주』에서는 어둡고 얻은 것이 없다는 말로 해석하였다. 따라서 이 구절은 "배우기만 하고 그 뜻을 풀어 생각하지 않는다면 흐릿하게 얻는 것이 없다"(『논어집해』)라는 말이며, "마음에서 구하지 않으므로 어두워서 얻는 것이 없다"(『논어집주』)라는 설명이 가능하다. 즉 어떤 사항에 대해 과거의 경험을 배우기만 할 뿐 자신이 배운 내용에 대해 스스로 깊이 있는 사유가 뒤따르지 않으면 내면에 남은 것이 없다는 말이다.

"사이불학즉태"에서 '태殆'는 '위태롭다'는 말인데, 『논어집해』는 정신이 피로하다고 풀고, 『논어집주』는 위태롭고 불안하다고 해석한다. 따라서 이 구절은 "배우지는 않고 혼자 생각만 하면 끝내 얻지 못할 것이고 괜히 사람의 정신만 피곤하게 만든다"(『논어집해』), "그 일을 (스스로) 익히지 않으므로 위태하여 불안한 것이다"(『논어집주』)라고 해석된다. 즉 어떤 일에 대해 자기만의 생각 속에 빠져 있을 뿐 이전 시대의 경험을 배워서 실질적인 내용을 채워가려고 하지 않는다면 위태롭게 된다고 해석할 수 있다.

어떤 일이든 과거의 경험을 배우고, 배운 것에 대해 스스로 생각하고 실천하는 과정을 통해 자신의 내면이 강해지고 지식도 탄탄해진다. 위 구절은 배우되 생각하지 않거나 생각만 하고 배우지 않는 것의 병폐를 설명하면서, 결국 배우기와 생각하기가 모두 중요하다는 것을 언급한 말이다. 이는 공자가 말한 "온고이지신溫故而知新(옛것을 익히고 그로부터 더 나아가 새로운 것을 알아간다)"과 같은 의미일 수 있는데, 과거의 경험을 배우고 그것을 근거로 끊임없는 사유를 함으로써 새로운 세상을 만들어낼 수 있기 때문이다.

배움의 중요성은 공자가 항상 강조한 것이다. 순자 역시 배움의 중요성을 강조하여, "내가 아무리 발꿈치를 딛고 높은 데를 쳐다보려고 열심히 노력을 해봤지만, 높은 곳에 올라가서 먼 곳을 보는 것보다 못하더라. 그런 것처럼 내가 종일토록 생각을 해봤지만 잠깐 배우는 것보다 못하더라"라고 말하였다.

과거의 경험을 배우지 않고 막연하게 혼자 생각에만 잠긴다면, 설령 오랜 시간이 지나 생각을 통해 터득한 것이 있다 할지라도 실상은 과거에 이미 경험하여 정리된 단순한 사항일 가능성이 있다. 더구나 검증되지 않은 채 생각에만 빠진다면 이는 현실성이 떨어지는 헛된 망상일 가능성이 크기 때문에 사람을 위태롭게 만들게 된다. 이 때문에 어떤 지식을 습득하든 그 속에서 지혜를 터득하는 것은 반드시 기존 지식에 대한 학습, 그리고 그에 대한 사유 과정을 거쳐야만 이루어진다.

최근 새로운 산업혁명의 시대, 산업의 변화 시대라고 4차 산업혁명을 얘기하지만, 이 또한 과거에 있었던 과학과 문명의 발전을 전제로 하여 이루어지는 것이다. 즉 과거에 있었던 발전에 기초하여 새로운 사유를 해나감으로써 이루어진다. 자칫 어떤 새로운 것의 창조이기에 새로운 사유만을 통해 이루어질 것이라는 착각은 매우 위험한 결과를 낳게 된다. 이 때문에 모든 일에서 가장 근본이 되는 일에 대한 학습이 중요하다. 가령 기초과학이 탄탄하지 못한 채 응용과학에 대한 투자만으로 큰 성과를 거둘 수 있다는 생각은 잘못이며, 경제적 이익이 중요하다고 하여 인간의 내면을 다루는 학문인 인문학적 사유를 홀시하면 궁극적으로 우리가 생각하는 발전된, 선도적인 국가를 이룰 수 없다.

이 말이 창의적인 사유를 억압하거나 과거의 관습에 빠져 지내는 것을 긍정하는 말이라고 오해하지는 말자. 창조적 사유도 실상은 과거에 이루어놓은 성과에서 출발하는 것이 많다는 점을 강조하려는 것이다. 이처럼 과거에 대한 학습과 이에 대한 냉철한 성찰 없이 미래를 창조할 수 없다. 기업이나 국가 역시 마찬가지여서 미래의 발전을 위한 노력이 현재까지 발전해온 과정과 모습에 대한 냉철한 성찰이 없으면 안 된다. 리더 역시 경험을 축적하고 여기에 더해 창의적인 사유를 할 수 있어야 진정 더 나은 미래를 만들어낼 수 있다. "학이사", 배우고 생각하는 자세 모두를 가져야 한다는 점을 잊어서는 안 된다.

적극적으로 배우고 가르쳐라

학불염, 회불권 學不厭, 誨不倦

배운 지식을 묵묵히 기억하고 배우기를 싫증 내지 않으며 남을 가르치는 일을 게을리하지 않는 것이 나에게 무슨 어려움이 있겠는가?

黙而識之, 學而不厭, 誨人不倦, 何有於我哉? 「술이」
묵 이 지 지 학 이 불 염 회 인 불 권 하 유 어 아 재

누구나 자신이 하고 싶은 일, 해야만 하는 일, 잘하는 일이 같다면 정말 좋을 것이다. 많은 사람은 그렇지 않아서 항상 이런저런 고민을 하게

된다. 공자가 중요하게 생각하면서 스스로 실천하고 있다고 생각하는 일은 리더로 성장하기 위해 반드시 중시해야 할 일이다.

"묵이지지"의 '묵默'자는 '고요하다', '침묵하다', '말이 없이' 등의 뜻이다. '지識'의 독음은 '지'이고 '기억하다', '기록하다'라는 뜻이다. '지식知識'의 뜻일 때는 '식'으로 읽는다. 이 구절은 말없이 마음속으로 담아둔다는 뜻인데, 줄여서 '묵지默識'라는 한 단어로도 쓰인다. "학이불염"의 '염厭'은 '싫어하다', '물리다'라는 뜻이다. 그래서 이 구절은 배우되 그것을 싫증 내지 않는다는 말이다. "회인불권"의 '회誨'는 남을 가르친다는 뜻이며, '권倦'은 '게으르다', '쉬다'라는 뜻이다. 이 구절은 남을 가르치는 일에 게을리하지 않는다는 말이다.

"하유어아재?"의 '어아於我'는 '나에게'라는 뜻이므로 이 구절은 "나에게 무엇이 있겠는가?"라는 말이다. "나에게 무엇이 있겠는가?"는 두 가지의 서로 다른 해석이 있다. 첫째는 "나에게 무슨 어려움이 있겠는가?"라는 해석인데, 『논어집해』와 조선 시대 정약용의 견해로 이 정도의 일은 모두 할 수 있다는 자신감의 표현으로 본 것이다. 둘째는 "나에게 어느 것도 없다"는 해석인데, 이는 『논어집주』의 견해로 공자가 앞의 세 가지 중 제대로 하는 것이 하나도 없다는 겸손의 표현으로 본 것이다.

『논어집해』에 의하면, "다른 사람에게는 이 행실이 없는데, 나에게 홀로 이 행실이 있다"라고 설명하여, 공자에게 이 세 가지를 행하는 데 아무런 어려움이 없다는 말로 해석하였다. 『논어집주』는 "무엇이 나에게 있을 수 있겠는가라는 말이다. 세 가지는 이미 성인의 지극한 경지는 아닌데도 오히려 공자가 감당할 수 없다고 하니 겸손하고 또 겸손한 말이다"라고 설명하였다.

나는 "나에게 무슨 어려움이 있겠는가?"라고 해석하는 편이 좋다고 생각한다. 그것은 「술이」에 보이는 다음 공자의 이야기와 관련이 있다. "성인이나 인자의 길은 어찌 내가 감히 잘하고 있다고 하겠는가? 다만 그러한 경지가 되고자 하는 노력을 싫어하지 않고 남을 가르치는 일을 게을리하지 않는 것은 그렇게 한다고 말할 수 있을 뿐이다若聖與仁, 則吾豈敢? 抑爲之不厭, 誨人不倦, 則可謂云爾已矣." 즉 공자가 성인과 인의 실천에 대해 잘하고 있다고 자부하지는 않았다. 그러나 그는 그것을 행하려고 노력을 기울이고 있고 또 남을 가르침에 게으르지 않는다고 자처하였다. 따라서 공자가 배우기를 좋아하고 스승으로서의 역할을 피하지 않는다는 점만은 스스로 인정했다고 볼 수 있다.

『논어』의 곳곳에서 우리는 공자가 가진 자부심을 살펴볼 수 있으며 공자가 항상 겸손하고 양보하는 사람일 것이라는 생각이 오히려 선입견이다. "문왕이 이미 돌아가시고 예악과 제도가 여기 나에게 있지 않은가? 하늘이 장차 이 예악과 제도를 없애고자 한다면 뒤에 태어난 내가 이 예악과 제도에 관여할 수 없었을 것이다"(「자한」), "하나라의 예에 대해 내가 말할 수는 있지만 하나라의 후예인 기나라의 자료만으로는 그것을 증명할 수 없다. … 이는 문헌 자료가 부족하기 때문이며, 만약 자료가 충분하다면 내가 그것을 증명할 수 있을 것이다"(「팔일」) 등의 기록은 공자가 자신의 장점에 대해 자부심을 갖고 있었음을 보여준다.

따라서 "하유어아재?"의 '하유何有'는 '하난지유何難之有'의 줄임말이고, 어떤 어려움이 나에게 있겠는가라고 해석하는 것이 타당하다. 즉 공자는 일상생활에 있어서 "묵묵히 마음속에 학문의 세계를 담아두는 것", "배우되 그것을 싫증 내지 않는 것", "사람을 가르치는 일을 게을리하지 않은 것"을 강조하였고 항상 실천하고 있었다.

급변하는 현대사회에서 누구나 끊임없이 배워나가는 것이 필요하다. 한 사회의 리더는 더더욱 새로운 변화를 선도할 수 있어야 하는데 이는 배움을 통해 이루어진다. 이것이 바로 배우기를 싫증 내지 않는 '학이불염'의 자세이다. 또 스스로 배워나가면서 동시에 이를 다른 사람에게 알려주어 선도하려는 노력을 멈추어서는 안 된다. 이처럼 다른 사람에게 알려주어 인도하는 것이 '회인불권'이다. 이는 리더가 갖추어야 할 소통의 한 방식이기도 하다. 리더가 스스로 공부하고 그것을 타인에게 전수해주는 과정을 통해 타인과의 소통을 확대해나갈 수 있다. 공자가 자임한 위의 세 가지는 현대사회의 리더도 항상 노력해야 할 것들이다. 나는 그동안 많은 리더를 만났는데, 그들에게 이런 자세가 있음을 여러 차례 확인하였다.

자신을 위한 공부를 하라

위기지학 爲己之學

옛날의 배우는 사람들은 자신의 인격 수양을 위하는데, 지금의 배우는 사람들은 남의 평가를 위한다.

古之學者爲己, 今之學者爲人.
고 지 학 자 위 기　금 지 학 자 위 인

「헌문」

우리가 공부하는 이유가 무엇인가? 위 구절은, 좋은 성적을 받기 위해, 혹은 남에게 칭찬을 받기 위해 공부하는 사람들에게 공부란 진정 자신을 위한 일임을 강조한다. 자기를 위하는 것이 이기적인 행위가 아니다. 타인의 평가가 아닌 자신의 인격 수양을 위한 공부를 강조하는 것이고, 그것이 궁극적으로는 내가 아닌 타인, 세상을 위한 방향이 될 것이기 때문이다.

　"고지학자위기"는 옛날의 학자들은 자신을 위했다는 말이고, "금지학자위인"은 지금의 학자들은 타인을 위한다는 말이다. 자신을 위한다는 '위기爲己'와 타인을 위한다는 '위인爲人'이 대비되어 있는데, 공자의 평소 언행에 비추어본다면 지금의 학자보다는 옛날의 학자를 더 높이기 때문에 결국 자신을 위해 공부하는 옛날의 학자처럼 되어야 한다는 강조로 이해된다. 자신을 위하는 공부는, 자신의 도덕 향상 혹은 스스로의 충실함을 위해 공부하는 것이다. 남을 위한 공부는, 남에게 보여주기 위해 혹은 남에게 인정을 받기 위해 하는 것이다. 이 때문에 후자는 자신의 자발성이 결여된 공부이며 진정으로 자기 자신을 위해 공부할 때만큼의 충실함이나 적극성이 결여되기 쉽다.

　『집주』에서는 정자의 말을 인용하여, "옛날의 학자들은 자신을 위하였지만 끝내 남을 완성시켜주는 경지에 이르렀는데, 지금의 학자들은 남을 위하였지만 끝내 자신을 해치는 경지에 이르렀다"라고 설명한다. 진정으로 자신의 인격적 완성을 위한 공부를 하다 보면 나중에는 그것이 확대되어 다른 사람이 각자의 능력을 달성하도록 도움을 주게 된다. 반대로 타인의 평가만을 생각하면서 알려지기를 바라는 공부를 하다 보면 타인을 위하지도 못할뿐더러 자신의 내면에 가지고 있는 것조차 상실해버린다. 즉 진정으로 자신의 발전을 이루려고 하면 궁극적으로는 타인의 완성까지 도와줄 수 있지만, 남의 시선만을 의식하다 보면 자신조차도 상실하고 만다는 것이다.

「위령공」에는 "군자는 자기완성을 기준으로 행동하며, 소인은 남의 평가를 기준으로 행동한다君子求諸己, 小人求諸人"라는 구절이 있다. 위 구절의 옛날의 학자, 지금의 학자가 여기서는 군자와 소인으로 다르게 표현되어 있지만 서로 통하는 내용이다. 이 내용에 의하면 자신을 위해 공부하는 옛날의 학자가 군자이며, 타인을 의식해서 공부하는 현대의 학자가 소인이다. 타인의 평가를 의식하는 것은 소인의 행동이기도 하거니와 요즘 사람들, 지금 사는 사람들의 행동 방식이기도 하다. 또한 이 구절은 자기자신의 수양인 '수신修身'으로부터 출발하여 집안을 다스리는 '제가齊家', 나라를 다스리는 '치국治國'을 거쳐 천하를 평안하게 만드는 '평천하平天下'까지 도달하는 것을 목적으로 하는 유가의 핵심적 사상과도 통한다.

이 구절은 리더가 공부하는 과정에서 진정으로 내면의 수양을 먼저 생각해야 함을 언급한 것이지, 타인을 전혀 고려하지 않아도 된다는 말은 아니다. 리더로서 역할을 하는 과정에서조차 자신만의 소신에 입각하면 될 뿐 타인의 평가는 전혀 중요하지 않다고 생각하는 것은 정말 잘못된 것이다. 특히 국가와 같은 큰 조직의 리더, 최고 통치권자는 국민의 평가, 지지율에 대해 깊이 돌아보고 신경을 써야 한다. 위 구절에서 언급한 것을 따라 올바른 학자와 군자가 자기만의 내면적 의지만을 위한다거나 타인의 평판을 전혀 고려하지 않아도 된다고 생각하면 안 된다.

또한 국민의 지지가 중요한 것이지만, 그것이 타인에게 잘 보이려는 즉흥적인 발상에서 나와서는 안 된다. 진정 백성들을 사랑하는 마음으로 자신의 온 힘을 기울이면서 내면의 많은 갈등과 유혹을 이겨내는 것이 자기를 위하는 공부이고 자기 내면에서 길을 찾아가는 것이다. 이러할 때 국민의 지지는 저절로 따라오는 것이다. 즉 리더가 자기 스스로 조금 더 올바르고 건전하고 긍정적인 삶을 살아가도록 노력한다면 리더의 주변 사람들, 리더가 속한 조직의 구성원들이 함께 성장하고 각자 자신을 완성해나갈 수 있게 된다.

어려워도 끝까지 노력하는 사람이 귀하다

곤이학지 困而學之

태어나면서부터 모든 것을 알고 있는 사람이 최상의 경지에 있으며, 배워서 알아가는 사람이 다음 단계이며, 몰라서 어떤 곤란한 상황에 처한 이후에야 배워가는 사람이 또 다음 단계이다. 곤란을 겪고서도 배우려고 하지 않는다면 이러한 사람이 가장 하등의 사람이다.

生而知之者上也, 學而知之者次也, 困而學之, 又其次也,
생 이 지 지 자 상 야　학 이 지 지 자 차 야　곤 이 학 지　우 기 차 야
困而不學, 民斯爲下矣.　　　　　　　　　　　　「계씨」
곤 이 불 학　민 사 위 하 의

리더는 어떤 상황을 판단하기 위해 주변의 모든 여건을 종합적으로 살펴야 한다. 이를 위해 매우 다양한 영역에 대해 학습하여 알아야 한다.

이때 어떤 것이든 배워서 알아나가는 과정을 거친다. 물론 천재로 타고나서 태어나면서 모든 것을 알고 있는 사람, 즉 이 구절에서 말하는 "생이지지자"를 가정하지만, 그것은 상징적일 뿐 있을 수 없다. 사람에 따라 알아가는 과정이 자발적인지 수동적인지의 차이, 속도가 빠른지 늦은지의 차이가 있다. 하지만 알기 위해 공부해간다면 누구나 끝내는 알게 된다. 이 때문에 각자의 노력이 정말 중요하다고 할 것이다.

여기에 '생이지지', '학이지지', '곤이학지', '곤이불학' 네 가지 부류의 인간형이 나온다. 앞의 세 가지는 제일 좋은 것부터 그다음 단계로 정리되어 있고 마지막의 '곤이불학'은 전혀 다른 차원으로 설명한다.

'생이지지'는 태어나면서부터 모든 것을 아는 것이다. 「술이」에는 "나는 태어나면서부터 모든 것을 알았던 사람이 아니다. 옛것을 좋아하고 열심히 그것을 추구한 사람이다"라는 공자의 말이 나온다. 아마도 공자가 아는 것이 매우 많았기 때문에 당시 사람들이 공자를 이렇게 평가했던 듯하다. '학이지지'는 스스로 자발적으로 배워서 알아가는 것이다. '곤이학지'는 미리 배우지 않았기 때문에 곤란을 겪고 나서 그것을 배워가는 것이다.

'곤이불학'은 미리 배우지 않아서 곤란을 겪었음에도 여전히 배우려고 하지 않는 것이다. 따라서 이들은 끝까지 아무것도 모르는 상태에 있는 사람이다. '곤이불학'에 대한 평가의 의미를 담고 있는 "민사위하의"의 '민民'은 우리가 흔히 '백성'이라는 말로 번역하지만, 사실은 공자 당시를 기준으로 보면 '피지배 계급 중 가장 하층민'을 뜻한다. 따라서 이 말은 곤란을 겪었음에도 배우려고 하지 않는 사람은 백성 중에서도 하급의 사람이고 절대 리더가 될 수 없는 사람이라는 말이다. 이 말은 "하층민조차도

'곤이불학'하는 사람을 더 아랫사람으로 여긴다"라는 해석도 가능하다. 어떤 해석이든 사회에서 가장 존중받지 못하는 사람이 될 것이라는 말이다. 공자가 배워서 알려고 하지 않는 사람을 얼마나 부정적으로 보고 있는지를 알 수 있다.

『예기』「중용中庸」에는 이와 관련된 공자의 말이 있다. "태어나면서부터 모든 것을 알고 있는 사람이 있고, 배워서 아는 사람이 있고, 곤란을 겪고서 아는 사람이 있다. 그렇지만 그가 알았다는 점에서는 동일하다或生而知之者, 或學而知之者, 或困而知之者, 及其知之, 一也." 앞의 『논어』 구절이 알아가는 과정의 차이에 초점을 두었다면, 이 구절은 결국 알고자 노력해서 끝내 알았다는 점에 초점이 있다. 태어나면서부터 모든 것을 아는 사람이 없다고 전제할 때, 자발적으로 노력해서 미리미리 지식을 터득해두면 일에 닥쳐서 어려움을 느끼지 않을 것이다. 따라서 '학이지지'의 경지가 중요하다. 그러나 사람의 지능에 따라, 혹은 환경에 따라 배움의 기회가 다르고 그것을 습득해가는 속도에는 차이가 있을 수 있다. 중요한 것은 그것을 알아려고 노력했는지, 그리고 그 노력을 지속하여 끝내 알았는지에 있다. 나는 알아가는 속도의 차이보다 끝까지 노력해서 알아려고 했는지를 언급한 "그가 알았다는 점에서는 동일하다及其知之, 一也"라는 말에서 더 큰 공감을 한다.

지금 이 책의 독자 중에도 이른 시기에 학업을 한 사람도 있고 뒤늦게 시작한 공부에 빠져 지내는 사람도 있을 것이다. 누군가는 학창 시절에 별로 열심히 공부하는 것처럼 보이지 않음에도 좋은 성적을 내는 친구를 보면서 좌절한 경험이 있을 수 있다. 나도 마찬가지이다. 그렇지만 지금에 와서 돌아보면 그때 그 친구도 내가 모르는 곳에서 정말 열심히 공부했을 것이라는 생각이 든다. 또 성적이 좋았던 친구라고 해서 반드시 인생을 성공적으로 살고 행복하게 사는 것도 아니다. 반대로 출발은 늦은 것 같았지만 끝내 열심히 노력해서 자기 나름대로 큰 성취를 얻은 친구들도 있다. 우리 사회가 '패자부활전'의 기회가 별로 없어서 일찍부터 공부하지 않으면 사회적으로 큰 성취를 거두기 어렵다는 문제가 있는 것도 사실이다. 그렇지만 어느 자리에서 그 누구라도 적극적으로 열심히 배워가면서 노력하면 어느 순간 지식도 많아지고 삶도 풍부해진다.

리더는 타고난 환경의 유리함 때문에 일찍 앞서 나가는 사람도 중요하지만, 끝까지 노력하고 성취해나가는 사람을 더욱 중시할 필요가 있다. 끝내 노력하는 사람을 격려하고 힘이 되어주는 것이 리더의 역할이라는 말이다. 어려운 환경에서도 열심히 노력하는 것은 정말 아름다운 사람의 모습이다.

끝으로 앞에서 속도와 방향의 문제를 언급하였기에 관련된 한 가지를 부가하고자 한다. 세상은 속도만으로 이루어지는 것이 아니다. 인간의 행복을 만들어내는 데 경제적 풍요나 과학기술의 발전이 중요하다. 이것은 어떤 목표로 가는 속도를 좌우하는 것인데 어느 정도의 단계에서부터는 속도가 중요하지 않게 된다. 이때부터는 올바른 방향이었는지가 중요하다. 그것이 바로 인문학의 역할이다. 때로는 속도보다 더 중요한 것이 방향이라는 것을 잊어서는 안 된다.

간절하게 묻고 실행 가능한 것을 실천하라

절문근사 切問近思

자하 널리 배우고 뜻을 돈독하게 하며, 자신에게 절실한 것을
묻고 가까운 일부터 생각한다면 인은 그 가운데 있게 된다.

子夏曰,
자 하 왈
博學而篤志, 切問而近思, 仁在其中矣.　　　　　　　　「자장」
박 학 이 독 지　절 문 이 근 사　인 재 기 중 의

　리더가 공부해야 할 내용은 무엇이며 어떤 자세로 대해야 하는가? 리
더가 자신이 속한 조직을 위한 원대한 뜻이 있어야 하지만 일의 시작은
가까이에서 벌어지는 일부터 해야 한다. 이에 대해 공자의 제자 자하의
말로 전해지는 위 구절을 통해 생각해보자.

　자하는 공자의 제자로 이름은 상商이고 학문이 뛰어나서 경전의 전승
에 큰 공로가 있었다. "박학이독지"에서 '박학博學'은 널리 배운다는 것이
다. '독篤'은 돈독하다, 두텁다는 뜻이니, '독지篤志'는 뜻을 돈독하게 하다,
올바른 뜻을 굳건하게 갖는다는 말이다. "절문이근사"에서 '절切'은 절실
하다, 간절하다는 뜻이니, '절문切問'은 자신에게 절실한 것을 묻고 알아
가는 것이다. '근사近思'는 "자신의 가까이에 있는 것을 생각하다"라는 말
인데, 자신에게 가까이에 있기에 실행 가능한 것부터 생각해나가는 것이
다. 『논어집주』의 저자 주희가 『근사록近思錄』이라는 책을 썼는데, 이곳의

'近思'에서 따온 것이다. 자신에게 절실하고 가까이에 있어서 실행 가능한 것부터 하나하나 생각하고 묻고 실천해나가야 한다는 말이다. "인재기중"은 "인은 그 가운데에 있다"라는 뜻인데, 위에서 언급한 것을 실천하다 보면 인을 행할 수 있게 된다는 뜻이다. 즉 앞에 나온 박학博學, '널리 배우고', 독지篤志, '뜻을 돈독히 하며', 절문切問, '간절하게 자기에게 절실한 것을 물으며', 근사近思, '자기에게 가까운 것들을 생각하고 실천하는' 것이 바로 인을 실천하는 출발이 된다는 말이다.

이 구절의 각 항목에 대한 역대의 주석을 살펴보면 다음과 같다. 『논어집해』에서는 "'절문'이란 자신이 배워 미처 깨닫지 못한 일을 간절하게 묻는 것이다. '근사'란 자기가 미처 잘할 수 없는 일을 생각하는 것이다. 자신이 아직 배우지 못한 것을 대략적으로 물어보거나 자신의 생각이 아직 미치지 못한 것을 자기에게서 멀리하게 되면, 익힌 내용에 대해 정말하지 않게 되고 생각한 것을 이해하지 못하게 된다"라고 설명한다. 또 『논어집주』에서는 정자의 말을 인용하여, "배움이 넓지 않으면 핵심적인 것을 시키지 못하며, 뜻이 독실하지 않으면 힘써 행할 수 없다. 절실하게 묻고 친근한 것부터 추구하는 자는 인이 그 가운데에 있게 된다"라고 설명한다. 또한 소씨의 "널리 배웠으나 뜻이 돈독하지 못하면 크기는 하되 이룰 수 없고 평범하게 묻고 먼 것만을 생각하면 수고하기는 하되 이루는 것이 없다"라는 말을 보충하였다.

모든 배움에 있어서 넓게 배워야 궁극적으로 깊이 들어갈 수도 있다. 어떤 특정 분야를 전공한다고 해도 그 분야와 관련된 복합적이고 융합적인 다양한 문제를 만나게 되므로 결국 넓게 배워야 닥친 문제를 해결할 실마리를 찾을 수 있다. 공부하여 무엇인가를 깊이 파고 들어가는 것이 석유 시추공처럼 작은 구멍으로 파고 들어가는 것이 아니기 때문이다. 뜻을 돈독하게 한다는 것은 올바른 뜻을 굳건하게 가진다는 것이다. 세상의 큰 뜻을 가진 사람이 갈 길은 멀고 험하므로 뜻이 돈독한 사람만이 목적지에 다다를 수 있다. '임무는 막중하고 갈 길은 멀다'라는 의미의 임중도원任重道遠도 같은 맥락에서 이해할 수 있다. 절실한 것부터 묻는다는 것은 자신의 문제를 제대로 인식하는 것이고 문제의 근본을 찾아가는 과정이다. 반면 절실하지 않은 것을 먼저 생각하면 허황된 생각에 빠지기 쉽다. 가까운 것부터 생각한다는 것은 자기 자신이 실천 가능하고 실행 가능한 것부터 생각한다는 것이다. 이때 자신의 행동이 힘을 갖게 되며 이것이 확대되어 더욱 큰일을 실천할 수 있게 된다.

리더는 널리 배워서 올바른 지식을 갖고 있어야만 주어진 상황에 대해 정확한 판단을 할 수 있다. 평소 폭넓게 공부하지 않은 사람이 리더가 되면, 자기만의 편견 속에서 독단적으로 일을 행하여 전체 조직을 위기에 빠뜨리는 경우가 많다. 리더는 자신의 뜻을 돈독히 하여 지속시킬 힘을 가져야 한다. 뜻이 돈독하지 않은 사람이 리더가 되면, 일을 추진하는 과정에서 당연히 만나게 되는 수많은 난관 속에서 큰일을 행하려는 노력을 일찍 포기해버린 채 자신이 리더라는 것을 즐기면서 시간만 보내려는 모습을 보여 전체 사회를 혼란에 빠뜨리게 된다. 리더는 절실한 것을 묻고 실천 가능한 것을 생각해야 올바른 실천을 통해 아랫사람들에 대한 사랑을 실현할 수 있다. 그렇지 못한 사람이 리더가 되면, 허황된 꿈속에서 헛되이 시간을 보내서 모든 사람들, 특히 힘없는 서민들을 좌절하게 만든다. 따라서 리더는 평소 넓게 배우고 뜻을 돈독히 하며 절실한 것을 묻고 실천 가능한 것을 생각하는 사람이어야만 한다.

끊임없이 자신을 돌아보라

삼성 三省

증자 나는 매일 여러 차례 다음 사항에 대해 반성한다.

다른 사람을 위해 어떤 일을 할 때에도 내 능력의 전부를 발

휘하였는가?

친구들과 사귈 때 믿음을 줄 수 있도록 행동하였는가?

내가 제대로 학습하지 않은 내용을 학생에게 전하고 있는

것은 아닌가?

曾子曰,
증 자 왈

吾日三省吾身,
오 일 삼 성 오 신

爲人謀而不忠乎? 與朋友交而不信乎? 傳不習乎?   「학이」
위 인 모 이 불 충 호   여 붕 우 교 이 불 신 호   전 불 습 호

　이 구절은 리더가 항상 자신에 대해 돌아봐야 할 항목을 설명한다. 그 것은 자신에 대한 것이면서 동시에 일반적인 타인과 친구처럼 평소 가까이 지내는 사람과의 관계, 그리고 자신의 학습과 교육에 대한 것을 포함한다.

　이 구절은 공자의 제자인 증자의 언설이다. 증자의 말을 수록하면서 선생님을 뜻하는 '자'를 썼다는 것은 『논어』의 편찬에 증자의 제자가 관여했을 것이라는 추측을 하게 만든다. 증자는 공자보다 45세 적으므로 공

자가 세상을 떠날 당시에 나이 27세였던 제자이다.

　"오일삼성오신"에서 '삼성三省'은 우리에게 매우 익숙한 말이다. '三'은 '석 삼', '省'은 '살필 성'이므로 "세 번 살펴보다"라는 뜻이다. 그런데 '삼성'의 뜻을 "세 가지에 대해 반성한다"고 오해하는 경우가 많다. 이는 마침 이 구절의 뒤에 세 가지 내용이 나오기 때문일 것이다. 그렇지만 고대 중국어인 한문에서 동사의 앞에 나오는 숫자는 횟수를 나타내며, 몇 가지를 뜻하는 숫자는 동사 뒤에 나온다. 따라서 이 말은 세 번 반성한다고 해석하는 것이 타당하다. 다만 여기서 말하는 세 번이란, 정확하게 세 번을 뜻하는 것이 아니고 '여러 번'을 뜻한다. 한문에 등장하는 숫자에는 정확하게 특정한 숫자를 말하는 것이 아니라 막연하게 많고 적음을 나타내는 경우가 많다. 숫자 '三'이 대표적인데, 이는 문맥에 따라 많다는 것과 적다는 것을 나타내기도 하므로 주의해야 한다. "삼인행, 필유아사언三人行, 必有我師焉"이라는 구절이 있는데, 이는 "세 사람이 길을 가면 그 가운데에는 반드시 나의 스승이 있다"라는 뜻이다. 여기에 쓰인 '세 사람'이 많은 사람이 길을 가는 것을 전제한 것인지, 아니면 소수의 사람이 길을 간다는 전제인지 논란이 될 수 있는데 이 또한 같은 경우이다. 청대의 왕중汪中이라는 학자는 「三과 九를 해석함釋三九」이라는 글을 써서 『논어』에 나오는 숫자 三과 九에 대해 이러한 관점에서 분석한 바 있다. "오일삼성오신"은 "나는 날마다 자신에 대해 여러 번 반성한다"라고 해석할 수 있다.

　"위인모이불충호?"에서 '爲人'의 '爲'는 '하다', '되다', '위하다' 등의 뜻이 있어서 '위인'은 '사람됨'이라는 뜻도 있지만 여기서는 '다른 사람을 위한다'라는 말이다. '모謀'는 도모한다는 말이므로 어떤 일을 행한다는 뜻이다. '충忠'은 흔히 조국과 민족 혹은 국가에 대한 충성이나 군주 등 윗사람에 대한 충성을 생각하여 상명하복을 전제로 한 것이라 오해하지만, 여기에서 보듯이 그것만을 가리키지 않는다. '충'은 마음에서 우러나와 마음을 다하는 것을 뜻한다. 주희는 '충'을 '진기盡己', 즉 자신의 최선을 다한다는 뜻으로 풀이한다. 따라서 이 구절은 "다른 사람을 위하여 어떤 일을 행함에 있어서 내가 할 수 있는 모든 최선을 다하였는가?"라는 자기반성이다.

"여붕우교이불신호?"에서 '여붕우교與朋友交'는 친구와 더불어, 친구와 사귀는 데 있어서라는 말이다. '불신不信'은 '믿음직스럽지 않다, 진실되지 않다'라는 말이다. 따라서 이 구절은 친구와 사귀는 데 있어서 믿음을 주지 못하였는지에 대한 자기반성이다. 앞의 "위인모이불충호?"는 내가 아닌 다른 사람과의 일반적 관계에 대한 반성이라면, 이곳의 "여붕우교이불신호?"는 이미 가까운 관계를 유지하고 있는 사람들과의 관계에 대한 반성이다.

"전불습호?"에서 '전傳'은 무엇인가를 전한다는 말이며, '습習'은 익힌다, 학습한다는 말이다. '전'이 전한다는 말이라고 할 때 여기에는 내가 타인에게 전해준다는 해석과 내가 타인으로부터 전해 받는다는 해석이 모두 가능하다. 이 때문에 이 구절은 여러 가지로 해석될 수 있다. '불습'은 '내가 익숙하지 않은 것', '내가 학습하지 않은 것', '내가 공부하지 않은 것' 등의 뜻이 가능하다. '전'을 전하다, 전해준다고 해석할 때, 위 구절은 "내가 제대로 학습하지 않은 것, 혹은 나도 제대로 알지 못하는 것을 타인에게 알려주는 것은 아닐까?"라는 자기반성이다. 이 해석은 『논어집해』 등의 고주에 근거한 해석이다. 『논어집주』에서는 이와 다른 해석을 제시한다. 즉 '전'을 타인으로부터 내가 전해 받은 것을 말하는 것으로 해석하며 내가 타인(선생님)에게 전해 받은 내용을 제대로 학습하지 않았는지에 대한 자기반성이다. 이 구절을 『논어집해』는 선생님의 입장에서 반성하는 것으로, 『논어집주』는 학생의 입장에서 반성하는 것으로 해석한 것이다.

한문의 문장구조와 관련하여 생각해보면, 앞의 두 구절에서 "위인모爲人謀"와 "불충호不忠乎?", "여붕우교與朋友交"와 "불신호不信乎?" 사이에는 '이而'가 있지만 "전불습호傳不習乎?"는 그와 다른 구조이다. '이而'가 없는 것에 착안한다면 "전불습호?"가 '불습不習'을 '전傳'했는가라고 해석한 『논어집해』의 견해가 더 타당하다. 그렇지만 한문에서 '이而'의 유무가 절대적으로 해석에 영향을 주는 것이 아니라는 점을 생각하면 문법적으로 『논어집주』의 견해가 틀렸다고 말하기는 어렵다. 따라서 언어적으로 볼 때 위 두 가지 해석은 모두 가능하다.

앞서 나온 두 가지 반성의 내용이 타인과의 관계에 대한 것이라고 볼 때, 『논어집해』의 견해는 마지막 구절의 자기반성 역시 자기 자신의 학습보다는 타인을 가르치는 것에 초점을 둔 해석이라는 점에서 일관성이 있다. 『논어집주』는 "충신은 전습의 근본"이라는 설명을 하고 있는데, 이는 앞의 두 가지 '충'과 '신'을 전제로 학습하여 후학들에게 전해주어야 한다는 생각으로 해석한 듯하다. 다만 앞에서 보았던 '시습時習' 구절이 선생으로서 학생을 대하는 자세에 초점을 둔 것과 같은 맥락이라면 이 구절 역시 『논어집해』의 견해를 따라 "내가 제대로 공부하거나 잘 아는 것이 아닌 것을 학생들에게 가르치고 있는 것은 아닌가?"라는 자기반성으로 볼 수 있다.

위의 설명을 종합하면, 위 구절은 다음과 같이 해석할 수 있다.

"증자는 다음과 같이 말하였다. 나는 매일 여러 차례 다음 사항에 대해 반성한다. 다른 사람을 위해 어떤 일을 할 때 내 능력의 전부를 발휘하였는가? 친구들과 사귈 때 믿음을 줄 수 있도록 행동하였는가? 나 스스로 제대로 학습하지 않은 내용을 학생에게 전하고 있는 것은 아닌가?"

한 사회의 리더가 타인을 대함에 있어서 자신의 마음을 다하고 믿음을 줄 수 있도록 행동하고 말하며 자기도 제대로 하지 못한 것을 타인에게 가르치거나 강요하지 않는 것은 매우 중요하다. 당연한 이야기이지만, 리더는 같은 조직에 있는 구성원들에게 자신이 할 수 있는 최선을 다해서 대해주고 여러 가지 업무 추진에 있어서 일관성을 갖는 등의 과정을 통해 믿음을 얻어야 한다. 또 무엇이든 적극적으로 배우고 실천하면서 살아야 하며 그 실천에 근거하여 타인을 가르치거나 지시를 할 수 있어야 그 말에 힘이 실려서 듣는 사람들도 따라 행동할 수 있게 된다. 이런 측면에서 위 구절은 학생을 대하는 선생님의 자세임과 동시에 모든 리더가 다른 구성원들을 대하는 자세를 설명하는 말로 해석해도 좋을 것이다.

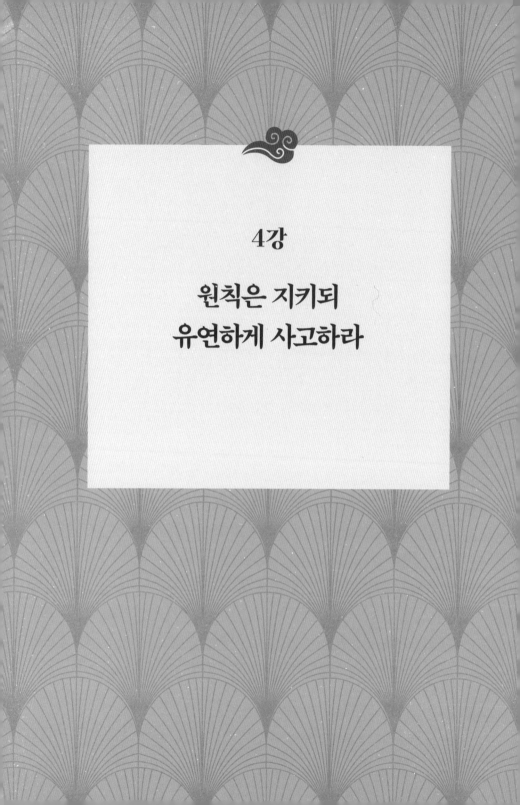

4강

원칙은 지키되
유연하게 사고하라

사소한 것은 버려야 한다

식무구포, 거무구안 食無求飽, 居無求安

군자는 먹는 것에 대해서 배가 부른 것만을 중시하지 않으며, 거처하는 것에 대해서 편안함만을 중시하지 않는다. 구체적인 일을 행하는 데에는 민첩하게 하면서 이런저런 말은 신중하게 해야 하고, 올바른 도리가 있는 사람에게 가서 자신의 잘못을 바로잡을 수가 있다면 이러한 사람이야말로 배우기를 좋아한다고 말할 만하다.

君子食無求飽, 居無求安
군 자 식 무 구 포 거 무 구 안
敏於事而愼於言, 就有道而正焉, 可謂好學也已.　「학이」
민 어 사 이 신 어 언　취 유 도 이 정 언　가 위 호 학 야 이

누구나 부귀영화를 꿈꾸면서 배부르게 먹고 좋은 집에 사는 것을 희망한다. 배부르게 먹고 좋은 집에 사는 것과 국가와 사회를 위해 더 중요하게 생각하는 것이 있다면 무엇을 선택해야 하는가? 일반인의 경우 좀 더 편하고 풍요로운 생활을 원하는 것이 당연하고 그것을 위해 살아가는 것 또한 당연하다. 리더는 어떠한가? 우리가 알고 있는 역사 속의 위인들은 조국과 민족을 위해 자신의 많은 것을 희생하였다. 위 구절은 군자, 즉 리더가 중시해야 할 것이 무엇인지를 말하고 있다.

"식무포구, 거무구안"은 "먹을 때 배부름을 구하지 않고 거처함에 편

안함을 구하지 않는다"라는 말이다. 대부분 사람은 식사할 때 배부르거나 맛있는 것을 찾기 마련이고, 거처할 곳은 편안하고 좋은 집이기를 바란다. 그렇지만 리더에게 맛있는 음식, 편안한 거처는 자신이 하고자 하는 일에 비하면 하찮은 일이고 사소한 것이다. 따라서 좀 더 큰 뜻을 가진 리더라면 이런 사소한 것을 버릴 줄 알아야 한다. 『맹자』에 "양심막선어과욕養心莫善於寡欲"이라는 구절이 있는데, 이는 큰 뜻을 키워나가는 데 자신의 욕심을 적게 하는 것보다 더 중요한 일은 없다는 말이다.

"민어사이신어언"에서 '민어사敏於事'는 어떤 일을 하는 데에는 민첩하다는 말로, '신어언愼於言', 즉 말을 하는 데에는 신중해야 한다는 다음 구절과 대비가 된다. 공자는 실천을 중시하여 행동하고 실천하는 것에는 민첩하되 말을 떠벌이는 것은 신중하게 조심하라고 강조한다.

"취유도이정언"에서 '취就'는 '~로 나아가다'는 말이므로 '취유도就有道'는 도가 있는 곳으로 나아간다는 뜻이다. 여기에서 도가 있는 곳이란, 올바른 도리가 있는 곳 혹은 올바른 도리를 알고 그것을 실천하는 사람을 가리킨다. '정언'에서 '언焉'은 '(앞에서 이미 제시된 무엇인가를) ~하다'라는 뜻인데, 앞의 '정'과 함께 해석하면 앞에서 말한 올바른 도리를 알고 있는 사람에게 (자신의 행동을) 바로잡는다는 말이 된다. 즉 먹는 것이나 거처하는 것에서 좋은 것을 따지지 않는 자세를 가져야 함에도 자신의 잘못된 점이 있다면 올바른 도리를 알고 있는 사람에게 가서 자신의 행동이나 생각을 바로잡는다는 말이다.

"가위호학야이"는 위에서 언급한 몇 가지 행동을 잘 해나가면 그 결과가 어떠하다는 점을 밝히고 있다. '가위可謂'는 부를 만하다, 일컬을 만하다는 말이다. '호학好學'은 배우기를 좋아한다는 말인데, 공자가 『논어』의 곳곳에서 중시한 말이다. 또 공자는 가장 아꼈던 제자 안연이 배우기를 좋아했다고 평가한 바 있다. 이를 통해 공자가 배우기를 좋아하는 것을 얼마나 중시했는지, 그리고 안연을 왜 좋아했는지를 이해할 수 있다. 문장의 끝에 쓰인 '也已'는 '~일 뿐이다'라고 해석되며 강조의 어기를 나타낸다. 정말 이 사람이야말로 배우기를 좋아한다고 말할 수 있다는 강조를 나타낸다.

편안함과 배부름을 구하지 않는 이유에 대해 『집해』에서는 "그것을 구할 겨를이 없기 때문이다"라는 정현의 설명을 인용하고 있는데, 배우고 큰일을 해내는 일에 집중하여 배부르고 편안함을 따질 여유가 없다는 말이다. 또 『집주』에서는 윤씨의 말을 인용하여, "군자가 학문함에 위에서 언급한 네 가지 사항을 잘 행하면 뜻을 '돈독히 하고篤志', '힘써 행동하는力行' 사람이라 부를 만하다. 그렇지만 올바른 도리를 알고 있는 사람에게 나아가 바로잡지 않으면 잘못을 범하는 일을 피할 수 없다"라고 설명한다.

위 구절은, 리더는 항상 배우고 실천하기를 중시하고 나머지 일에 대해서는 가볍게 여길 것을 알려준다. 우리가 높은 이상을 추구한다면 육체적인 배부름이나 거처의 편안함 같은 것은 부차적인 것이다. 또 실천을 앞세우고 말은 신중해야 한다. 주변에 진정으로 올바른 가치를 추구하는 사람이 있다면 그에게 다가가서 배우고, 또 내가 모르거나 잘못된 것이 있으면 배우고 고치려고 노력해야 한다. 이러한 사람이야말로 진정으로 배우기 좋아하는 사람이고 진정한 리더의 자격을 갖추었다는 것이 공자의 생각이다. "올바른 삶을 살아가겠다는 뜻을 가졌음에도 나쁜 옷이나 거친 음식을 싫어하는 사람이 있다면 그와 함께 어떤 논의도 할 수 없다

士志於道, 而恥惡衣惡食者, 未足與議也"라는 공자의 말과도 통한다.

한 사회의 리더로서 큰 뜻을 품고 지내는 것은 어려운 것이 아니며, 그 뜻을 구체적으로 실천하는 것이 어렵다. 이것이 어려운 이유는 사사로운 욕심이 가로막기 때문이다. 욕심을 이기는 일은 좀 더 공적인 생각에 치중하고 사적인 욕망을 억제할 수 있어야 한다. 사적인 욕망을 억제하는 것은 누구에게나 쉬운 일이 아니다. 이것이 가능하게 하려면 외형적인 화려함이나 부귀에 대한 욕심을 버려야 한다. 무엇인지 큰일을 할 것처럼 주장하던 사람이 어느 순간에 개인의 욕망에 빠져 자기 욕심만 채우려는 경우가 적지 않다. 부동산 투기 등의 재산 형성 과정에서 욕심을 부렸던 고위층 역시 비슷한 경우이다. 명예와 재물에 대한 욕심을 동시에 채우려는 것은, 누구나 가진 욕망이지만 그와 동시에 공적인 명예와 리더의 지위를 그대로 누리려고 하면 안 된다. 그것은 우리 시대의 리더들이 경계해야 할 것이라고 공자가 강조한 것이다.

가난하지만 지킬 것은 지킨다

단표누항 單瓢陋巷

현명하구나, 안회여! 대그릇에 밥을 먹고 표주박으로 물을 마시며 누추한 거리에서 산다면 다른 사람은 그 괴로움을 참을 수 없을 텐데, 안회는 그것을 즐거워하는 태도를 바꾸지 않는구나. 현명하구나, 안회여!

賢哉, 回也!
_{현 재 회 야}

一簞食, 一瓢飲, 在陋巷, 人不堪其憂, 回也不改其樂.
_{일 단 사 일 표 음 재 누 항 인 불 감 기 우 회 야 불 개 기 락}

賢哉, 回也!   「옹야」
_{현 재 회 야}

한 사회의 리더가 모두 행복한 이상적인 사회를 만들기 위해 살아가겠다는 큰 꿈을 가지고 있어도 그것이 반드시 실현되지는 않는다. 자기 자신을 둘러싼 현실적 상황 때문에 좌절하는 경우도 그중 하나이다. 세상을 나 혼자 사는 것이 아니고 가족과 지인이 있고 또 생활인으로서 만나게 될 현실이 있다. 그럼에도 현실적 어려움에 굴복하면 결코 올바른 리더가 되지 못한다. 가난이나 여타 고난을 이겨낼 줄 모르면 원래 가진 뜻을 포기하기 쉽기에 가난한 삶, 청빈한 삶이란 무척 어려운 일이다. 이 구절은, 선비의 청빈한 생활 혹은 안빈락도安貧樂道하는 삶을 가리킬 때 쓰이는 성어인 '단표누항簞瓢陋巷'의 출전이다. 제자 안연에 대한 공자의 사랑이 유별났다는 것은 익히 잘 알려진 이야기이다. 다른 제자들이 마음의 상처를 받을 수 있음에도 공자는 항상 안연에 대한 칭찬을 아끼지 않았다. 우리는 이 구절에 보이는 안회의 생활을 통해 공자가 왜 그렇게 안빈낙도를 강조했는지 살펴보려고 한다. 그리고 그것이 왜 리더의 삶에서 중요한 것인지 생각하고자 한다.

"현재, 회야!"는 안회가 어질다고 공자가 칭찬한 말이다. '현賢'은 어질다는 뜻인데, 우리말의 '어질다'는 '지혜롭다'라는 뜻과 타인에 대해 사랑하는 마음을 갖는 것을 가리킨다. '현'은 지혜롭다는 뜻을 가진 '어질다'이며, '인'은 사랑하는 마음을 갖고 있다는 '어질다'이다. 공자가 시작과 끝에서 두 번이나 안회가 어질다고 칭찬한 것으로 보아 안회의 품행에 대해

지극히 칭찬한 것임을 알 수 있다.

　"일단사, 일표음, 재누항"에서 '단簞'은 대나무로 만든 광주리이고 '사食'는 '밥'이다. 이를 '식'이라고 읽을 때는 '밥을 먹다'라는 뜻이다. '표瓢'는 박으로 만든 그릇, 바가지, 표주박이다. '누陋'는 누추하다는 말이고, '항巷'은 마을, 거리를 뜻한다. '일단사'는 대나무로 된 그릇에 담긴 밥이고 '일표음'은 바가지에 담긴 물인데, 모두 소박하고 허름한 식사를 뜻한다. '재누항'은 누추한 마을에 산다는 말이다. 이 구절은 안회가 대나무로 만든 광주리에 담은 밥을 먹고 아주 허름한 바가지, 표주박에 담긴 물을 마시면서 누추한 거리에 살고 있다는 말이다.

　"인불감기우, 회야불개기락"에서 '감堪'은 견디다, 감당한다는 말이고, '기其'는 바로 앞에 나온 허름한 생활을 가리킨다. '우憂'는 근심거리이다. 다른 사람들은 일반적으로 안회처럼 허름한 생활을 제대로 견디지 못한다는 말이다. "회야불개기락"은 안회라는 제자만이 그 속에서 즐거움을 찾아가면서 그 생활을 바꾸려고 하지 않는다는 말이다.

　이 구절에 대한 전통적인 주석은 거의 차이가 없다. 다만 『논어집주』에서는 "안회의 가난함이 이와 같은데도 태연하게 지내면서 자신의 즐거움을 해치지 않았기에 공자가 '어질구나, 안회여!'라고 두 번 말하여 깊이 찬미하였다"라고 부연하였다. 또 여기에 인용된 정자의 견해에 의하면, "안회의 즐거움은 단표누항을 즐긴 것에서 그치지 않고, 가난 때문에 자기의 마음이 얽매여서 자기가 즐거워하는 것을 고치지 않았기에 공자가 그의 어짊을 칭찬한 것이다"라고 설명하였다. 사실 세상에 가난함을 즐거워할 사람은 없을 것이다. 대부분은 가난함이 싫어서 그것을 벗어나려고 발버둥 치기 마련이다. 이 과정에서 평소 자신의 신념과 다른 무리한 행동을 하기 쉽다. 안회는 아무리 어려운 처지에서도 평소의 도리와 신념을 지키면서 오히려 가난조차도 즐겁게 받아들였다는 것이다.

『논어』와 『맹자』에는 이와 유사한 구절이 적지 않다. 바로 앞 구절에서 보았던 "먹을 때 배부름을 구하지 않고 거처함에 편안함을 구하지 않는다"라는 것도 같은 내용이다. 「술이」에는 "거친 밥을 먹고 물을 마시며 팔을 베고 누워도 즐거움이 그 가운데에 있다. 나에게 의롭지 못한 채 부귀를 누리는 것은 뜬구름과 같은 것이다"라는 구절이 있다. 즉 어렵지만 자신만의 신념을 지키면서 자신만의 삶을 즐길 수 있다면 되는 것이지 세속적인 즐거움이 중요한 것이 아니다. 의롭지 못한 채 부귀하게 사는 것은 뜬구름 같은 것이어서 하찮은 것이라는 주장이다. 같은 「술이」에 "부유함이 구하여 얻어진다면 말의 채찍을 잡는 하찮은 일이라도 내가 기꺼이 하겠지만, 구하여 얻어질 것이 아니라면 내가 좋아하는 것을 할 것이다"라는 구절이 있다. 어차피 부귀는 내가 쫓아간다고 내 것이 되는 건 아니라는 전제에서 그러한 부귀를 추구하기보다 자신이 좋아하는 것을 하면서 사는 편이 훨씬 좋다는 주장이다. 『맹자』의 「등문공하」에서 대장부의 올바른 도리를 말하면서 "부귀하다고 해서 분수에 넘치는 행동을 하지 않으며, 빈천하다고 평소의 생각을 바꾸지 않으며, 타인의 힘에 의한 협박 때문에 굴복하지 않는다면富貴不能淫, 貧賤不能移, 威武不能屈 이런 사람을 대장부라고 부를 만하다"라고 주장한다. 모든 리더가 뜻을 지켜나가는 데 귀감이 될 구절이다.

현실에서 만나는 문제는 모두에게 쉬운 것이 아니다. 이 때문에 말로는 옳다고 주장하지만 행동은 전혀 다른 사람을 곳곳에서 만난다. 리더한 개인을 넘어 가족의 문제가 개입되면 판단은 복잡해진다. 나는 리더의 배우자나 자녀가 일탈을 범해서 범죄를 저지르는 것에 대해 그 리더가 전적으로 책임을 지라고 하는 것이 적절한지 회의적일 때도 있다. 배우자도 그렇지만 자녀는 더더욱 부모 마음대로 되는 것이 아닌데, 그것을 집안을 잘못 다스렸다는 이름으로 단죄할 수 없다고 생각하기 때문이다. 다만 이 경우에도 가족 구성원의 일탈 범죄를 감추기 위해 리더가 돈과 권력을 이용하여 불법적인 행위를 하였다면 비판을 받아 마땅하며 국가와 사회의 리더로서 자격을 의심하게 한다. 이때 가족을 지키려는 리더의 적극적인 불법 혹은 탈법적인 행동도 문제이지만 사법적인 절차를 밟을 수 있는 힘을 가진 리더라면 이 문제를 소극적으로 대처하여 가족을 지키려는 것 역시 리더의 자격이 없다고 할 수 있다. 부모가 어느 정도의 사회적 지위나 경제적 능력이 되어 자녀의 좀 더 나은 삶을 위해 편법이나 탈법을 범하는 경우, 이는 결국 상대적으로 우월한 지위를 이용하여 타인의 정당한 이익이나 권리를 침해하는 것이므로 비판받아 마땅하기 때문이다.

민간 기업이나 작은 조직의 리더라면 몰라도 국가와 정부의 리더라면 더더욱 그러하다. 특히 우리는 여전히 정부의 고위층들이 자녀들이 좀 더 나은 대학이나 좀 더 좋은 직장에 들어가도록 하거나, 혹은 좀 더 여유 있는 생활을 하도록 하려고 행한 부정한 일을 자주 접하게 된다. 이런 사람이 사회의 리더 자리에 떳떳하게 혹은 뻔뻔하게 자리 잡고 있다면, 이들이 궁극적으로 국가와 사회에 더 중요한 일을 행하지 못할 것이기에 모두에게 불행한 일이다.

현대인에게 안연과 같은 청빈한 삶, 단표누항의 삶을 요구하는 것이 지나친 일일 수 있다. 그러나 국가와 사회의 리더라면 자신과 자신의 가족이 좀 더 편하고자 타인의 삶을 해치는 일을 해서는 안 된다. 나에게 가족이 중요하면 타인에게도 그들의 가족이 중요하고 내가 재물을 좋아하면 타인도 재물을 좋아할 수 있다는 것을 생각해야 한다. 아마도 공자는 당시 많은 리더들이 자기 혼자만 부귀하고자 온갖 편법, 탈법을 자행했고 이 과정에서 평범한 사람들이 고통받는 것을 수없이 보았을 것이다. 이 때문에 가난하더라도 자신의 원칙과 올바른 도리를 지키고 살아가는 안연을 더욱 소중하게 생각한 것이다. 가난을 좋아하는 사람은 없지만 비굴하게 부귀를 추구하면서 타인의 기회를 빼앗기보다는 정당한 가난을 택한 사람은, 마치 국가의 독립을 위해 혹은 민주화를 위해 자신에게 가장 소중한 목숨을 바친 사람들만큼 중시되어야 한다. 언론을 통해 리더들의 부정과 비리가 자주 보도되지만, 사실 보이지 않는 곳에서는 여전히 자신을 희생하면서 소신을 지키는 사람들이 적지 않다. 한 사회의 리더가 될 뜻을 가진 사람이라면 당연히 이에 대해 깊은 성찰이 있어야 한다.

부귀와 생사에 연연하지 말라

부귀재천 富貴在天

사마우가 근심스럽게 말했다.
"사람들은 모두 형제가 있는데, 저만이 없습니다."
자하가 말했다.

"나는 이렇게 들었다. 죽고 사는 것과 부유하고 귀한 것은 천명에 달려 있다. 군자가 스스로 한결같은 태도를 지켜 잘 못됨이 없으며 다른 사람에게 공손하되 예에 맞으면, 온 천하 사람들이 모두 형제와 같은 것인데 군자가 어찌 형제가 없을 것을 걱정하겠는가?"

司馬牛憂曰,
사 마 우 우 왈

人皆有兄弟, 我獨亡.
인 개 유 형제 아 독 무

子夏曰,
자 하 왈

商聞之矣, 死生有命, 富貴在天.
상 문 지 의 사 생 유 명 부 귀 재 천

君子敬而無失, 與人恭而有禮,
군 자 경 이 무 실 여 인 공 이 유 례

四海之內, 皆兄弟也, 君子何患乎無兄弟也?　　　　「안연」
사 해 지 내 개 형제 야 군 자 하 환 호 무 형 제 야

우리는 모두 형제가 화목하게 지내기를 바라며, 부귀해지고 장수하기를 바란다. 때로는 그것을 얻기 위해 열심히 노력하기도 하고 때로는 부정한 방법을 동원하기도 한다. 그렇지만 『논어』에서는 공자의 제자인 자하의 말을 통해 "죽고 사는 것, 부유하고 귀한 것은 모두 하늘의 뜻인 천명天命에 달려 있다"라고 강조한다. 사람마다 추구하는 바가 다르고 그에 따라 행동 방식이 달라지는데, 이때 평생을 두고 정말 지켜야 하고 중시해야 할 것이 무엇인지를 먼저 생각해두어야 한다.

"사마우우왈"에서 '사마우'는 공자의 제자로 송나라 사람이다. 공자가 중국 전역을 떠돌아다니던 중 송나라를 지날 때 사마환퇴로부터 공격을 받아서 위험에 처한 적이 있다. 사마환퇴는 송나라에서 평소 무도한 행

동을 일삼던 사람인데, 그가 사마우의 형이라는 견해가 있다. '우憂'는 근심하는 것이므로 사마우가 근심스러운 표정을 지으며 말을 했다는 것이다. 아래 이어지는 말이 형제와 관련된 것이어서 사마우가 자신의 형이 무도한 일을 일삼는 것을 알고 걱정이 많았던 것으로 추측된다. 「안연」의 다른 구절에서 공자가 사마우에게 "군자는 근심하지 않고 두려워하지 않는다"라는 말을 해준 적이 있는데, 이 또한 사마우의 처지를 고려한 공자의 가르침이라고 추측된다.

"인개유형제, 아독무"에서 '亡'자는 보통 우리 발음을 '망'으로 읽는데, 그 경우 '있던 것이 없어지다', 혹은 '도망가다'라는 뜻이다. 이곳에서는 그냥 '없다'라는 뜻이며 이때는 '무'라고 읽는다. 이 구절은 사람들에게는 모두 형제가 있는데, 나만은 홀로 형제가 없다는 말이다.

"자하왈, 상문지의"에서 '자하'는 공자의 제자로, '하夏'는 자字이고 이름이 '상商'이다. 자하는 고전 문헌이나 경전에 대해 상당히 해박했고 이로 인해 후대 유가 경전의 전승 과정에서 중요한 역할을 한 것으로 전해진다. '商'은 자기 자신을 지칭하는 '나'를 뜻한다. 자하가 나는 아래와 같이 들었다고 한 것이다.

"사생유명, 부귀재천"에서 '사생死生'은 '죽음과 삶', '죽고 사는 것'이며, '유명有命'은 운명이 있다는 뜻이다. 즉 죽고 사는 것에는 천명이 있다는 말이다. '부귀富貴'는 '부유하고 귀함'이며, '재천在天'은 하늘에 달려 있다는 뜻이다. 즉 부귀는 하늘에 달려 있다는 말이다. 이 구절에서 앞에는 '유有'가, 뒤에는 '재在'가 쓰여 있고, 앞에는 '명命'이 있고 뒤에는 '천天'이 쓰여 있는데, 사실상 "사생부귀유(재)천명死生富貴有(在)天命"과 같은 말로 생사와 부귀에는 천명이 있다, 혹은 생사와 부귀는 천명에 달려 있다는 말이다.

"군자경이무실, 여인공이유례"에서 '경敬'은 공경하다, 정중하다는 뜻인데, 어떤 일과 관련하여 한결같고 신중하게 처리하는 것이다. '공恭'은 공손하다는 뜻으로 자기에게 주어진 직분을 다하는 것이다. 이 구절은 일을 처리하는 데 있어서 신중하게 하여 잘못이 없고 타인에 대해 공손하여 자신의 본분을 잘 지킨다는 말이다.

"사해지내, 개형제야"는 사방 바다 안, 즉 세상천지가 모두 형제와 같다는 말이다. 앞에서 사마우가 형제가 없다고 걱정했지만 자하는 스스로 자신이 어떻게 행동하느냐에 따라 세상 모든 사람이 형제와 같은 존재라고 말해준 것이다.

"군자하환호무형제야?"는 군자가 어찌 형제가 없을까 걱정하겠느냐는 말로, 앞서 말한 것처럼 행동하면 천하의 모든 사람이 형제와 같은 것인데, 무슨 걱정할 필요가 있겠느냐는 말이다.

위 구절에 대해 『논어집해』는 사마우의 형 사마환퇴가 포악한 일을 행하여 죽을 날이 얼마 남지 않았기에 사마우가 자기에게 형제가 없다고 한 것이라 설명한 후, 군자는 악한 이를 멀리하고 어진 이를 벗으로 삼기에 온 천하의 사람들과 모두 예로써 친하게 될 수 있다고 설명한다. 다만 『논어집주』는 "사해의 사람들이 모두 다 형제라는 자하의 말은 단지 사마우의 뜻을 풀어주려는 의도로 한 것이어서 그 취지는 무난하지만 말 자체는 억지스러운 면이 있다. 오직 성인만이 이러한 병폐가 없다"라고 설명한다. 이는 사해의 사람 모두를 형제라고 하는 것이 자칫 가까이해야 할 사람과 그렇지 않은 사람을 동일시하여 마치 묵자가 모든 사람을 두루 사랑해야 한다고 주장하는 것처럼 오해할 수 있음을 경계한 것이다. 아울러 이러한 말투는 공자라면 하지 않았을 것인데, 제자인 자하가 한 것이기에 생긴 문제라고 설명한다.

이 구절은 공자가 아닌 제자 자하의 말이다. 그렇지만 자하의 말이라고 해도 자하가 공자의 생각을 풀어낸 것이라고 볼 수 있기에 충분히 의미 있는 구절이라 할 것이다. 죽고 사는 것이나 부유하고 귀해지는 것은 모두 하늘의 뜻에 달려 있으니 군자가 어떤 일을 할 때 신중하게 하여 실수가 없게 하고 또 타인들에게 공손하게 하여 예를 지키는 등의 최선을 다해야 함을 말한 것이다. 누구에게나 생사와 부귀의 문제는 중요하다. 그러나 이것에 집착할 경우 자신의 행동이 흔들리게 되는 경우가 많으므로 이것이 하늘의 뜻에 달린 것이라 생각하면서 최선을 다하기만 한다면, 좋은 결과가 따라올 것이다.

공자가 생각하는 인간 중심의 사유, 특히 사랑으로서 인仁이 포괄하는 대상은 다만 형제나 가까운 친척에 국한되지 않고 매우 광범위한 대상을 가지고 있었다. 맹자 시대에 오면 모든 사람을 사랑하라는 묵자나 극단적으로 이기적인 사고를 했던 양주가 사람들에게 많은 영향을 미쳤고 유가에서 이들을 경계하면서 배타적으로 보게 된다. 이 때문에 『논어집주』에서 묵자의 겸애사상兼愛思想으로 오해될 소지가 있다고 걱정하였는데, 이는 오히려 맹자 이후 묵자의 사상에 대해 경계했던 것의 영향을 받은 설명일 뿐이다.

생사와 부귀가 하늘에 달려 있으니 억지로 되지 않는 것은 사실이다. 그렇지만 사회와 국가의 리더가 이것을 이유로 하여 자기가 속한 사회의 조직원이나 백성들의 생명이나 부귀에 대해 무관심해서는 안 된다. 리더는 무엇보다 인간성을 말살하는 가장 큰 악인 전쟁을 방지하려는 노력을 통해 백성들에게 죽음이 아닌 삶을 줄 수 있어야 한다. 열심히 노력하는 사람들이 모두 부귀해질 수 있는 사회를 만들기 위해 노력해야 한다. 또한 항상 변함없는 정책으로 신중하게 실수 없이 일을 처리해야 하며 다른 사람에게 적절한 예를 통해 공손하게 대해야 한다. 이럴 때 모든 사람이 그 리더를 친하게 형제처럼 여기고 두려워하는 일이 없게 된다.

어려워도 좌절하지 않는 법을 터득하라

불원천불우인 不怨天不尤人

공자 어느 누구도 나를 알아주지 않는구나.

자공 무엇 때문에 선생님을 알아주는 사람이 없습니까?

공자 하늘을 원망하지 않고 사람을 탓하지 않는다. 아래로는 일상적인 인간의 일을 배워 위로 심오한 하늘의 이치를 통달하니, 나를 알아주는 것은 하늘일 것이다.

子曰, 莫我知也夫!
자왈 막아지야부

子貢曰, 何爲其莫知子也?
자공왈 하위기막지자야

子曰, 不怨天, 不尤人, 下學而上達. 知我者其天乎! 「헌문」
자왈 불원천 불우인 하학이상달 지아자기천호

사심 없이 공적으로 중요한 일을 해도 주변에서 잘 알아주지 않는 경우가 적지 않다. 그때 우리는 어떤 생각을 하는가? 공자도 그런 경우가 있었다. 공자는 하늘을 원망하거나 다른 사람을 탓하지 않는다고 말한다. 아무도 알아주지 않으면 외로움을 느끼고 좌절할 법도 한데, 여기에서 여전히 힘을 낼 수 있는 원천은 어디에 있을까?

"막아지야부"에서 '막莫'은 '누구도 ~하지 않다'라는 뜻이며, '아지我知'는 원래 '지아知我'라고 써야 하지만 앞에 부정을 나타내는 '막'이 있어서 어순이 도치된 것이다. '야부也夫'는 문장 끝에서 감탄을 나타내는 말이다. 이 구절은 "누구도 나를 알아주지 않는구나!"라고 공자가 탄식한 말이다.

"하위기막지자야?"에서 '하위何爲'는 '무엇 때문에'이며, '자子'는 제자인 자공이 공자 선생님을 가리킨 말이다. 이 구절은 "무엇 때문에 누구도 선생님을 알아주지 않는 것입니까?"라는 질문이다. 이 해석은 『논어집해』의 하안 주와 그에 대한 형병의 소를 따른 것이다. 후인들은 자공이 공자에게 무엇 때문에 자신을 알아주는 사람이 없다고 생각하느냐고 질문한 것으로 해석하기도 한다. 이에 대해서는 아래에서 다시 설명한다.

"불원천, 불우인"에서 '원怨'은 '원망하다', '우尤'는 '탓하다'라는 뜻이다. 이 구절은 하늘을 원망하지 않고 다른 사람을 탓하지 않는다는 공자의 대답이다.

"하학이상달"은 아래에 있는 것을 배워서 위의 것에 도달한다는 말이다. 즉 일상적인 사람들의 일을 배우고 이를 통해 천명처럼 하늘의 심오한 이치에 통달하게 된다는 말이다. "지아자기천호!"는 나를 알아주는 것은 하늘일 것이라는 말이다.

공자의 탄식과 자공의 질문, 그리고 이어진 공자의 대답은 이해하기 어려운 점이 있다. 처음 공자가 "나를 알아주는 사람이 없네?"라고 탄식하자 자공이 "왜 선생님을 알아주는 사람이 없습니까?"라고 물으니 그 이유를 설명하기보다 "하늘을 원망하지 않고 사람을 탓하지 않아"라고 말한 것과 사람의 일을 배워 하늘의 일에 미치고, 나를 알아주는 것은 하늘일 뿐이라고 하는 말도 갑작스럽게 여겨진다. 즉 자공이 왜 사람들이 공자를 알아주지 않는 것인지 물은 것에 대한 대답이 전혀 없이 마치 동문서답하듯 하늘과 사람을 원망하지 않는다고 언급하기 때문이다. 뭔가 궁색하여 답하기 어려운 상황에서 하늘을 들먹이는 것이 아닐까 하는 의구심마저 든다.

공자의 탄식은 타인이 자신을 알아주지 않는 것에 대한 원망처럼 들린다. 타인에 대한 원망은 공자의 원래 소신과 다르다. 이 때문에 『사기』 등은 이 구절을 자로나 안회와 같은 제자들이 죽은 후 공자가 스스로 자신을 알아주는 사람이 세상에 없음을 탄식한 것으로 해석한다. 이는 자공이 공자를 알아주는 자신도 있는데, 왜 아무도 없다고 생각하시는지 물었다는 해석의 근거가 되기도 한다. 그러나 그 근저에는 공자가 타인을 원망했을 리가 없거나 혹은 당시 세상에 공자를 알아주는 사람이 없을 수 없다는 생각에서 나온 것이다. 비록 공자가 타인에 대한 원망보다 자기 자신의 노력을 중요하게 여기지만 간혹 자신의 처지를 한탄하거나 세상을 원망했을 가능성이 전혀 없는 것이 아니다.

현대 중국의 철학자 리쩌허우는 "재능이 있으면서도 펼 기회를 갖지 못하여 울적하고 탄식하는 것은 사람의 일상적인 감정으로, 비록 공자라도 면할 수 있었겠는가? 공자가 비록 하늘을 원망하지 않고 다른 사람을 탓하지 않았더라도 확실히 불만이 가득했던 것은 『논어』 가운데서 여러 차례 볼 수 있다"라고 설명한다. 그는 이어서 공자도 보통사람인데, 보통사람을 넘어서 '최고로' 수양한 '지극한 성인'이라는 평가는 송명 시대의 이학자들이 묘사하고 있는 모습이라고 말한다.

나는 공자가 원망하거나 불만이 있었다는 것 자체를 부정하기는 어렵다고 생각한다. 문제는 이를 어떻게 극복하였는지에 있다. 그것은 이어진 문장을 통해 알 수 있다.

"불원천, 불우인" 이하의 구절은 그 점에서 중요하다. 『논어집주』에 의하면, "하늘에서 인정을 받지 못해도 하늘을 원망하지 않고 다른 사람과 합치되지 않아도 남을 탓하지 않는다. 다만 인간의 일을 배워 자연히 하늘의 이치에 통달할 줄 아는 것이다. 이는 다만 자신을 돌아보아 스스로 닦아나가고 순서에 따라 점차 나아가는 것일 뿐이다"라고 설명한다. 하늘과 남을 원망하거나 탓해서는 문제를 해결할 수 없기에 스스로 인간의 일에 대해 좀 더 배워서 천명을 이해하는 단계까지 나아가면 된다는 것이다. 그리고 결국 공자를 이해해주는 것은 하늘일 것이라는 말로 이어진다. 당장은 타인들이 나를 이해하지 못하는 것 같지만 계속 자신이 할 도리를 다하면 결국 하늘이 그것을 이해해줄 것이라는 말이다.

어찌 보면 무척 '공자다운' 이야기이다. 이와 유사한 구절은 『논어』의 곳곳에 보인다. 이러한 구절이 『논어』에 많이 보이는 것은, 공자 스스로 세상이 자신을 알아주지 않는 것에 대해 무척 많은 고민을 했다는 것을 설명하는 것이다. 타인이 나를 알아주지 않아도 화를 내지 않는다면 진정한 군자라 할 수 있다는 말이 『논어』의 첫 장에 나온 것도 같은 이유이다.

우리는 모두 살아가면서 타인들이 자신을 더 잘 알아주기를 바란다. 능력이 나보다 못한 사람이 더 높은 지위에 있는 경우도 보고 또 사욕에 넘쳐 부정한 행위를 일삼은 사람이 공직에서 힘을 발휘하는 것을 볼 때도 있다. 그럴 때마다 왜 세상은 이런 것인지 한탄하고 참담한 마음속에서 그동안 정직하게, 열심히 살아온 자신을 후회한다. 누구나 경험했을 이러한 상황에서 타인을 원망한다고 해서 해결책이 나오지 않는다.

공자는 자신을 먼저 돌아보자고 말한다. 물론 사회적 부조리를 눈감고 가만히 있으라는 것은 아니다. 그렇게 지내다 보면 언젠가는 알아주는 사람이 있게 되는데, 공자는 이것을 천명이라고 믿었다. 천명은 우리 눈에 보이지 않는다. 보이지 않기에 공자는 오히려 "나를 알아주는 것은 바로 하늘일 것이다"라고 강조한다. 천명을 믿고 묵묵히 자기 일을 끊임없이 추진해나가면 끝내 무엇인가를 달성하고 세상을 올바르게 이끌어갈 수 있다는 믿음이 필요하다. 공자가 나이 50을 넘기면서 천명을 알았다고 하는 의미도 이와 무관하지 않다.

열심히 노력하는 리더 역시 항상 더 나은 자신과 조직을 위한 갈등의 시간이 있다. 어느 순간 부정한 방법에 대한 유혹이 있을 수도 있다. 그러나 무엇이 올바른 선택이었는지는 죽을 때까지 알 수 없다. 어려운 일이 닥쳤을 때 타인이나 부하직원만을 탓하면 일이 되지 않는다. 자신부터 돌아보고 전체 조직과 시스템의 문제를 살펴야 한다. 자기가 할 수 있는 최선의 방안을 찾아 노력하되 결과는 하늘에 맡기는 것이 현명하다. 무책임한 말 같지만, 때로는 내가 아무리 노력해도 안 될 때가 있지 않은가? 그럴 때는 기다림의 미덕을 발휘하는 것도 리더의 중요한 덕목이다. 기다리면 때가 되어 저절로 되는 일도 적지 않다.

내면과 외형을 조화롭게 하라

문질빈빈 文質彬彬

바탕이 겉치레보다 강조되면 거칠어서 야인 같은 느낌이 들고 반대로 겉치레가 바탕보다 강조되면 수식이 많이 되어 관리처럼 느껴진다. 바탕과 겉치레가 함께 잘 어울려야 이상적인 인간형인 군자다운 모습을 갖게 된다.

質勝文則野, 文勝質則史. 文質彬彬, 然後君子. 「옹야」
질 승 문 즉 야 문 승 질 즉 사 문 질 빈 빈 연 후 군 자

인간에게 내면에 가진 자질, 실력이 중요할까? 아니면 외부적으로 표출된 모습이 더 중요할까? 내면의 실력이 있어도 외부로 드러나지 않는다면 널리 쓰일 방법이 없고, 겉으로는 화려하지만 내면의 실력이 없다면 그 또한 중시되기 어렵고 허망한 것이다. 결국 내면적 바탕과 외형적 모습 모두가 중요하다. 이는 사람 모두 자신을 성장시켜나가는 데 있어서도 생각할 점이고 또 리더가 타인을 알아보는 기준을 삼기 위해서도 중요하다.

"질승문즉야"에서 '질質'은 내면에 가지고 있는 바탕으로서의 자질이고, '승勝'은 '이기다'라는 뜻인데 여기서는 더 뛰어나다는 말이다. '문文'은 '글', '무늬'라는 뜻인데, 외부의 꾸밈, 문식을 말한다. '야野'는 '들'이라는 뜻에서 출발하여 여기서는 촌사람, 비루하고 소박함이라는 말이다. 이

구절은 내면의 바탕이 외형적인 모습보다 뛰어나면, 혹은 내면은 뛰어나되 외형적 모습은 전혀 그렇지 않다면 촌사람과 같아서 비루해 보인다는 말이다.

"문승질즉사"는 앞의 구절과 정반대의 상황이다. '사史'는 '역사'를 뜻하는데, 이는 '사'가 원래 문서를 담당하는 관리를 가리키는 말에서 나온 것과 관련이 있다. 이 때문에 역사를 기술하거나 문서를 담당하는 사람이 일반적으로 보고 들은 것이 많아서 꾸밈이 많고 실속이 없다는 의미를 나타낸다. 이 구절은 외형적인 모습이 내면적인 실력보다 앞서면, 혹은 외형적으로는 화려해 보이지만 내면의 실력이 부족하다면 이는 관리들과 같아서 실속이 없다는 말이다.

"문질빈빈, 연후군자"에서 '빈빈彬彬'은 아름답게 빛나는 모양인데, 내면의 자질과 외형적 문식이 적절하게 어우러진 모양을 가리킨다. 문장에서 글의 수식과 내용이 적절하게 잘 갖추어져 있어서 아름다울 때 이 표현을 쓰기도 한다. 즉 이 구절은 내면과 외면이 적절하게 조화를 이루고 있어야 비로소 훌륭한 리더의 모습을 갖게 된다는 말이다.

이 구절에 대한 역대의 주석 중 『논어집해』는 "야野는 야인野人(촌사람)과 같은 말이니, 비루하고 소략함을 말한다. 또 사史는 꾸밈이 많고 바탕이 적은 것이다"라고 설명한다. 『논어집주』는 양씨의 말을 인용하여 외형적 꾸밈인 '문文'과 내면의 자질인 '질質'의 관계에 대해 자세하게 설명하고 있다. 즉, "문과 질은 어느 것 하나만 뛰어나서는 안 된다. 질이 문보다 뛰어나면 마치 단맛이 모든 맛을 받아들이는 것이나 흰색이 여러 가지 다양한 색깔을 받아들이는 것과 같다. 역으로 문이 지나치게 뛰어나서 근본적인 바탕인 질을 없애는 정도에 이르면, 근본이 없어진 것이니까 비록

문이 있다고 해도 이를 어디에 쓸 것인가? 그러므로 견식이 많은 문서 담당자 '사'보다는 차라리 촌사람 '야'가 더 나은 것이다." 문과 질 모두 중요하여 조화를 이루어야 하지만 그중 하나를 선택한다면 외부적 꾸밈인 문이 우선일 수 없다는 것이다.

문과 질에 대한 논의는 『논어』의 다른 구절에도 보인다. 「안연」에는 위나라 대부인 극자성棘子成이 공자의 제자인 자공에게 "군자는 바탕이 중요할 뿐이지 외형적인 문식을 따져서 무엇하겠는가?"라고 말하여 극단적으로 바탕만이 중요하다는 주장을 한다. 이에 대해 자공은 "문식이라는 건 사실 바탕과 같고, 바탕은 문식과 같은 것이어야 한다. 그래서 모두가 중요한 것이다. 만약 바탕만을 중요하게 여긴다면, 호랑이와 표범의 가죽이 개나 양의 가죽과 같은 것이 되고 말 것이다"라고 말한다. 자공의 주장은 내면의 질이 중요하다고 극단적으로 강조하면 외형적으로 드러나는 호랑이와 표범의 가죽과 개나 양의 가죽은 전혀 다른 것임에도 모두 동물의 가죽이라는 점에서 완전히 같은 것이라고 주장하는 오류가 나타난다는 것이다. 즉 자공은 질이 중요하다고 해서 질만을 강조하고 문이 없어도 된다는 생각이 잘못되었음을 지적한 것이다. 사람의 특성을 가지고 논한다면, 내면의 자질이 중요하기는 하지만 그렇다고 외모의 꾸밈을 완전히 부정하면 안 된다는 것이다. 우리가 살아가면서도 내면의 자질이 더 중요한 것은 맞지만, 내면에 어떤 것이 있든 밖으로 잘 보여줄 수 있는 외부적인 것도 역시 중요하다는 것을 생각해볼 수 있다.

리더가 외면을 중시하게 되면 아랫사람들은 외면만을 꾸미려고 할 것이므로 점차 내면의 실력이 없어지거나 내면의 실력이 있는 사람이 중시되지 않을 것이다. 반대로 리더가 내면의 실력만을 강조하면 아랫사람들은 형식을 전혀 무시함으로써 때로는 조직의 혼란을 불러일으킬 수 있다. 따라서 리더는 조직의 운영에 있어서나 조직의 인사관리에 있어서 개인의 내면적 자질의 우수함을 중시해야 하지만 외형적인 형식도 어느 정도 갖추고 있기를 요구하지 않으면 안 된다. 이럴 때 비로소 상하 관계에서도 서로 간의 존중과 질서가 이루어질 것이기 때문이다.

즐기는 사람은 이기지 못한다

지호락 知好樂

어떤 사항이나 도리에 대해 알고 있는 것보다는 그것을 좋아하는 것이 더 높은 경지이며, 그것을 좋아하는 것보다는 그것을 즐기는 것이 더 높은 경지이다.

知之者不如好之者, 好之者不如樂之者.　　　　「옹야」
지 지 자 불 여 호 지 자　호 지 자 불 여 락 지 자

어떤 일을 할 때 적극적이고 주도적으로 하는 것과 소극적으로 마지못해 하는 것에는 큰 차이가 있다. 적극적으로 할 때 도전적이고 창의적인 접근을 하게 되며 성과 역시 크게 나타난다. 리더가 즐거운 마음으로 적극적으로 일하면 주변 사람들은 이에 저절로 동화되어 흥겹게 일을 완수하게 된다. 이 구절은 공자가 어떤 사항에 대해 알고, 좋아하고, 즐기는 세 가지 단계를 설명하여 우리가 어떤 자세로 일에 임해야 하는지 설

명한다.

"지지자불여호지자, 호지자불여락지자"는 동일한 구조를 가진 두 개의 문장이 이어진 구문이다. 먼저 'A不如B'는 'A는 B보다 못하다', 즉 'B가 A보다 좋다'라는 뜻이다. 이 구절은 무엇인가를 '知'하는 것이 '好'하는 것보다 못하고 '好'하는 것이 '樂'하는 것보다 못하다는 뜻이다. '지知', '호好', '락樂' 중 '락'이 가장 좋다는 말이다. '지지자'는 (무엇인가를) 아는 사람이고, '호지자'는 (그것을) 좋아하는 사람이며, '락지자'는 (그것을) 즐기는 사람이다.

이 문장만을 보면 세 가지가 무엇을 의미하는지 명확하지 않다. 『논어집해』는 "(학문을 기준으로 할 때) 학문을 아는 것은 학문을 좋아하는 것이 갖고 있는 돈독함보다 못하며, (학문을) 좋아하는 것은 그것을 즐기는 것보다 깊지 않다"라고 설명한다. 학문을 알고 학문을 좋아하고 학문을 즐긴다는 말로 해석한 것이다.

『논어집주』에서는 윤씨가 "안다는 것은, 이 도가 있음을 아는 것이다. 좋아한다는 것은, 좋아하기는 하지만 아직 터득하지 못한 것이다. 즐긴다는 것은, 터득한 것이 있어서 그것을 즐기는 것이다"라고 설명하였다. 알고 좋아하고 즐기는 대상을 '도道'라고 설정한 것이다. 『논어집주』에서 장경부(이름 장식張栻)는 오곡에 대한 비유를 통해 설명한다. "이를 오곡에 비유하면, 안다는 것은 그것이 먹을 수 있다는 것을 아는 것이다. 좋아한다는 것은 그것을 먹고 좋아하는 것이다. 즐긴다는 것은 좋아하고 배부른 것이다."

나는 알고 좋아하고 즐긴다는 것을 보통 누군가를 도와주는 것에 비유하여 설명한다. 가령 남을 도와주는 것이 선한 일이라고 알고만 있는 것이 앞에서 말한 아는 것이고, 그것을 알고 있을 뿐만 아니라 실제 행동에 나서 남을 도와주는 것이 그것을 좋아하는 것이다. 즐기는 경지는 타인을 도와주는 것이 좋다는 것을 알고 실제 행동할 뿐만 아니라, 남을 도와주는 것에 대해 특별히 어떤 인식을 하지 않아도 상황이 오면 저절로 나서서 그것을 하는 것이다. 이때 그 사람은 남을 돕는 행위 자체가 자신을 매우 편안하게 해주고 완전히 일체가 되는 상태라고 할 때 이것이 바로 즐기는 것이다. 따라서 이곳의 즐긴다는 것은 '즐겁게 놀자'라는 개념과는 전혀 다른 것이다. 올바른 도리가 있고 그것을 배우고 실천하는 것을 자신이 항상, 그리고 당연히 하는 것이며 또 그것을 했을 때 자신과 일체가 되어 편안한 상태인 것이다.

자신이 하는 일을 즐길 수 있다는 것은 매우 소중한 것이다. 운동 경기에서도 승패에 집착하기보다 경기 자체를 즐겨야 한다는 말을 한다. 즐겼을 때 결과도 더 좋게 나온다. 어떤 일을 할 때 어쩔 수 없어서 하는 것보다 그것을 즐겁게 받아들이고 힘차게 일을 하는 것이 중요하다. 가령 어떤 조직에서 새로운 일을 시작하면서 누가 그 일을 맡을지 논의를 하면 대체로 그것을 누가 하는 것이 좋을지 짐작이 된다. 하지만 서로 그것을 하지 않으려고 하다 보면 논의가 길어지고 서로 힘들어한다. 이럴 때 자신이 그 일을 하겠다고 먼저 나서는 사람은 구성원 모두에게 힘이 되고 구성원 사이에서 평판도 좋아진다. 이런 사람이 일을 즐기는 사람이다.

기왕 하는 것이니 즐거운 마음으로 임하면 다른 사람도 함께 힘을 얻게 된다. 이런 사람이 리더의 자격이 있다. 리더가 어떤 일을 어쩔 수 없어서 한다면 다른 사람들도 그것을 바로 알아차린다. 흔히 "피할 수 없다면 즐겨라"라는 말을 한다. 나는 이 말보다 "즐길 수 없다면 차라리 피하라"라는 말을 더 좋아한다. 즐겁고 적극적으로 임할 때 모두에게 힘을 주고 사회는 발전한다. 처음부터 피하려는 생각을 갖기보다는 스스로 적극성을 갖고 맡은 일에 최선을 다하면서 즐기는 것은 모든 일에 적용된다. 적극적인 자세는 자신이 하는 일을 더욱 존중받게 만든다. 리더 역시 매사에 즐기는 마음으로 대해야 할 것이다.

맹목적인 확신은 독이다

지인용 知仁勇

> 지혜로운 사람은 미혹되지 않으며, 어진 사람은 근심하지
> 않으며, 용기 있는 사람은 두려워하지 않는다.

知者不惑, 仁者不憂, 勇者不懼.   「자한」
지 자 불 혹   인 자 불 우   용 자 불 구

리더는 일을 해나가는 데 있어서 어떤 마음을 갖고 있을까? 새로운 일을 시작하면서 근심이나 두려운 마음을 갖지는 않을까? 이 구절은 올바른 리더인 군자가 지혜와 어짊과 용기를 갖고 있어야 한다는 것에 대한 강조이다.

"지자불혹"에서 '지知'는 '알다'라는 뜻이지만, 한문에서 '지혜롭다'는 '智'의 뜻으로도 많이 쓰인다. 『논어』의 '지知'에는 '알다'와 '지혜롭다'라는 뜻이 함께 들어 있다. 무엇인지를 안다는 것은 단순한 지식을 늘려가는

것에서 그치지 않고 그것을 통해 삶의 지혜를 습득해가는 과정이 포함된다. 지식을 습득하는 공부가 삶의 지혜를 습득하는 것이며 무엇인지를 학습한다는 것도 그것을 실천하고 현실에 적용해간다는 것을 포함한다. '혹惑'은 무엇인가를 의심하거나 마음이 흔들리는 것, 무엇인가에 현혹되다는 말이다. 공자가 나이에 따른 변화를 설명하면서 40세가 되었을 때 '불혹不惑'하였다고 했는데, 미혹되고 어지럽지 않게 되었다는 말이다. 이 구절은 지혜롭게 살아가는 사람은 마음이 흔들리지 않는다는 말이다.

"인자불우"의 '인자仁者'는 어진 사람, 사랑을 베푸는 사람이고, '우憂'는 '근심하다'라는 뜻이다. 이 구절은 사랑을 베푸는 사람은 근심하지 않는다는 말이다. 타인에게 사랑을 베푸는 사람은 타인에 대한 믿음을 갖고 있으며 사랑을 베푸는 대상으로부터 어떤 해침이나 배신을 당할 것 등에 대해 근심하지 않는다.

"용자불구"의 '용자勇者'는 용기 있는 사람이고, '구懼'는 '두려워하다'라는 뜻이다. 이 구절은 용기 있는 사람은 두려워하지 않는다는 말이다.

지혜와 어짊과 용기를 갖춘 사람이 왜 이런 마음이 되는지에 대해 『논어집주』에서는 이렇게 설명한다. "지혜가 뛰어나서 이치를 잘 알게 되므로 미혹되지 않으며, 이치를 잘 알아서 사사로움을 넘어설 수 있으므로 근심하지 않으며, 외부적으로 표출된 행동은 도리와 의리에 맞을 수 있으므로 두려워하지 않는다. 그래서 이것이 바로 배움의 순서가 된다." 지혜로우면 의혹이 없게 되고 어질면 근심이 없게 되며 용기가 있으면 두려워하지 않게 된다는 것을 배움의 순서로 설명한 것이 흥미롭다. 먼저 지혜를 갖추고 있어야 타인에 대한 사랑을 실천할 수 있고 타인에 대한 사랑의 실천이 가능해지면 용기를 갖게 된다는 말로 설명되기 때문이다. 내가 생각건대, 지식과 지혜를 갖추고 있지 못하면 세상의 이치나 변화 등을 알 수 없어서 어떤 일도 제대로 해나갈 수 없다. 따라서 학습을 통해 지혜를 배워나가야 한다. 이런 지혜를 갖고 있을 때 타인에 대한 사랑의 마음을 갖고 그것을 실천하는 것이 가능하며 그렇지 못하다면 마음은 있지만 실천하지 못한 채 근심만 쌓이게 된다. 타인을 사랑하는 마음이 있으므로 실천을 하는 데 용기를 내게 되며 그 용기로 인해 두려움 없는 실천이 가능해진다.

「헌문」에는 "군자의 도에는 세 가지가 있는데, 나는 그중 할 수 있는 것이 없다. 어진 사람은 근심하지 않으며 지혜로운 사람은 미혹되지 않으며 용기 있는 사람은 두려워하지 않는다"라는 구절이 있다. 위 구절의 지혜, 어짊, 용기를 지혜와 어짊의 순서를 바꾸어 언급하고 있을 뿐이다. 『논어집주』는 지혜, 어짊, 용기가 순서를 이룬다고 하면서 "덕을 이루는 것은 어짊을 우선하고 학문에 나아가는 것은 지혜를 우선으로 한다"라고 설명한다. 즉 학문에서는 지혜가 우선이고 덕을 이루는 것에는 어짊이 가장 중요하다는 것이다.

또 군자의 도리인 이 세 가지 중 "불우불구不憂不懼"는 군자의 중요한 덕목으로 더욱 강조된 바 있다. 「안연」에서 제자인 사마우가 군자에 대한 설명을 요청한 적이 있는데, 그때 공자는 군자는 근심하지 않고 두려워하지 않는다고 짧게 대답하는 장면이 나온다. 이 짧은 대답에 사마우는 공자의 대답이 지나치게 간단한 것이 아닐까 하여 이 두 가지만으로 군자라고 할 수 있는지 다시 묻는다. 이에 공자는 "자기 스스로 돌아보아 거리낌이 없는데 무엇을 근심하고 무엇을 두려워하겠는가內省不疚, 夫何憂何懼?"라고 답한다. 즉 공자는 근심하지 않고 두려워하지 않는다는 것이 리더인 군자의 중요한 덕목으로 보았는데, 위 구절에서는 여기에 의혹에 휩싸이지 않는 것을 추가하여 설명한 것이다.

리더십과 관련된 수많은 서적에서는 정말로 많은 이야기를 하고 있다. 사실 리더마다 각자가 맡은 업무가 다르고 현실에서 닥친 상황이 다르므로 구체적으로 어떻게 행동해야 한다는 것을 모두에게 통하도록 말해줄 수는 없다. 다만 평소 어떻게 준비하고 어떤 마음을 갖고 자신의 역할을 수행해야 하는지에 대해 말해줄 수 있을 뿐이다. 이 때문에 공자는 평소에는 자신의 외형적 실력과 내면적 수양을 쌓아가는 수기修己를 잘하고 이를 통해 리더가 되어 타인을 통솔하는 치인治人의 경지에 이르러야 한다고 강조한다. 즉 평소 지혜와 어짊과 용기라는 지인용智仁勇을 잘 갖추면 타인을 다스리는 데 있어서 불혹不惑, 불우不憂, 불구不懼의 상태에 이를 수 있다는 설명이다.

여기서 주목해야 할 점은 '불혹', '불우', '불구'라는 결과가 아니라 평소 지인용의 수행이 전제되어야 한다는 점이다. 간혹 어떤 리더는 객관적이지 못한 자기만의 확신, 맹목적인 확신만으로도 의심이나 걱정 혹은 두려움 없이 과감하게 일을 할 수 있다. 이처럼 맹목적인 자신만의 확신에 의해 적극적으로 일을 하는 리더는 오히려 사회의 안정과 발전에 매우 위험하다. 리더가 제대로 된 평소의 학습을 통해 축적된 지식이 없이 그저 맹목적 확신을 가진 것만큼 위험한 일은 없다. 큰 조직의 리더, 특히 국가의 리더라면 더욱 그러하다. 따라서 리더는 반드시 지혜와 어짊과 용기를 갖추고 그 결과로 일을 하는 데 어떤 의심도 없고 걱정도 없고 두려움도 없이 해나간다면 이는 진정 성공적인 리더가 될 수 있을 것이다.

2부 |단련| 리더십의 기준을 바로 세우는 지혜

덕이 있는 사람이 가치 있는 말을 한다

유덕자필유언 *有德者必有言*

덕을 갖춘 사람은 반드시 그에 걸맞게 말을 잘하지만, 말을
잘한다고 해서 반드시 덕을 갖추고 있지는 않다. 어진 사람
은 반드시 그에 걸맞게 용기가 있지만, 용기가 있다고 해서
반드시 어짊을 갖추고 있지는 않다.

> 有德者必有言, 有言者不必有德. 仁者必有勇,
> 유 덕 자 필 유 언   유 언 자 불 필 유 덕   인 자 필 유 용
> 勇者不必有仁.   「헌문」
> 용 자 불 필 유 인

"착하게 살자"라는 말을 자주 하는 사람이 있다고 해서 정말 착하게
산다고는 할 수 없다. 외견상 용감해 보인다고 해서 그 용감함이 반드시
정의로움이나 타인에 대한 사랑에서 나오는 것은 아니다. 이처럼 사람을
정확하게 판단하기에는 어려움이 많다. 리더는 많은 사람과 함께 지내면
서 각각의 장점을 발견해내야 하고 그러한 장점이 사회에서 실현될 수 있
도록 도와주어야 하며, 이를 위해서는 냉철하게 사람을 판단할 수 있어
야 한다. 위 구절은 덕을 갖춘 사람과 말을 잘하는 것의 관계, 타인에 대
한 사랑의 마음을 가진 사람과 용기를 가진 사람의 관계를 설명한다.

"유덕자필유언"은 "덕을 갖춘 사람은 반드시 말이 있다"라는 뜻인데,
말이 있다는 것은 어떤 도리나 가치가 있는 말을 한다는 것이다. 이어진

"유언자불필유덕"은 "말을 하는 사람이라고 해서 반드시 덕이 있는 건 아니다"라는 뜻이다. 이곳에서 말이 있다는 것은 덕이 없으면서 말만 잘하는 사람에 대한 것이어서 부정적인 의미를 갖는다. 이 구절에 대해 『집주』는 덕이 있는 사람은 온화하고 자연스러움이 마음에 쌓여 그 아름다움이 꽃처럼 밖으로 피어나는 데 반해 말만을 잘하는 사람은 입으로 듣기 좋은 말만 할 뿐이라고 설명한다.

"인자필유용"은 "인한 사람에게는 반드시 용기가 있다"라는 뜻인데, 용기가 있다는 말은 의로운 일을 보면 반드시 행동으로 실천한다는 말이다. "용자불필유인"은 "용기가 있는 사람이라고 해서 반드시 인함이 있는 것이 아니다"라는 뜻이다. 『집주』는 인한 사람은 마음에 사사로운 생각이 쌓여 있지 않아서 의로운 일을 보면 반드시 행동하지만, 용기는 혈기가 강해서 나타날 수도 있다고 설명한다. 즉 이러한 용기는 진정한 용기가 아니라 혈기의 강성함일 뿐이다.

덕이 있는 사람은 진정으로 가치 있는 말을 한다. 그러나 겉으로만 그럴듯하게 말을 한다고 해서 덕이 있는 사람이 아니다. 즉 덕이 있을 때 비로소 진정으로 가치 있는 말이 나오는 것이고, 덕이 없이 겉으로 그럴듯하게 말하는 것은 시간이 지나면서 진정성을 의심받게 되고 결국에는 사람들이 모두 그것을 알아보게 된다. 또한 다른 사람에 대한 사랑을 실천하고자 하는 사람은 올바른 것을 지키려는 뜻이 있다. 그래서 필요한 순간 나서서 그것을 실천할 수 있는 용기가 있다. 그렇지만 외견상으로 볼 때 용기가 있고 용감해 보이는 사람이라고 해서 그것이 진정한 내면의 어진 마음에서 나온 것이 아니라면 어느 순간 그의 용기가 진정한 용기가 아니었음을 확인하게 되는 때가 온다.

우리는 겉으로 말을 번지르르하게 하는 사람을 자주 만난다. 누구보다 용감하게 앞에 나서서 무엇인가를 하는 것처럼 보이는 사람도 만나게 된다. 그런 사람을 평가할 때에는 말과 행동이 진정 어디에 근거한 것인지를 보아야 한다. 즉 어떤 사람의 말이나 외면적인 행동이 내면의 덕이나 인에서 나온 것인지 아닌지를 잘 살펴보지 않고 쉽게 판단해서는 안 된다. 겉모습만 보고 거기에 현혹되어 훌륭한 사람이라고 생각하여 그를 믿고 따르면 나중에 심한 낭패를 볼 수 있다.

멋진 말을 하는 사람이나 어느 순간에 용기를 내는 사람을 보면 멋지기도 하고 부러울 때도 있다. 그런 사람이 주변에 있다면 그를 리더로 모시고 싶을 수 있고, 또 내가 리더라면 그런 사람을 가까이에 두고 싶을 수 있다. 그것이 진정 내면의 덕과 인에 근거한 것인지 판단하기란 쉬운 일이 아니다. 이에 대한 정확한 판단은 내가 먼저 덕과 인에 근거해서 살아가야겠다는 마음을 가질 때 가능해진다. 리더가 덕과 인에 근거하고 있다면 겉으로만 도리를 말하고 용기가 있는 것처럼 행동하는 사람의 진면목은 오래되지 않아 결국 드러나게 마련이다. 리더인 사람 역시 외견상 그럴듯하게 꾸며서 일반 사람을 속이는 것이 가능하지만, 내면의 덕이나 어진 마음이 없다면 결국은 말만 앞서는 것이고 어진 마음 없이 그저 과감하게 나서고 있음이 드러나게 된다.

솔직하게 인정하고 과감하게 고쳐라

과즉물탄개 過則勿憚改

군자는 중후함이 없다면 다른 사람에 대한 위엄이 없게 되며 배워도 견고하지 못하다. 언제나 자신의 최선을 다하는 모습인 충과 내실이 있어 남에게 믿음을 줄 수 있는 신을 위주로 한 삶을 살아야 한다. 자신보다 못한 사람을 벗으로 사귀지 말며, 잘못이 있다면 그 잘못을 고치는 것에 대해 주저하며 망설여서는 안 된다.

君子不重, 則不威, 學則不固.
군 자 부 중　즉 불 위　학 즉 불 고

主忠信, 無友不如己者.
주 충 신　무 우 불 여 기 자

過則勿憚改.　　　　　　　　　「학이」
과 즉 물 탄 개

　리더가 어떻게 타인들에게 신뢰를 얻고 또 어떤 자세를 가지고 지내며 어떤 사람들과 가까이 지내야 하는가? 큰 조직을 이끄는 리더의 실수는 전체 조직을 위험에 빠뜨릴 수 있지만, 그렇다고 리더 역시 한 사람으로서 실수가 없을 수 없다. 이 구절은 올바른 리더의 자세에 대해 돌아보게 해준다.

　"군자부중, 즉불위, 학즉불고"는 "군자, 부중즉불위, 학즉불고君子, 不重則不威, 學則不固"라고 끊어 읽어야 한다는 주장도 있다. 나는 마지막의 '불고

不固'에 대한 해석에 근거하여 본문처럼 끊어 읽는다. '고固'에는 '견고堅固하다', '굳세다'라는 긍정적인 뜻과 '고루固陋하다', '견문이 좁고 편협하다' 혹은 '고집스럽다'라는 부정적인 뜻이 있다. 이 때문에 '불고'는 견고하지 못하다는 해석과 고집스럽지 않다는 두 가지 해석이 가능하다. '부중不重'의 '중重'은 '무겁다'라는 뜻에서 출발하여 사람의 성격이나 태도가 '무겁다', '중후하다'로 해석되며, 이때 '부중'은 가볍다는 말이 된다. '불위不威'는 위엄이 없다는 뜻으로, 어떤 말이나 행동을 해도 타인에게 신뢰를 얻지 못한다는 말이다. "부중즉불위"는 중후하지 못하면 위엄이 없다는 뜻이다. '학學'이 배운다, 혹은 공부한다는 뜻이라는 것은 모두 잘 알고 있다. 다만 이어서 나오는 '즉則'은 일반적으로 "~하면 ~하다"라는 원인과 결과 사이에 들어가는 말이지만, 때로 '이而'와 마찬가지로 "~해도 ~하다"라는 반대의 의미를 연결할 때에도 쓰인다.

전체 구절을 앞에서 설명한 '고固'의 두 가지 해석과 함께 살펴보면, "군자부중, 즉불위, 학즉불고"는 "군자부중", 즉 군자가 중후하지 못했을 때 생기는 두 가지 병폐를 언급한다. 그것은 위엄이 없고 배워도 견고하지 못하다는 것이다. 반면 "군자, 부중즉불위, 학즉불고"는 리더인 '군자'의 두 가지 덕목을 설명한다. 그것은 중후하지 않으면 위엄이 없고 계속 공부를 해나가면 견문이 좁은 상태에 있지 않게 된다는 점이다. 앞의 해석에 따르면 군자는 중후함이 중요한데 그 반대로 중후하지 못하면 한편으로는 위엄이 없고 다른 한편으로는 배워도 그 배움이 굳건하지 못한 결과를 낳게 된다. 뒤의 해석에 따르면 군자라는 존재는 한편으로는 중후해야 하는데 그렇지 못하면 위엄이 없다는 문제가 있다는 것과 다른 한편으로는 끊임없이 배워야 하며 그를 통해 견문이 넓어져서 고집스럽거나 진부한 상태에 머물지 않게 된다는 말이 된다.

이 구절에서 '군자'라는 존재를 도덕적으로 완전한 인간형으로 본다면 중후하지 않다는 것이 이해가 되지 않을 수 있다. 그렇지만 군자를 한 사회의 리더로 해석할 때 본문은 사회적으로 높은 지위, 즉 리더의 자리에 있는 사람이 중후하지 못하면 생기는 일을 설명한 구절이다.

"주충신, 무우불여기자"에서 '주충신主忠信'은 '충과 신을 위주로 하다'라는 말이다. 이곳의 '주主'는 '주인'을 뜻하기도 하는데, 이때에는 충신한 사람을 주인으로 섬긴다, 충신한 사람을 가까이한다고 해석하며, 혹은 내가 충과 신을 덕목으로 하는 삶을 살아간다고 해석한다. 또 뒤의 '우'와 대비를 이루어 '주主'는 내가 잘 모르는 사람에 대해 하는 말이고, '우友'는 '벗으로 삼다'는 말이므로 잘 아는 사람에 대해서 얘기를 할 때 쓴다고 해석하기도 한다. 여기서는 충과 신에 근거한 원칙을 가지고 살아가다는 뜻으로 해석하기로 한다.

"무우불여기자"에서 '우友'는 친구를 뜻하는 명사이지만 여기서는 동사처럼 쓰여 '친구로 사귀다'라는 말이다. '무우無友'는 '친구로 삼지 말아라'라는 말이다. '불여不如'는 '~보다 못하다'라는 뜻인데, 'A不如B'는 'A는 B보다 못하다'라고 해석된다. 따라서 이 구절은 "자기보다 못한 사람을 친구로 사귀지 말아라"라는 말이다.

"과즉물탄개"에서 '과過'는 '허물', '잘못'이고, '물勿'은 '~하지 말라'라는 금지를 나타내며, '탄憚'은 '꺼리다', '개改'는 '고치다'라는 뜻이다. 따라서 이 말은 잘못한 것이 있다면 바로바로 고쳐야 한다는 것이다.

이 구절의 해석은 그동안 많은 논란이 있었다. 그것은 나보다 못한 친구를 사귀지 않는다면 내가 사귀려는 사람은 나보나 나은 사람일 수 있으니 그 사람 입장에서는 나와 친구로 사귈 이유가 없어지고 결국 누구와도 친구가 될 수 없다는 모순에 빠지기 때문이다. 타당한 지적이다. 그렇지만 자기보다 좋은 사람, 자기보다 나은 사람과 친구로 사귀는 것이 옳다는 것은 원칙적으로 타당하다. 어떤 사람을 평가할 때 친구를 보면 알 수 있다고 하는 것처럼, 친구를 사귀는 것은 자신의 학문적·도덕적 수양을 위해 무척 중요한 일이다. 전통적으로 친구 사이를 서로 선을 하도록 요구하는 사귐이라는 뜻의 "책선지교責善之交"나 인을 도와주는 사귐이라는 뜻의 "보인지교輔仁之交"라고 부른다. 따라서 좋은 친구는 내가 시간이 지날수록 선을 더 행하게 되고 인이 더욱 가까워지도록 해주는 사람이다. 이 때문에 좋은 친구를 사귈 것을 극단적으로 말할 때 "너보다 못한 사람을 사귀지 말라"라는 말이 가능하다. 또한 이 말을 앞뒤 구절과 함께 읽을 때 "충신을 갖춘 사람을 사귀되 그렇지 못한 사람을 가까이 하지 말고 혹여 잘못된 친구를 사귀었다면 그가 올바른 길로 나아가도록 인도하거나 그것이 도저히 어렵다고 판단되면 잘못된 친구와 사귀는 일을 바로잡아야 한다"라고 해석할 수 있다.

한 사회를 이끌어가는 리더인 군주는 행동이나 자세가 너무 가벼워서는 안 된다. 그럴 경우 말과 행동이 타인에게 신뢰를 주지 못하게 되고 또 설령 그러한 자세를 가지고 공부에 임해도 그 내용이 오랫동안 남아 있지 않는다. 이는 리더가 무게를 잡고 권위적으로 행동해야 함을 말하는 것이 아니고, 좀 더 진중해야 하며 가볍게 행동하면 안 된다는 것을 말한다. 또 주변에는 충실하고 신의가 있는 사람을 가까이 두되, 특히 자기보다 뛰어난 사람을 찾아야 한다. 그리고 그 과정에서 잘못한 점이 있다면 자신의 잘못을 솔직하게 인정하고 과감하게 바로잡는 노력을 해야 한다.

사람은 누구나 완벽하지 않기 때문에 일을 추진하는 과정에서 실수를 하는 경우가 적지 않다. 이때 실수를 하지 않는 것도 중요하지만 더 중요한 것은 실수를 했을 때 그것을 곧바로 고쳐나가는 것이다. 자신의 잘못에 대한 인정과 잘못을 바로잡는 것이야말로 리더가 가져야 할 자세이다.

5강

아무나 리더를
꿈꾸어서는 안 된다

리더의 자격을 스스로 되물어라

민무득이칭언 民無得而稱焉

주 태왕의 맏아들인 태백은 정말 지극한 덕을 갖춘 사람이
라 할 만하다. 천하를 세 번이나 양보하였지만 백성들이 그
를 칭송할 자취조차 남기지 않았다.

泰伯, 其可謂至德也已矣. 三以天下讓, 民無得而稱焉.
태 백 기 가 위 지 덕 야 이 의 삼 이 천 하 양 민 무 득 이 칭 언

「태백」

유능하고 뛰어난 사람, 도덕적으로 올바른 사람이 반드시 높은 지위,
리더의 자리에 올라가는가? 기업의 총수, 국가의 리더는 과연 가장 뛰어
난 사람이 가는 자리인가? 집안의 가업은 큰아들이 이어받아야 옳은가,
아니면 능력이 가장 뛰어난 아들이 이어받아야 하는가? 전통시대와 현
대사회가 많은 면에서 달라지기는 했지만 이 문제는 언제나 지식인 혹은
리더들에게 큰 논의의 대상이었다. 주나라 초창기의 태백泰伯에 대한 고
사는 이와 관련된 내용으로 역대로 많이 언급되었다.

이곳의 태백에 대해서는 제10강에서 공자가 살았던 시대를 설명할 때
자세하게 언급할 것인데, 본 구절에서 언급한 세 번 양보한 것은 바로 뒤
에서 설명할 것이다. "기가위지덕야이의"에서 '지덕至德'은 지극한 덕, 최고
의 덕을 말한다. "삼이천하양"은 세 번 천하를 양보했다는 말이며, "민무

득이칭언"은 백성들이 덕을 칭찬할 방법이 없다, 혹은 덕을 칭찬할 말을 찾을 수 없다는 말이다.

태백이 천하를 세 번 양보한 것에 대해서는 여러 견해가 있지만, 일단 여기서는 송나라 형병의 『논어주소論語注疏』에 인용된 정현의 견해에 따른다. 태백은 주나라의 실질적인 창업 군주인 태왕의 맏아들이다. 둘째 아들은 중옹이고 그다음이 계력이다. 태왕은 계력이 현명하다는 걸 알았고 계력의 아들인 창이 성인의 모습을 갖추었다고 생각하였다. 이에 태왕은 계력을 왕위에 세우고자 하였지만 명을 내리기 전에 병이 들었다. 맏아들인 태백은 아버지 태왕의 뜻을 이미 알고 있었기에 약초를 캐러 간다는 핑계를 대고 오월 지방으로 떠났다. 이후 태왕이 죽었을 때 돌아오지 않았고, 이에 셋째 아들인 계력이 상주가 되었다. 이것이 첫 번째 사양이다. 계력이 돌아오라고 연락했지만 그는 상을 치르기 위해 오지 않았다. 이것이 두 번째 사양이다. 상을 다 치른 뒤에는 머리를 깎고 몸에 문신을 하고 은둔하여 나라 사람들이 왕으로 초빙하지 않도록 만들었는데 이것이 세 번째 사양이다. 태백은 이처럼 세 번이나 사양한 미덕이 있지만 그것을 외견상 드러나지 않도록 하였기에 백성들이 칭송할 방법도 없었다. 즉 세 번 사양한 것은, 첫째, 아버지의 뜻을 알고서 나라를 떠난 것, 둘째, 아버지가 돌아가신 후 귀국하여 상을 치르면 큰아들이어서 왕위를 계승할 가능성이 크므로 거절하고 오지 않은 것, 셋째, 상을 마친 후 돌아온다면 다시 왕위계승과 관련된 논란이 될 수도 있기에 세상사에 뜻이 없는 듯 사라져버린 것이다.

이 고사는 조선 초기 세종대왕의 등극 고사와 유사한 면이 있다. 태종의 두 아들 양녕대군, 효령대군이 동생 충녕대군이 똑똑하고 아버지가 충녕에게 왕위를 넘겨주고 싶은 뜻이 있음을 알고 왕위를 사양하고 떠나 버렸다. 결과적으로 주나라 계력의 아들 창이 천하를 통일하여 문왕이 되었던 것처럼, 충녕대군이 조선 최대의 성군 세종대왕이 되었다. 이처럼 공자는 능력이 출중한 군주가 왕의 자리, 리더의 자리에 있는 것이 가장 이상적이고 이를 위해 군주의 지위를 양보한 태백을 극찬한 것이라고 볼 수 있다.

공자는 기본적으로 현자가 왕위에 있어야 한다고 생각하였다. 이 때문에 나는 이 구절을 보면서 기존의 해설과는 다른 발칙한(?) 상상을 해 본다. 「양화」에는 공산불요와 필힐이 반란을 일으켜 공자를 부른 내용이 나온다. 두 경우 모두 공자가 가고자 하자 제자인 자로가 반대한다. 이때 공자는 "만약 나를 써주는 사람이 있다면 나는 그 나라를 동방에서 이상적인 정치가 이루어지는 주나라로 만들 것이다"라고 스스로 뛰어난 능력이 있다고 자처한다. 또 "내가 어찌 조롱박 같아야 하겠는가? 어찌 한 곳에만 매달려 있고 남들이 먹지 못하게 할 수 있겠는가?"라고 말하여 가고자 하는 뜻을 분명히 밝힌다. 물론 「양화」의 두 이야기는 역사적 사실과 다르기 때문에 후인들의 날조로 들어갔다는 견해가 많다. 이 때문에 이 내용은 공자의 실제 행적은 아니고 그저 후인들이 공자를 어떻게 보았는지를 짐작할 수 있다.

공자 자신은 신분이 세습되는 사회에서 중인 출신이었기에 이미 국가의 최고 지위에까지 오를 수 없는 한계를 가지고 있었다. 공자의 특성상 국가를 전복시키는 반란을 꾀할 수도 없었을 것이다. 하지만 내심으로 자신에게 그런 지위가 주어진다면 세상을 바꿀 충분한 능력이 있다고 생각하였을 것이다. 또한 공자가 요임금과 순임금을 가장 이상적인 인물로 상정한 것이 통치자로서 훌륭한 정치를 했기 때문이기도 하지만, 한편으로는 현자에게 왕위를 양보하는 미덕의 소지자라는 점이 더 중요하게 작용했을 것이다. 즉 공자는 자신처럼 능력이 있는 현자가 국가의 최고 지위에 있어야 한다는 생각을 하고 있었고, 이 때문에 위 구절에 나오는 태백이 자기보다 뛰어난 동생에게 왕위를 양보한 것처럼 자신에게 왕위를 넘겨줄 군주를 애타게 찾았을지도 모른다.

현재의 리더가 자신보다 뛰어난 사람을 보았다고 그에게 자신의 자리를 양보할 가능성은 거의 없다. 국가의 지도자는 물론 기업을 소유하고 있는 회장이 자신보다 뛰어난 전문경영인이 있다고 해서 자기의 자리를 양보하는 경우는 거의 없다. 기업의 후계 구도에서 형제 사이의 분쟁은 흔하게 보는 일이다. 특히 큰아들보다 작은아들이 뛰어날 때 분쟁은 극한으로 치닫는다. 장자상속의 원칙이 법률적으로는 무너졌지만 동아시아의 문화적 현실은 여전히 장자 우선주의가 남아 있기 때문이다. 태백이 동생에게 왕위를 양보하고 양녕대군과 효령대군이 충녕대군(세종)에게 왕위를 양보하는 것은 현실에서 기대하기 어렵다.

능력은 없으면서 지위에 대한 욕심만 가진 사람들이 높은 지위에 오르고자 온갖 방법을 동원하는 것도 현실에서 자주 목도한다. 그나마 높은 지위에 대한 욕심이 좀 더 올바른 세상을 만들기 위한 공적인 목표를 지향하는 것이라면 좋지만, 사적인 명예욕, 권력욕, 재물욕에 의한 것임을 확인하는 순간 우리 모두는 당황스럽고 참담한 생각을 벗어나기 어렵다. 능력도 없는 사람이 리더의 지위에 오르는 순간 내가 사는 사회의 앞날이 암울해지기 때문이다. 나는 조직의 최고 리더가 자신보다 뛰어난 사람에게 리더의 자리를 양보할 것이라고는 기대하지 않는다. 다만 뛰어난 사람을 알아보고 그들이 높은 자리에 올라가도록 해주려는 노력과 더불어, 진정 자신이 리더로서 자격이 있는지 혹은 어떻게 하면 더 훌륭한 리더로서 역할을 할 수 있을지에 대해 끊임없는 질문을 던질 수 있기를 소망할 뿐이다.

물이 흘러가듯 권력도 오래가지 못한다

서자여사부 逝者如斯夫

공자가 냇가에 있을 때 이렇게 말했다.

"가는 것이 이와 같구나! 밤낮을 쉬지 않으니."

子在川上曰,
자 재 천 상 왈
逝者如斯夫! 不舍晝夜.　　　　　　　　　　　「자한」
서 자 여 사 부　불 사 주 야

보통 흐르는 물을 보면서 상념에 빠진다면 어떤 생각을 하게 되는가? 흔히 공자의 '냇가에서의 탄식', '천상탄川上嘆'이라는 이 구절에서 공자가 진정 탄식한 것은 무엇인지 역대로 많은 주장이 있었다. 그것은 전후 문맥이 전혀 없이 등장한 때문이며 또한 물을 바라보는 관점이 사람에 따라 다양하기 때문이다.

"자재천상"에서 '천川'은 하천, 흐르는 물이고, '천상川上'은 물가를 뜻한다. 공자가 물가에 앉아 있었다는 말이다. 여기서 말하는 하천이 구체적으로 어떤 곳인지 알려져 있지 않다. 대략 공자 고향인 곡부의 남쪽을 흐르는 기수일 것이라고 추측된다. 기수는 공자가 자주 갔던 곳으로 알려져 있다.

"서자여사부"에서 '서逝'는 '가다'라는 뜻인데, 일반적으로 한 번 가면 돌아오지 않는 경우에 쓴다. '여사如斯'에서 '사斯'는 '이'라는 뜻으로 가까운 곳에 있는 것을 지칭한다. 이 말은 '이와 같다'라는 뜻인데, 공자가 물가에서 바로 앞에 있는 물을 보면서 이야기하고 있음을 알 수 있다. '부夫'는 문장 끝에 쓰여서 감탄을 나타내는 말이다. 그래서 이 구절은 "아, 가는 것이 이와 같구나!"라고 번역된다.

"불사주야"에서 '사舍'는 원래 '집'을 뜻하지만, 이곳에서는 '사捨'와 같아서 '버리다'를 뜻한다. 한문에서는 '舍'와 '捨'처럼 특정 한자를 해석하면서 원래의 글자에 한자의 부수를 더하여 해석할 때가 있다. 가령 동생을 뜻하는 '弟'가 공손하다는 '悌'의 뜻으로 쓰이거나 길을 뜻하는 '道'가 인도하다는 '導'의 뜻으로 쓰이는 등이 그것이다. '주야晝夜'는 '밤과 낮'이다. 이 구절은 밤낮을 가리지 않는다, 혹은 밤낮을 쉬지 않는다는 말이다.

공자가 흐르는 하천을 보고 "가는 것이 이와 같구나! 밤낮을 쉬지 않으니"라고 한 말이 함유하는 의미는 무엇일까? 전후 문맥이 없어서 알 수 없기에 역대로 많은 논란이 있었다. 『논어집해』는 "모든 가는 것이 하천의 흐름과 같다는 말이다"라고 하여 구체적인 언급을 하지 않고 있다. 『논어집주』는 "천지의 변화는 이전 것은 지나가고 오는 것은 이어져서 한 순간도 멈춤이 없는 것이니 이것이 바로 도의 본래 모습이다. 그러나 손으로 가리키며 쉽게 볼 수 있는 것으로 하천의 흐름보다 좋은 것이 없다. 그래서 이 이야기를 해서 사람들에게 보여주어 학자들이 항상 성찰하고 잠시도 멈추지 않기를 바란 것이다"라고 설명한다. 즉 흘러가는 것 자체, 변화하는 것 자체가 도의 본래 모습인데, 그것을 구체적으로 우리 눈으로 확인할 수 있는 것이 바로 흐르는 물이라는 것이다. 또한 그것을 이야기해줌으로써 궁극적으로 후학들에게 "흐르는 것은 이와 같은 것이다. 한순간도 멈추지 않는 것처럼 너희들도 항상 돌아보고 공부하고 열심히 살아야 한다"라는 뜻을 전달하려고 했다는 말이다.

물의 흐름이라는 것은 시간의 경과이며 자연의 순리이다. 이 때문에 전통적으로 흐르는 물을 바라본다는 것은 일종의 자기수양의 과정이기도 하였다. 삶의 도리를 설파하면서 물을 비유로 든 것으로는 노자 역시 유명하다. 그는 흐르는 물에 주목하여 최고의 선은 물과 같다는 "상선약수上善若水"라는 말을 남겼다. 물이라는 것이 항상 낮은 곳으로 흐르는 것처럼 자신을 낮추어야 한다는 말로 설명한다. 공자의 "가는 것이 이와 같구나"라는 탄식 역시 멈추지 않고 흘러가는 세월, 시간에 대한 아쉬움이면서 동시에 자연의 조화를 느끼는 과정이다. 또 한편으로는 더 열심히 노력해야 한다는 다짐을 하게 되는 계기이면서 동시에 자신의 노년을 인정하고 알아가는 과정이다.

공자의 "서자여사부"는 노자의 "상선약수"와 함께 물을 비유로 사용한 대표적인 구절이다. 세월은 누구도 기다려주지 않는다. 세월 앞에는 장사도 없고, 아무리 더운 날씨도 계절이 바뀌면 물러난다. 그것이 세월의 흐름이고 세상의 이치이다. 세월의 변화는 "권불십년權不十年"이라는 말처럼 아무리 큰 권력도 십 년을 넘기기 어렵다고 말해준다. 사람들은 자신의 권력, 자신의 지위만은 변하지 않을 것이라는 생각을 하기 쉽다. 시간의 흐름과 변화에 순응한다는 것은 리더로서의 삶이 영원히 지속되지 않는

2부 | 단련 | 리더십의 기준을 바로 세우는 지혜

다는 것을 아는 것이다. 그렇다면 영원하지 않는 리더의 삶에서 진정으로 추구해야 할 가치는 무엇일까? 권력에 도취되어 영원할 것처럼 지내지 말고 더 많은 사람을 사랑하고 아끼는 삶을 살아야 하며, 자연의 섭리 앞에 겸손하고 더욱 쉬지 않고 노력하라는 것이 바로 공자의 생각일 것이다.

리더의 길은 결코 쉽지 않다

임중도원 任重道遠

증자 선비는 뜻이 크고 강인해야 한다. 책임이 무겁고 갈 길이 멀기 때문이다. 인으로 자기의 임무를 삼으니 책임이 무겁지 않겠는가? 죽은 이후에야 그만두니 갈 길이 멀지 않겠는가?

曾子曰,
증 자 왈
士不可以不弘毅. 任重而道遠.
사 불 가 이 불 홍 의   임 중 이 도 원
仁以爲己任, 不亦重乎? 死而後已, 不亦遠乎?   「태백」
인 이 위 기 임   불 역 중 호   사 이 후 이   불 역 원 호

큰 뜻을 갖고 리더로서 산다는 것은 쉽지 않다. 주어진 임무가 막중하고 갈 길이 멀기 때문이다. 공자의 제자인 증자의 말로 전해진 이 구절이 리더의 삶이 주는 무게를 말해준다. '임중도원'이라는 성어는 쉽지 않은

리더의 길을 설명하는 말이다.

"사불가이불홍의, 임중이도원"에서 '사士'는 보통 '선비', '지식인'이라고 해석한다. 「이인」의 "사지어도士志於道"는 "올바른 삶을 살아가겠다는 뜻을 가진 선비"라는 뜻인데, 이곳의 '士'가 그 예이다. '사'가 신분을 말할 때는 귀족인 대부大夫와 일반 백성 사이의 중간 계층인 중인 신분이다. 공자의 아버지가 군인 출신이어서 공자 역시 '사'의 신분이었다. '홍의弘毅'는 '홍弘'이 '넓다', '의毅'가 '굳세다'이므로 뜻이 크고 의지가 굳센 것을 말한다. '임중任重'은 임무가 막중하다는 말이고, '도원道遠'은 갈 길이 멀다는 말이다.

"인이위기임, 불역중호?"에서 '기임己任'은 '자신의 임무'이고, '不亦~乎'는 '정말 ~하지 않겠는가?'이다. "사이후이死而後已"는 죽은 이후에야 끝나다, 즉 살아 있는 한 끊임없이 가야 될 길이라는 말이다.

역대 주석은 비슷한 해설을 한다. 『논어집해』는 "홍弘은 크다는 뜻이다. 의毅는 굳세고 결단력이 있는 것이다. 선비는 뜻이 크고 강인해야 중책을 맡고 먼 길에 이를 수 있다"라고 하면서, "인仁을 자기의 임무로 삼으니, 이보다 더 무거운 것이 없다. 죽어서야 그치게 되니, 이보다 더 먼 것은 없다"라고 설명한다. 『논어집주』는 "홍弘은 너그럽고 넓은 것이며, 의毅는 굳세고 참아내는 것이다. 넓지 않다면 무거움을 이겨낼 수 없고 강인하지 않다면 먼 곳에 이를 수 없다"라고 하였다. 이어서 정자의 말을 인용하여 "넓기만 하고 굳세지 않으면 법도가 없어서 서기 어렵고, 굳세기만 하고 넓지 않으면 좁아서 머무를 수 없다"라고 부연하였다.

많은 사람은 각자 자기가 속한 조직의 리더가 되기를 희망한다. 그렇지만 리더의 길은 결코 쉽지 않다. 때로 리더의 잘못된 선택은 구성원을 혼란이나 위험에 빠뜨릴 수 있다. 리더는 많은 사람을 이끌어야 하는 막중한 임무가 있고 언제 끝날지 모르는 멀고 먼 길을 가야 한다. 리더의 뜻이 크지 않으면 눈앞에 닥치는 일을 처리하기에만 급급하게 되어 더 중요한 일을 놓치게 된다. 큰 뜻을 갖고 있어야 막중한 임무를 수행할 수 있게 된다. 또한 리더가 강한 의지를 갖고 있지 않으면 먼 길을 가는 도중에 마음이 흔들리게 되고 결과적으로 끝까지 가지 못한 채 포기하거나 타협하고 마는 일이 벌어진다. 따라서 갈 길이 먼 리더는 강한 의지를 갖고 있어야 한다. 이는 소통을 원활하게 하고 유연하게 사유하는 것과는 별개로 중요하다.

리더 역할의 무게를 깨달아라

위군난 爲君難

정공 한미디 말로 나라를 흥하게 할 수 있는 것이 있습니까?

공자 군주 하기 어렵고 신하 하기 쉽지 않다.

정공 한마디 말로 나라를 망하게 할 수 있는 것이 있습니까?

공자 나에게는 군주 하는 것보다 더 즐거운 것이 없다. 오직 내 말이면 누구도 어기는 사람이 없다.

定公: 一言而可以興邦, 有諸?
정 공　일 언 이 가 이 흥 방　유 저

孔子: 爲君難, 爲臣不易.
공 자　위 군 난　위 신 불 이

定公: 一言而喪邦, 有諸?
정 공　일 언 이 상 방　유 저

孔子: 予無樂乎爲君, 唯其言而莫予違也.　　「자로」
공자　여 무 락 호 위 군　유 기 언 이 막 여 위 야

리더로 사는 것은 무척 어렵다. 수많은 사람의 생존을 책임지는 자리에 있으니 어렵지 않다면 그것이 이상하다. 반면 리더가 현재 리더라는 것 자체에 만족하고 행복해하면 그것은 개인에게는 즐거움이지만 구성원에게는 불행이다. 더 나은 모습을 보이려는 노력 자체를 안 해서 무한 경쟁 시대에 뒤처질 가능성이 크기 때문이다. 그래서 리더는 스스로 자신의 자리가 얼마나 어려운 자리인지를 생각해야 하는데, 이것이 바로 앞으로 리더의 역할을 좀 더 잘하겠다는 의지의 표현이기 때문이다.

위 구절은 아래와 같은 노나라 군주인 정공과 공자의 대화 중 일부를 요약한 것이다.

정공이 공자에게 나라를 흥성하게 혹은 망하게 할 수 있는 한마디 말을 묻자, 공자가 대답한 내용이다. 먼저 한마디 말로 나라를 흥성하게 할 수 있는 것이 있는지 물었을 때, 공자는 "말이라는 것이 그처럼 기대할 수 있는 것이 아니기는 합니다. 다만 사람들이 흔히 하는 말 중에 이런 말이 있습니다. '군주 노릇 하기 어렵고 신하 노릇 하기 쉽지 않다.' 만일 군주 노릇 하기 어렵다는 것을 안다면 아마도 이 한마디 말로 나라를 흥하게 할 수 있을 것입니다"라고 답한다. 그러자 정공이 다시 한마디 말로 나라를 망하게 할 수 있는 것이 있는지 묻는다. 사실 한 나라의 군주가 국가에 대해 진지하게 고민하지 않고 한마디 말로 해답을 찾고자 하는 모습이 무척 실망스럽다. 공자는 이에 대해 다음과 같이 대답하였다. "말이라는 것이 그처럼 기대할 수 있는 것이 아니기는 합니다. 다만 사람들이 흔히 하는 말 중에 이런 말이 있습니다. '나에게는 군주로 지내는 것보다 더 즐거

운 일이 없다. 오직 내 말이면 누구도 어기는 사람이 없다.' 만일 군주의 말이 좋은 것이어서 누구도 어기지 않는다면 정말 좋은 것입니다. 그렇지만 군주의 말이 선하지도 않은데 누구도 어기지 않는다면 아마도 한마디 말로 나라를 망하게 할 수 있는 것에 이 말이 가까울 것입니다."

정공은 노나라의 군주로, B.C.509년부터 B.C.495년까지 재위하였다. 공자가 세상을 떠돌아다니기 전 노나라에서 주요 관직을 하고 있을 당시의 군주이다.

"일언이가이흥방, 유저?"에서 '흥방興邦'은 나라를 흥성하게 하는 것이다. '有諸'에서 '諸'는 '모두'라는 뜻일 때는 '제'라고 읽지만 여기서는 '저'로 읽는다. '저'로 읽는 '諸'는 '지호之乎'의 음과 뜻이 합해진 것이어서 '유저'는 '유지호有之乎'와 같으며, '그런 일이 있느냐'는 말이다. 이 구절은 한마디 말로 나라를 흥성하게 할 수 있는 말이 있는지 물은 것이다.

"위군난, 위신불이"의 '위군爲君'은 '군주 역할을 하기', '군주 노릇을 제대로 잘하기'이며, '위신爲臣'은 '신하 역할을 제대로 잘하기'를 뜻한다. '난難'과 '불이不易'는 모두 쉽지 않다, 혹은 어렵다는 말이다. 이 구절은 군주 역할을 제대로 하기 어렵고 신하 역할을 제대로 하기 쉽지 않다는 말이다.

"일언이상방, 유저?"에서 '상방喪邦'은 나라를 잃어버린다, 나라를 망하게 한다는 말이다. 앞에서는 '가이흥방可以興邦'이라고 하여 가능성을 전제로 말했는데, 여기서는 '가이可以'라는 말조차 없고 바로 '상방'이라 말한 것이 독특하다. 이 구절은 한마디 말로 나라를 망하게 할 것이 있는지 물은 것이다. 군주가 국가를 다스리는 데 모든 일에 있어서 신중하게 살피고 힘을 써야 하는데 정공은 단순히 한두 마디 말로 그것을 해결하고자 하는 것처럼 보인다. 공자로서는 무척 답답하고 안타까웠을 것이라는 생각이 든다. 이 구절을 읽으면 정공 시기에 공자가 노나라를 떠난 것이 다 이유가 있다는 결론에 도달하게 된다.

"여무락호위군, 유기언이막여위야"에서 '여予'는 1인칭으로 '나'를 뜻한다. '무락호위군無樂乎爲君'은 두 가지 해석이 가능하다. 먼저 '호乎'를 장소를 나타내는 말 앞에 있는 조사로 보고 "군주 노릇 하는 것에서는 즐거움이 없다"라고 해석하는 것이다. 둘째는 '호乎'를 비교를 나타내는 대상 앞에 많이 쓰인 조사로 보고 "군주 노릇 하기보다 더 즐거운 것이 없다"라고 해석하는 것이다. 나는 후자의 해석이 더 타당하다고 생각한다. '유唯'는 '오직'이고 '기언其言'은 '기其'가 앞에서 나온 '여予'를 가리키므로 '나의 말'을 뜻한다. '막莫'은 부정을 뜻하며, '누구도 ~하지 않다'라는 뜻이다. '막여위莫予違'는 '막위여莫違予'가 변화된 형식으로 누구도 나를 거스르지 않는다는 말이다. 이 구절은 나에게는 군주 노릇 하기보다 더 즐거운 일이 없는데, 오직 나의 말이 있기만 하면 누구도 나를 거스르지 않기 때문이라는 말이다.

이 구절에 대한 역대 주석은 크게 다르지 않다. 『논어집해』는 위 구절에 대해 "군주가 한 말이 좋아서 그것을 어기지 않는다면 좋은 것이지만, 군주의 말이 좋지 않은데도 감히 어기지 않는다면 한마디 말로 나라를 잃어버리는 상황에 가까이 갈 것이다"라고 설명한다. 『논어집주』 역시 "군주 하는 것이 어렵다는 것을 안다면 반드시 공경하고 신중하게 지켜갈 것이며, 오직 말을 하면 누구도 거스르지 않는다면 아첨하고 앞에서 비위 맞추는 사람이 다다를 것이다. 이는 나라가 반드시 곧바로 흥성하고 망하는 것은 아니지만, 흥하고 망하는 근원은 여기에서 나누어진다"라고 설명한다. 위에서 말한 것 때문에 나라가 곧바로 흥성하거나 망하는 것은 아니지만, 흥성하거나 망하는 것의 차이가 바로 여기에서 출발한다는 것을 강조한 것이다.

변화 많은 세상에서 리더가 현실에 안주하거나 그러한 리더에게 간언을 하는 보좌관이 없다면 그 조직은 위험하다. 언제나 끊임없이 자신의 역할을 제대로 하기가 어렵다는 것을 알고 조금이라도 더 잘하려고 노력해야만 조직이 발전할 수 있다. 리더는 자기에게 간언을 해주는 사람을 가까이에 두고 아낄 줄 알아야 자신 역시 성장한다. 누구도 완벽한 사람이 없으므로 리더가 때로는 잘못 판단할 수 있고 때로는 실수를 할 수 있다. 이 때문에 완벽하지 않은 리더의 옆에서 리더의 잘못을 지적하고 바로잡아 줄 수 있는 사람이 필요하다.

물론 현실에서 이러한 것의 실천은 쉽지 않다. 많은 사람은 리더가 듣기 싫은 소리를 해 리더로부터 배척당하고 결국 생계를 잃게 되는 것이 아닐까 두려워한다. 또 많은 사람은 회사나 국가기관에서 최고의 의사결정권자로부터 멀리 떨어져 있어서 리더에게 조언을 해줄 수 있는 위치에 있지 않다. 이런 사람들에게도 리더에게 조언을 해야만 한다고 말하는 것은 아무 소용이 없다. 문제는 리더와 가까운 곳에서 업무를 하는 사람들이다. 리더의 총애를 받는 사람들은 단순히 총애를 즐기고 그 열매를 수확하는 것에 급급해서는 안 된다. 맹자는 자신의 군주는 안 된다고 포기하며 말하는 사람을 도적과 같은 존재라고 평한 바 있다. 리더의 가까운 곳에 있는 사람의 중요한 역할은 리더에게 조언을 해서 리더가 올바른 길을 가도록 애쓰는 것이다.

리더 역시 자신의 주변에 자기에게 안 된다고 말하는 사람이 있는지를 돌아봐야 한다. 내가 강의 중에 만난 어느 기업인은 공자의 이 구절이 옳기는 하지만 자꾸 자신에게 안 된다고 하는 부하직원이 어느 날 너무 미워져서 내쫓아버리고 싶어진 적도 있었다고 고백하였다. 이는 당연한 사람의 마음이지만 이를 이겨낼 수 있어야 한다. 자신과 생각이 다르고 자신이 싫어할 이야기를 해주는 사람을 가까이 둘 수 있는 리더는 성공할 가능성이 크다. 리더의 주변에 그런 보좌관이 있다면 다행이지만, 그렇지 않다면 자신에게 싫은 소리 하는 사람을 자신이 멀리한 것은 아닌지 스스로 돌아봐야 한다. 처음 리더에게 싫은 소리를 했을 때의 리더의 반응은, 여러 사람이 앞으로 리더에게 조언을 할 것인지 아니면 참고 그냥 견딜지를 결정하는 중요한 순간임을 잊지 않아야 한다.

모르는 것은 물어보아야 한다

매사문 每事問

공자가 노나라 주공의 사당인 태묘에 들어가서 모든 일에 대해 상세하게 물었다.

어떤 사람이 이를 두고 "누가 추나라 사람의 아들인 공자가 예를 안다고 하였던가? 태묘에 들어와 모든 일을 묻는다"라고 말하였다.

공자가 이를 듣고 "이처럼 하나하나 물어서 신중하게 진행하는 자세가 바로 예이다"라고 말했다.

2부 | 단련 | 리더십의 기준을 바로 세우는 지혜

子入太廟, 每事問.
자 입 태 묘 매 사 문
或曰, 孰謂鄹人之子知禮乎? 入太廟, 每事問.
혹 왈 숙 위 추 인 지 자 지 례 호 입 태 묘 매 사 문
子聞之曰, 是禮也.
자 문 지 왈 시 례 야   「팔일」

    모르는 것을 물어보는 것은 당연한 일이다. 요즘은 모르는 것이 있다면 인터넷 검색으로 쉽게 대략적인 해답을 찾을 수 있다. 물론 주변에 잘 아는 사람이 있다면 그의 도움을 받아 좀 더 정확하고 전문적인 지식을 얻을 수 있다. 그러나 나이를 먹어갈수록, 그리고 학력이 높을수록 이 당연한 일이 쉽지 않아진다. 귀찮을 때도 있지만 내가 모른다는 것을 타인이 아는 것이 두렵기 때문이다. 어떤 조직에서 높은 지위에 있는 리더라면 더욱 어려울 수 있다.

    '태묘太廟'는 공자의 고국인 노나라의 시조를 모시는 사당이다. 노나라는 주나라 문왕과 무왕이 나라를 세울 때 큰 공을 세운 주공의 후손에게 내려준 나라이다. 노나라는 주공에서 시작되며, 태묘는 주공을 제사 지내는 사당이다.

    '혹或'은 '혹자', '어떤 사람'이며, '숙孰'은 '누구', '누가'이다. '추인지자鄹人之子'는 '추나라 사람의 아들'이란 말이다. '추鄹'는 공자 당시 노나라 읍의 이름인데, 공자의 부친인 숙량흘이 다스렸던 지역으로 알려져 있다. 지금의 산동성에 과거 노나라의 수도였던 취푸가 있는데 추는 취푸의 동남쪽에 있고 공자가 태어난 곳이다.

    공자는 어려서부터 공부를 열심히 해 당시 사람들에게 아는 것이 많으며 특히 예법에 통달했다고 알려져 있었다. 그런데 공자가 태묘에서 제례에 참여하면서 모든 과정과 절차를 물었고, 이에 대해 누군가는 공자

가 아는 것이 많다고 소문이 났지만 저렇게 매사를 묻는 것을 보니 그 소문이 사실이 아니라고 의심한 것이다. 이에 대해 공자는 "이것이 예의다", 즉 좀 더 신중하고 경건하게 하려고 확인하고 물어보는 것이 예라고 설명한다.

과거의 학자들도 공자는 모든 것을 다 알고 있는 분인데 왜 이처럼 물어보았는지 궁금해한 사람이 많았다. 『논어집해』에서는 "비록 알아도 다시 물어야 한다. 이것이 바로 매우 신중한 자세이다"라고 공자의 행위를 설명한다. 『논어집주』에서는 "이것이 바로 예라고 한 것은 대단히 공경하고 신중하게 하는 것이 바로 예라고 여긴 것이다"라고 설명한다. 『논어집주』에는 다시 윤씨의 말을 다음과 같이 인용한다. "예는 공경함이다. 알아도 다시 묻는 것은 지극히 신중한 것이다. 공경함을 실행하는 것에 이보다 더 큰 것이 없다. 이것을 가지고 공자가 예를 모른다고 하는 사람들이 어찌 공자를 알 수 있겠는가?" 즉 아는 것 같지만 더 신중하게 하려고 묻는 것이고 이러한 태도야말로 진정 예를 올바르게 실행하는 것이라고 해석한 것이다.

논어의 다른 곳에 "군주를 섬길 때 예를 다하는 것은 당연한데도 사람들은 이를 아첨한다고 생각한다事君盡禮, 人以爲諂也"라는 구절이 있다. 이 말은 「팔일」에 나오는데, 군주를 섬길 때 공자는 자신이 할 수 있는 최선을 다해 예를 지켰는데 타인들은 이 모습을 보면서 공자가 아첨한다고 오해한다는 것이다. 마치 공자가 태묘에서 신중하게 하는 것을 예를 몰라서 그러한 것으로 오해하는 것과 마찬가지이다. 살아가면서 오해를 받는 경우가 많고 그것 때문에 속상한 경험을 누구나 가지고 있을 것이다. 그렇지만 이때에도 자신만의 기본 원칙에 따라 신중하고 경건하게 최선을 다하면 될 뿐이다. 오해가 풀리고 말고는 내가 어떻게 할 수 없을 때가 많다.

사람이 죽은 후 붙여지는 이름인 시호가 있는데, 「공야장」에는 공자의 제자인 자공이 위나라 대부였던 공문자孔文子의 시호에 '文'이라는 글자가 들어간 이유를 묻는 장면이 나온다. 이에 공자는 "열심히 배우기를 좋아하였고敏而好學, 아랫사람에게 묻기를 부끄러워하지 않았기 때문에不恥下問 '문'이라는 시호를 붙인 것이다"라고 답하였다. 공문자라는 사람은 위衛나라 귀족 공어孔圉라는 사람인데, 권력을 가지고 힘을 쓰기 좋아했던 사람으로 알려져 있다. 이 때문에 자공은 그런 사람에게 왜 학문이나 문장을 잘 한다는 '문'이라는 시호를 붙여준 것인지 궁금했다. 공자는 비록 공문자가 무력을 좋아하여 무도한 행동을 했다는 것은 알면서도 그와는 별도로 열심히 배우기를 좋아하였고 또 아랫사람에게조차 묻기를 부끄러워하지 않았다는 특징이 있음을 말해준다. 즉 끊임없이 알아가는 노력을 한 장점을 높이 평가해준 것이다.

이를 통해 우리는 공자가 태묘에 들어가서도 끊임없이 묻고 끊임없이 확인하는 과정을 거치는 것은, 그 스스로 이것이 대단히 중요하다는 생각을 하고 있었다는 것을 알 수 있다. 정확하게 알고 싶고 그것을 확인하는 과정의 최대치는 아랫사람에게조차 묻는 것을 부끄러워하지 않는 것에 있기 때문이다. "아랫사람에게 묻기를 부끄러워하지 않았다"는 "불치하문不恥下問"은 학문을 좋아하는 공자가 강조한 말로 유명하다.

아무리 풍부한 지식을 가진 사람이라도 모든 것을 알고 있기는 어렵다. 때로는 자신이 주 업무로 하는 분야에서도 알지 못하는 것이 있을 수 있다. 더구나 기술의 발전에 따라 모든 것이 급변하는 사회에서는 더욱 그렇다. 이때 당연히 알고 있어야 할 것을 모른다면 부끄러운 일이지만, 모르는 것을 적극적으로 알려고 하지 않는 것은 더더욱 부끄러운 일이다. 공자가 적극적으로 알아가려는 노력은 결국 좀 더 올바르게 세상을 살아가려는 노력이다. 또 그 경우에 좀 더 좋은 세상을 만들 수 있을 것이라는 생각이기도 하다. 우리는 매사에 신중하고 경건하게 노력했던 공자의 모습을 여기에서도 확인하게 된다.

사실 가장 큰 문제는 리더가 자신이 모른다는 것도 모르거나 무엇을 물어야 할지도 모르는 상황이다. 변화된 환경을 파악하지 못하고 있거나 전체 상황을 이해하지 못하고 있다면 물어야 한다는 그 자체도 모를 수 있다. 한 사회의 리더가 모든 것을 알 수는 없지만 어떤 사항에 대해서든 핵심이 무엇인지는 알고 있어야 그 이후 자세한 것을 물어서 적절한 해법을 찾아나간다. 그저 같이 일하는 보좌관을 잘 만나면 모든 일이 해결될 것이라는 생각은 리더의 책임과 권한을 오해해서 나온 것이며, 사회의 문제 해결에 도움이 안 됨은 물론 보이지 않는 곳에서 더욱 큰 문제를 만들어낼 수 있다. 위 구절에서 공자가 저렇게 물을 수 있었던 것도 태묘에서 벌어지는 일이 갖는 가치와 관련 예법에 대한 지식이 이미 상당했기 때문이다.

한 사회, 한 조직의 리더는 매사에 진중하게 노력하면서 끊임없이 배우려는 자세를 갖고 있어야 한다. 현대사회처럼 급변하는 세상에서 더 알고자 노력하지 않는다면 자신은 물론 조직 전체가 위태로워질 수 있다. 간혹 그러한 자세가 오해를 불러일으켜서 '저 사람, 뭘 잘 몰라!' 혹은 '왜 저렇게 계속 사소하게 물어보지?'라는 생각을 하는 사람이 있을 수 있다. 그러나 자신의 후배, 부하직원에게까지 적극적으로 물어보면서 진지하게 일을 처리하는 것은 부끄러운 게 아니다. 오히려 주변의 좋은 사람을 발견해가면서 동시에 존경받는 리더가 될 수 있다.

6강

모든 것이
리더 하기 나름이다

모범을 보이면 존중이 따라온다

군자지덕풍 君子之德風

노나라 대부인 계강자가 공자에게 정치에 대해 물었다.

"만일 무도한 사람들을 죽여 백성들이 올바른 도리로 나아가게 한다면 어떻습니까?"

공자가 답하였다.

"그대는 정치하면서, 어찌 사람 죽이는 방법을 쓰려고 하는가? 그대가 선해지기를 바라면 백성들도 선해질 것이다. 비유하자면, 군자의 덕은 바람과 같고 소인의 덕은 풀과 같은데, 풀이란 바람이 그 위에 불어대면 반드시 눕게 마련이다."

季康子問政於孔子曰,
계 강 자 문 정 어 공 자 왈

如殺無道, 以就有道, 何如?
여 살 무 도 이 취 유 도 하 여

孔子對曰,
공 자 대 왈

子爲政, 焉用殺? 子欲善而民善矣.
자 위 정 언 용 살 자 욕 선 이 민 선 의

君子之德風, 小人之德草. 草上之風, 必偃.　　　　「안연」
군 자 지 덕 풍 소 인 지 덕 초 초 상 지 풍 필 언

리더는 어떤 존재인가? 리더와 나머지 사람들의 관계는 지휘자와 지휘를 받는 관계로만 설명할 수 있는가? 국가의 경우 임금 혹은 현대의 대통령은 일반 백성들에게 어떤 존재일까? 전통적으로 위 구절의 영향으

로 리더와 백성은 바람과 풀의 관계로 설명해왔다. 이는 바람이 부는 방향에 따라 풀이 쓰러지는 방향이 달라지는 것처럼, 리더가 어떻게 통치를 하느냐에 따라 백성들은 달라진다. 리더가 먼저 솔선수범해야 하는 이유이다.

"계강자문정어공자왈"은 노나라 귀족인 대부 계강자가 공자에게 정치란 무엇인지를 물었다는 말이다. 이곳의 계강자는 공자 말년 시기 가장 큰 권력을 갖고 있던 귀족으로, 공자가 중국 전역을 떠돌아다니다가 69세에 귀국할 수 있도록 도와준 바 있다. 『논어』 전체에 공자와 계강자의 대화는 모두 8구절 보이니 아마도 당시 공자와 자주 만났던 것으로 짐작된다.

"여살무도, 이취유도, 하여?"의 맨 앞에 나오는 '여如'는 '약若'처럼 '만약'을 뜻한다. '무도無道'는 무도한 사람, 법을 위반하는 사람이다. '취就'는 '나아가다'라는 뜻으로 여기서는 뒤에 나오는 '유도有道(법을 지키는 사람 혹은 도가 있는 사람)'에게 나아가게 한다는 말이다. '하여何如'는 무엇과 같은가, 즉 어떠하냐는 질문이다. 이 구절은 만약 법을 지키지 않는 사람을 죽이는 방법을 써서 법을 지키는 사람이 되도록 만들면 어떠냐는 말이다.

"공자대왈" 이하의 내용은 공자가 대답한 말이다. 『논어』의 전반부 10편에서는 군주의 질문에만 "공자대왈孔子對曰"이라고 하고 대부의 질문에는 "자대왈子對曰"이라고 썼는데, 이곳에서는 대부의 질문인데도 "공자대왈"이라고 썼다. 이로 인해 『논어』 후반부 10편이 전반부 10편과 다른 시기에 만들어졌다는 추측을 하게 만든다.

"자위정, 언용살? 자욕선이민선의"의 '자子'는 2인칭으로 '그대', '당신'을 뜻한다. '언焉'은 '어찌', '어떻게'라는 말로, 반어적인 질문을 할 때 쓰인다. 이 구절은 그대가 정치를 하면서 어찌 사람 죽이는 방법을 쓰려고 하는가? 그대가 선하고자 하면 백성들은 선하게 될 것이라는 말이다.

"군자지덕풍, 소인지덕초, 초상지풍, 필언"은 리더인 군자, 즉 군주는 바람과 같은 존재이고 리더를 따르는 소인, 즉 백성은 풀과 같은 존재라는 유명한 말의 출처이다. '언偃'은 '눕다', '쓰러지다'라는 뜻이다. "초상지풍草上之風"은 '풀 위의 바람'이라고 간단하게 해석될 듯하지만, 이곳의 '상上'은 '위'를 뜻하는 말이 아니라 '상尙'과 같이 '더하다'라는 뜻으로 해석해야 한다. 이 말은 뒤의 '필언必偃'과 함께 "풀이라는 존재는 그 위에 바람이 더해지면 반드시 눕는다"라고 해석된다. 이 구절은 군주는 바람과 같은 존재이고 백성은 풀과 같은 존재여서 풀 위에 바람이 더해지면 그 풀은 반드시 쓰러진다는 말이다.

위 구절에 의하면, 계강자는 자신이 백성들을 어떻게 대하고 있는지는 돌아보지 않고 백성들이 자신의 말을 잘 듣기 바랐던 것으로 보인다. 「안연」은 위 구절과 함께 계강자와 관련된 다른 두 구절이 이어져 나온다. 첫째, 계강자가 공자에게 정치에 대해 묻자 공자가 "정치를 뜻하는 '政'은 바르게 하다는 '正'의 뜻이므로, 군주인 당신이 백성들을 바른 모습으로 이끌면 그 누가 감히 바르지 않을 수 있겠습니까政者, 正也. 子帥以正, 孰敢不正?"라고 말한다. 둘째, 계강자가 도둑에 대해 근심하여 공자에게 묻자 공자가 "만일 그대가 욕심을 부리지 않으면 비록 상을 준다고 해도 도둑질하지 않을 것입니다"라고 답한다. 두 구절 모두 공자는 권력자인 계강자가 스스로 먼저 바른 모습을 가지고 욕심을 내지 않는 솔선수범을 해야 한다는 것을 강조한 것이다.

『순자荀子』 「왕제王制」에서는 "군주는 배와 같고 일반인은 물과 같다. 물은 배를 실어주기도 하지만 물은 배를 엎기도 한다君者, 舟也, 庶人者, 水也, 水則載舟, 水則覆舟"라고 말한다. 일반 백성이 평소에는 군주의 말을 따르지만 어떤 경우에는 군주를 몰아낼 수도 있다는 말이다. 「왕제」는 여기에 더해 "군주가 편안하려면 정치를 잘하고 백성을 사랑하는 것이 가장 좋다. 군주가 영화롭기를 바라면 예를 융성하게 하고 선비를 공경하는 것이 가장 좋다. 이름을 드날리고자 하면 어진 이를 숭상하고 능력 있는 사람에게 일을 시키는 것이 가장 좋다"라고 말한다. 순자의 말은 군주가 중요하기는 하지만 군주가 잘못하면 백성들이 군주를 몰아내는 혁명이 가능하다는 말이 된다.

리더가 바람과 같은 존재이고 일반인이 풀과 같은 존재라면 풀은 바람에 따라 넘어지되 그 방향이 정해진다. 모든 것이 군주가 하기 나름이라는 말이다. 이 말은 순자가 배와 물로 비유한 것에 비해 백성들의 주체성이 떨어지는 것처럼 보이지만, 군주가 솔선수범해야 함을 강조하기 위해 설정한 비유일 뿐 백성을 무시한 말이 아니다. 모든 일에 리더가 모범을 보여야 다른 사람도 리더를 따르고 존중하게 된다. 그 반대의 경우라면 순자의 말처럼 물이 배를 엎어버리듯 백성이 군주를 몰아내는 일이 벌어지게 되고 이는 곧 맹자가 말한 역성혁명이 된다. 맹자는 백성이 가장 귀하고 국가는 다음이며 군주는 가장 하찮은 존재라고 역설한 바 있다. 리더가 자신만을 생각하여 멋대로 행동하게 되면 구성원들이 그를 신뢰하지 않게 되어 끝내 버림받을 수 있다. 이러한 현상은 현대사회에서도 마찬가지이다. 우리나라는 시민에 의해 국가의 지도자를 바꾼 경험이 있는 나라이다. 모든 리더가 정말 신중하게 행동하지 않으면 안 된다는 것을 다시금 생각하게 된다.

누구나 동등한 인간임을 인식하라

성상근 性相近

타고난 본성은 서로 비슷하지만 살면서 터득한 습성은 서
로 멀다.

性相近也, 習相遠也.   「양화」
성 상 근 야   습 상 원 야

사람은 본래 착하게 타고난 것일까, 아니면 악하게 타고난 것일까? 사
람의 본성에 대한 논의는 오래전부터 있었고, 특히 혼란한 세상이 오면
이에 대한 사람들의 생각이 많아진다. 왜 이렇게 인간은 잔인할까, 혹은
왜 인간은 전쟁을 일으키며 죽고 죽이는 일이 일어나는 것일까 하는 생
각들이다. 본성을 어떻게 인식하느냐에 따라 그에 수반되는 사유의 변화
역시 만만치 않다.

"성상근야"는 사람의 본성은 서로 비슷하다는 말이고, "습상원야"는
살면서 터득한 습성에는 서로 차이가 난다는 말이다. 즉 원래 타고난 본
성은 가까워서 서로 비슷하지만 어떤 환경에서 어떻게 살아왔느냐에 따
라 서로 차이가 생겨난다는 것이다.

『논어집해』에서는 군자는 익히는 것(습득하는 것)에 대해 신중하게 한
다고 설명한다. 후천적으로 습득하는 것이 중요하므로 습득하는 내용에
대해 조심해야 한다는 말이다. 『논어집주』는 이 구절에 대해 좀 더 자세

하게 설명한다. "여기서 말한 성性은 기질氣質을 겸하여 말한 것이다. 기질로서의 성에는 본디 좋고 나쁨의 차이가 있다. 그러나 원래의 것으로 말한다면 모두 서로 멀리 떨어져 있지 않다. 다만 선을 익히면 선하게 되고 악을 익히면 악하게 되니 이에 비로소 서로 멀어졌을 뿐이다." 이 설명은 성을 외형적으로 기질로 나타나는 것과 원래부터 가지고 있는 것으로 구분한 것이다. 이는 『논어집주』에서 성리性理라는 개념을 도출하면서 제시한 개념이라 할 수 있는데, 바로 이어진 정자의 견해에서 더 자세한 설명이 보인다. 즉 "이것은 기질로서의 성氣質之性을 말한 것이지, 근본으로서의 성性之本을 말한 것이 아니다. 만약 근본을 말한다면, 성이 곧 이理이니 이에는 선하지 않음이 없다. 맹자가 본성이 선하다고 말한 것이 바로 이것이다. 어찌 (이 구절에서 말한 본성이) 서로 가깝다는 것이 있겠는가?"라고 설명한다.

정자에 의하면, 사람의 성은 두 가지가 있다. 타고난 근본적인 성이 있고 외부적으로 드러나는 기질로서의 성이 그것이다. 여기에서 만약 근본을 말한다면, 즉 정자가 말한 본연의 성을 말한다고 하면 성이 곧 이치가 되며 이치는 본래부터 선하지 않은 것이 없다는 것이다. 정자는 맹자의 성선설을 이어서 기질과 본연을 구별하여 성이 모두 선하다고 설명한 것이다.

공자는 위와 같이 본성이 서로 비슷하므로 교육도 신분상의 차이를 전혀 고려하지 않았다. "유교무류有敎無類"라는 공자의 말은 가르침은 있되 차별은 없다는 말로 누구나 비슷하게 태어나므로 가르침에서 차별을 두지 않았다는 것이다. 차별 없는 가르침이란 우리가 사는 현대사회에서 교육의 기회균등이라는 민주주의의 기본 원칙과도 상통하는 것이다.

앞서 말한 것처럼 공자는 본성이 모두 비슷하다고만 생각했는데, 맹자는 본성이 선한 것이라고 설명한다. 공자가 살던 춘추시대 역시 무척이나 혼란스러운 시대였지만, 맹자가 살던 전국시대는 이보다 훨씬 더 살기 힘든 시대였다. 이 때문에 당시의 많은 지식인 사이에서 인간의 본성이 선한지 악한지에 대한 논쟁이 있었다. 아마도 빈번한 전쟁과 백성들의 힘겨운 삶, 잔인한 정치 등을 보면서 인간이 왜 저런 모습을 보일지에 대한 고민이 많았기에 이런 논쟁이 나왔을 것이다. 우리도 신문이나 방송에서 잔인한 범죄를 보면 인간은 본래 악한 것이 아닐지 고민할 때가 있는데, 이와 비슷한 맥락이다.

가장 대표적으로 인간의 본성을 언급한 것이 맹자의 성선설과 순자의 성악설이다. 이 밖에 성은 선함도 없고 선하지 않음도 없다는 주장이나 선한 본성도 있고 선하지 않은 본성도 있다는 주장 등이 있다. 가령 요임금처럼 좋은 군주가 있으면 사람들이 선해지고 걸임금이나 주임금 같은 포악한 군주가 나오면 사람들이 악해진다는 주장, 요임금 밑에도 나쁜 짓을 하는 사람이 있고 걸임금 밑에도 훌륭한 일을 하는 사람이 있다는 등이 이 당시 여러 주장의 근거로 사용되었다.

성선설을 주장하는 맹자의 근거는 상당한 설득력을 갖고 있었다. 맹자는 "사람의 본성은 선하다. 이는 마치 물이 아래로 내려가는 것처럼 자연스러운 것이다"라고 말한다. 또 맹자는 우물을 향해 기어가는 어린아이 비유를 든다. 즉 저 앞에 우물이 있고 아무것도 모르는 아이가 그 우물로 기어가고 있다면 우리는 어떻게 할 것인가 하는 가정의 질문을 한다. 이때 대부분은 아무 생각 없이 그 아이를 구하러 뛰어갈 것이다. 맹자는 이것이 인간의 본성이 선하다는 증거라고 제시한다. 이런 위급한 상황에서 저 아이의 부모와 사귀기 위해서라거나 아이를 구하지 않았을 때 생긴 부정적인 결과 때문에 아이를 구하는 것이 아니고 인간의 본성이 선하기 때문이라는 것이다. 그리고 이러한 선한 마음을 넓히고 가득 채우면 그것으로 천하를 다 보존할 수 있다苟能充之, 足以保四海고 주장한다. 즉 맹자가 말한 인간 본성이 선하다는 것은, 결국 이 선한 본성을 잘 유지해서 천하를 잘 보호하고 지탱하도록 만들자는 것이다.

본성이 선하다는 맹자와 악하다는 순자는 크게 다른 듯하지만 궁극적으로 교육을 중시한다는 공통점이 있다. 본성을 둘러싼 나쁜 모습을 교육을 통해 제거해서 선한 본성이 드러나게 해야 한다는 것이 맹자의 견해라면, 교육을 통해 타고난 나쁜 본성이 드러나지 않도록 선함으로 감싸주어야 한다는 것이 순자의 주장이다.

이 둘은 사회와 정치의 혼란 시대에 이를 바로잡으려는 노력으로 본성에 관심을 집중했다는 것과 모두 교육을 중시했다는 공통점이 있음에도, 인간을 선하다고 보는 견해가 인간의 존엄과 신뢰를 전제한다는 점 때문에 결과적인 영향력에서 큰 차이를 보인다. 즉 성선설은 인간이 타고난 본성에 대해 신뢰를 전제하면서 인간의 내적인 가능성을 인정하지만, 성악설은 인간에 대한 외부로부터의 규제를 강조한다. 사회적 효율성을 높이려면 외부적인 통제와 제도, 법률 등의 규제가 필연적으로 요구되기 때문에 전제주의를 합리화해주고 인간의 자발성을 감쇄시키는 부정적인 효과가 나올 수 있다. 순자는 전국시대 최고의 석학이었고 수많은 뛰어난 제자를 양성했는데, 그중 법률을 중시한 한비자 역시 그의 제자였다. 왕 한 사람을 위한, 제왕학으로도 평가할 수 있는 법가는 인간 중심의 유가와는 다르다. 이런 이유로 전국시대 최고의 석학이었던 순자는 당나라

시대 이후 유가의 정통론에서 맹자보다 덜 중시된다.

사람은 타고난 환경과 살아온 과정을 통해 끊임없이 성장하고 변화한다. 일정 시간이 지나면 똑같이 태어난 사람도 하늘과 땅 차이가 나기도 한다. 이 때문에 우리는 개인적인 차원에서는 자신을 돌아보고 올바른 삶을 살아가도록 계속 노력해야만 한다. 리더 역시 사람들의 현재 모습은 원래 그렇게 차이가 난 존재가 아니라 여러 요인에 의해 달라졌다는 것을 인식해야 한다. 여기에 더해 현재의 모습이 어떠하든 동등한 인격체로서 대우하고 그들이 좀 더 성장할 수 있도록 지도하고 이끌어주는 것이 리더가 해야 할 역할이다. 국가의 리더라면 더더욱 모두에게 동등한 기회가 주어져서 각자의 능력을 최대한 발휘될 수 있는 환경을 만들어주어야 한다. 빈부의 격차에 의한 교육받을 기회의 차별이 없도록 해주는 것이 그 출발이다. 특정 개인이 아닌 전체의 역량을 끌어올리려는 노력이 리더의 중요한 역할이라고 할 것이다.

내 부모만큼 타인의 부모도 중요하다

무본 務本

유자 사람됨이 평소 부모님께 효도하고 형에게 공경하면서
어른을 거스르기 좋아하는 사람은 드물다.
어른을 거스르기를 좋아하지 않으면서 사회를 어지럽히는
일을 좋아하는 사람은 있어본 적이 없다.

군자는 가장 중심이 되는 근본에 힘을 써야 하니, 근본이 제
자리를 잡으면 여러 가지 일에서의 가장 올바른 방법은 저
절로 생겨난다.

이렇게 볼 때 부모님께 효도하고 형에게 공경하는 것이 바
로 인의 근본이다.

有子曰,
유 자 왈

其爲人也孝弟, 而好犯上者, 鮮矣,
기 위 인 야 효 제 이 호 범 상 자 선 의

不好犯上, 而好作亂者, 未之有也.
불 호 범 상 이 호 작 란 자 미 지 유 야

君子務本, 本立而道生.
군 자 무 본 본 립 이 도 생

孝弟也者, 其爲仁之本與!   「학이」
효 제 야 자 기 위 인 지 본 여

　　모든 일에는 출발이 되는 근본, 기초가 있다. 근본이 흔들리면 말단에
가서는 될 수 있는 일이 없다. 이처럼 근본이 중요하다는 것은 잘 알아도
막상 일상생활에서 근본을 중시하고 근본을 지키면서 지내기가 쉽지 않
다. 어려운 일이 닥쳤을 때 다시 생각해보면 원래의 모습 혹은 근본을 찾
아가는 것이 가장 좋은 해결책일 때가 많다. 그런 점에서 우리 생활의 가
장 기본이 무엇인지 알고 그것을 지키는 것은 충분히 강조할 만한 가치가
있다.

　　이 구절은 유자의 말이다. 유자는 유약有若이라는 공자의 제자이다. 선
생님을 뜻하는 존칭 '자子'를 쓴 것으로 보아 『논어』의 저자 중에 유약의
제자가 포함되었을 것이라고 추측된다. 더구나 『논어』의 첫 구절이 공자
의 이야기인데 바로 뒤이어 유약의 이야기가 나왔다는 것이 그런 추측을

더욱 신뢰하게 만든다. 『논어』에 '유자' 외에 '증자曾子'도 나오기 때문에 일반적으로 유약의 제자만이 아니라 증자의 제자도 『논어』의 편찬에 참여했을 것이라 추측된다.

여러 정황을 미루어볼 때 공자 사후 제자들 사이에서는 앞으로 누구를 모시고 공부를 할지에 대해 논란이 있었던 듯하다. 『맹자』에는 이와 관련된 재미있는 이야기가 나온다. 유약이 키가 크고 외모가 공자와 비슷했기에 제자들이 유약을 스승으로 모시고 지내자는 주장이 있었다. 이때 증자는 "아니다. 유약은 우리 선생님의 자격이 없다"라고 하면서 "공자 선생님께서는 이전에 외출하실 일이 있으면 하늘을 보고 그 기운을 느끼셔서, '오늘은 비가 올 것 같다. 우산을 준비하여라'라고 얘기를 하시면 반드시 그날은 비가 왔다. 이처럼 공자 선생님께서는 하늘의 기운과 세상사도 아셨는데 유약은 그런 게 없다. 유약을 스승으로 모실 수 없다"라고 반대한다.

약간 우스운 이야기 같지만, 아마도 공자 사후에 유약과 증자 혹은 그들의 제자 사이에 어느 정도의 갈등이 있었던 듯하다. 그렇지만 이 구절은 중요한 내용이어서 『논어』를 편찬할 때 앞부분에 포함되었다고 볼 수 있다.

"기위인야효제, 이호범상자, 선의"에서 '위인爲人'은 '사람됨'이라는 뜻으로 흔히 쓰는 말이다. '효제孝弟'는 '효도 효', '아우 제'인데, 이곳의 '弟'는 공손하다는 뜻의 '悌'자와 같은 글자로 해석한다. 따라서 '효제'는 부모님께 효도하고 윗사람께 공손한 것을 말한다. 고전 한문에서 이 글자처럼 '忄'이 더 들어간 글자와 그렇지 않은 글자가 통하는 경우는 적지 않다. 이는 편방이 추가된 글자는 그렇지 않은 글자보다 후대에 생겼을 가능성이 크며 편방이 없는 원래의 글자에는 후대에 만들어져 편방이 추가된 글자의 의미를 원래부터 갖고 있을 수 있기 때문이다. "기위인야효제"는 "그 사람됨이 부모에게 효도하고 어른에게 공손하다"라는 말이다. "이호범상자"에서 '호好'는 좋아한다는 뜻이고, '범상犯上'은 윗사람을 범한다, 즉 윗사람을 업신여기거나 무시한다는 말이다. "선의鮮矣"에서 '선鮮'은 '드물다'라는 뜻이다. 이 구절은 부모에게 효도하고 어른을 섬기면서도 밖으로 나가 윗사람에게 잘못을 저지르는 사람은 거의 없다는 말이다. '鮮'은 드물다는 말이어서 가끔은 있다는 말처럼 보이지만, 대부분 '없다'는 말에 가깝다. 다만 세상일을 알 수 없어서 혹시라도 모르는 가능성을 열어두는 고대인의 언어 습관에서 이처럼 드물다고 완곡하게 표현한 것이다.

"불호범상, 이호작란자, 미지유야"에서 "이호작란자"는 어지러운 일, 혼란을 일으키기 좋아하는 사람이며, "미지유야"에서 '미未'는 아직까지 ~해본 적이 없다는 경험의 부정이므로 이 구절은 "있어본 적이 없다"라는 뜻이다. 앞에서는 드물다고 표현하고 여기서는 '있었던 적이 없다'라고 말하여 좀 더 강하게 부정하는 말을 쓰고 있다. 앞의 "선의鮮矣"에 쓰인 '의矣'는 주관적인 추측을 나타낸다면, "미지유야"의 '야也'는 객관적으로 그러하다는 단정을 나타내는 말이다. 따라서 이 구절은 윗사람을 업신여기거나 무시하지 않는 사람 중에서 혼란을 일으키기 좋아하는 사람은 '절대' 있을 수 없다는 말이 된다.

"군자무본, 본립이도생"에서 "군자무본"은 군자는 근본에 힘쓴다, 혹은 힘써야 한다는 말이며, "본립이도생"은 근본이 서면 도가 생겨난다는 말이다. 이 구절은 군자에게 근본이 가장 중요하며 근본이 자리를 잡으면 구체적으로 어떻게 살아가야 하는지라는 행동의 길, 방법이 저절로

2부 | 단련 | 리더십의 기준을 바로 세우는 지혜

생겨난다는 것을 말한다. 이때 근본이란 무엇을 말하는 것인지에 대해서는 여러 논란이 있을 수 있지만, 앞뒤 구절과 연관시켜본다면 '孝弟'를 말하는 것이라고 볼 수 있다.

"효제야자, 기위인지본여!"에서 '야자也者'는 '~라는 것은'으로 해석되는데, '~' 부분에 나오는 말을 강조해주는 기능을 갖는다. "효제야자"는 "부모님께 효도하고 어른을 공경하는 것은"이라는 말이 된다. "기위인지본여"는 해석에 있어서 논란이 되는 부분이다. "기其~여與"는 "정말 ~하다"라는 감탄을 나타내는 문장에 쓰이는 관용표현이다. '위인지본'은 '[위인]지본'과 '위[인지본]'으로 해석이 가능한데, '[위인]지본'은 '인을 행하는 근본'이라고 해석되며 '위[인지본]'은 '인의 근본이 된다', 혹은 '인의 근본이다'라는 말이다. '위爲'가 '무엇을 하다'라는 뜻과 함께 영어의 be 동사처럼 '~이다'라는 뜻으로 쓰이기 때문에 이 두 가지 해석은 모두 가능하다.

전통적으로 이 구절을 "인의 근본이다"라고 해석하였는데 주희의 『논어집주』에서 "인을 행하는 근본이다"라는 해석이 나오면서 학자들에 따라 의견이 나뉘게 되었다. 조선 시대의 학자들은 당연히 주희의 학문을 따랐기 때문에 대부분 "인을 행하는 근본이다"라고 해석하였지만, 중국의 학계에서는 두 가지 의견이 병행되었다. 「안연」에 나오는 "극기복례위인克己復禮爲仁"이라는 구절에 대한 해석에서도 "극기복례가 인이다"라는 해석이 주류를 이루다가 주희에 의해 "극기복례를 통해 인을 행한다"라는 해석이 등장한다.

이 구절과 마찬가지로 '위爲'의 해석에 대한 견해 차이가 있었다. 이는 효제와 인의 관계에 대한 생각의 차이에서 기인하는 것이다. 효제를 인의 근본으로 해석한다면 효제와 인의 관계는 더욱 긴밀해지는 데 반해

효제를 인을 행하는 것의 근본으로 본다면 인을 행하는 방법은 매우 다양한데 그중 효제가 가장 중요하다는 말이 된다. 앞서 언급한 것처럼 '위爲'에는 두 가지 해석이 모두 가능하므로 문자적으로는 둘 다 가능하지만, 철학적 해석에 있어서 차이가 나는 것이다.

주희는 이전과 다른 해석을 하고자 하여 이 구절에 대해 매우 자세한 설명을 달고 있다. 여기서 자세한 설명은 생략하되, 다만 주목할 것은 문헌학적으로 주희의 『논어집주』가 출현하기 이전에 나온 판본을 살펴보면, 당나라 시기의 판본인 당본唐本, 일본의 정평본正平本 등 다수의 판본에는 '위爲'가 없는 것이 많다는 점이다. 만약 '위'가 없다면 이는 "효제야자, 기인지본여孝弟也者, 其仁之本與!"가 되어 "효제라는 것은 인의 근본이다"라고 해석되어 '위인爲仁'을 인을 행한다고 해석할 근거가 사라져버린다. 이는 바로 과거 판본의 비교만을 기준으로 하면 주희를 따르기 어렵다는 말이 된다.

나 역시 "부모님께 효도하고 어른에게 공경하는 것이 바로 인의 근본이라고 할 것이다"라는 해석을 따른다. 앞서 언급한 것처럼 이 구절은 공자의 제자인 유약의 말로 기록되어 있다. 이 때문에 이 구절을 중시하는 사람은 유약의 뛰어남을 언급하지만, 반대로 이 구절이 공자의 참된 사상을 담고 있지 않은 구절로 보기도 한다. 이처럼 이 구절은 학자에 따라 논란이 많다.

모든 일에서 기본을 충실히 하는 것의 가치는 매우 크다. 리더는 매사에 가장 기본이 무엇인지를 잘 알아야 구체적인 실행 방법을 찾을 수 있다. 인간관계에서 기본은 부모와 어른에 대한 존중이며 여기에서 타인에 대한 사랑이 출발한다. 국가의 리더는 부모와 어른의 존중이 자신의 가족관계에만 머물러서는 안 된다. 먼저 자신의 부모를 존중하듯이 사회의 어른을 존중할 수 있어야 하고, 다음으로 리더가 자신의 부모를 모시는 것이 중요한 것처럼 일반인들 역시 각자의 부모를 모시는 것이 중요하다는 것을 리더가 인식해야 한다. 이에 대한 인식을 바탕으로 모두가 부모를 모실 수 있는 사회적 환경 조성에 노력해야 하며, 국가적으로도 이를 뒷받침할 수 있는 제도를 완비해야 한다. 공자, 맹자가 언제나 가족관계를 중시하고 모든 인간관계의 출발로 본 것은, 가족만을 중시하라는 것이 아니다. 가장 가까이에 있기에 중시해야 한다는 것을 쉽게 알고 있는 관계를 시작으로, 리더가 그것을 모든 백성에게 미쳐야 한다는 것을 강조한 것이다. 그런 점에서 아랫사람에 대한 사랑인 '인' 역시 부모에 대한 효도와 어른에 대한 존경으로부터 출발할 수 있다.

리더는 멀리 볼 줄 알아야 한다

인무원려, 필유근우 人無遠慮, 必有近憂

사람이 멀리 내다보는 생각이 없으면 반드시 가까이에서 근심할 일이 생긴다.

人無遠慮, 必有近憂.
인 무 원 려 필 유 근 우   「위령공」

'현안懸案'이라는 말이 있다. '매달릴 현懸', '안건 안案'자로 구성된 단어이다. 해결되지 않은 채, 혹은 당장 해결할 필요가 있어 눈앞에 걸려 있는 사안이라는 말이다. 현안에 쫓기는 사람은 하나의 현안이 해결되면 또 다른 현안이 생겨서 무척 바쁘게 지내지만 정말 해당 조직에서 필요로 하는 혁신적인 발전 방안을 찾아내지 못한다. 공자는 리더에게 좀 더 멀리 보는 생각이 필요하다고 말한다.

"인무원려"에서 '원려遠慮'는 멀다는 뜻의 '원遠'과 생각한다는 뜻의 '려慮'가 합해서 먼 장래의 일까지 미리 생각해두는 것, 살아가면서 장기적인 큰 그림을 그려보는 것을 가리킨다. "필유근우"에서 '근우近憂'는 가깝다는 뜻의 '근近'과 걱정한다는 뜻의 '우憂'가 합해서 바로 앞에 닥친 근심거리, 살아가면서 그때그때 만나는 아주 단기적인 걱정거리를 가리킨다.

『논어집해』는 "군자가 환란을 생각하여 미리 방지해야만 한다"라고 설명한다. 어떤 어려운 일이 생길 것을 대비해야 한다는 말이다. 미리 방비하면 근심거리가 없다는 유비무환有備無患이 떠오른다. 이 설명은 환란이 멀리 있는 것일 수도 있고 가까이에 있는 것일 수도 있어서 '遠', '近'의 의미가 부각되지 않았다. 『논어집주』는 "사람이 밟는 땅으로 발이 닿는 곳 밖은 모두 쓸모없는 곳이라고 하여 없앨 수는 없다. 따라서 생각이 천 리 밖까지 미치지 않으면 근심거리가 앉은자리 아래에 있게 될 것이다"라고 설명한다. 거리상의 원근 개념에 근거하여 멀고 가까움을 보고 있다.

내가 생각건대, 멀고 가까움은 거리상의 원근만이 아니고 시간상 지금부터 멀리 있는 일과 곧바로 벌어질 일이 포함된다. 즉 여기서 말하는 멀고 가까움에는, 내 주변의 일이 아니어서 나와 관계없는 멀리 떨어진 일처럼 보이지만 사실은 나와 밀접한 일이 있으며, 시간이 한참 지난 후에 벌어질 일처럼 보이지만 사실은 바로 닥쳐올 일들이 포함된다.

2부 │단련│ 리더십의 기준을 바로 세우는 지혜

어느 조직이나 직위에 따라서는 눈앞의 현안에 매달려야 하는 사람이 있지만, 리더는 미리 멀리 내다보며 더 큰 그림을 그리면서 중요한 정책적 판단을 해야 한다. 따라서 주변의 모든 사항과 미래에 이루어질 것들에 대해 대비하는 사고가 필요하다. 미리 준비하지 않은 채 갑자기 눈앞에 급한 일이 생기면 마음이 조급해져서 그 일을 제대로 해결하지 못하는 경우가 있다. 모든 조직에서 장기발전 계획을 세우는 것도 이 때문이다.

국가의 통치자는 더더욱 그렇다. 장기적인 전망과 비전에 입각한 정책을 세우지 않으면 앞으로 열심히 달려서 발전하고 있는 것 같지만 외형적인 발전에만 그치고 질적인 성장을 하지 못한다. 외형적인 성장 중심의 사회는 경제적으로 풍요해 보이지만 사실 가장 중요한 인간의 행복을 잃어버리게 되어 내면적인 허전함에 빠질 수 있다. 인간의 삶을 길고 멀리 보면서 현재의 우리를 하나하나 만들어가는 노력이 필요한 이유이다.

교육 문제 역시 마찬가지이다. 초·중등 혹은 고등 교육의 문제를 논할 때에도 교육 내부만을 생각하면 답이 나오지 않는다. 이론적으로만 성립되고 실질적으로 전혀 해결책이 안 되는 경우가 많다. 대학입학제도는 고등학교와 대학만의 문제가 아니고 국가 전체의 인재 양성 전략과 무관하지 않으며, 한 사회가 추구하는 방향이나 목표와 관련이 있다. 이처럼 교육은 한 사회 전체의 문제와 깊은 관련이 있다. 교육부장관이 사회부총리를 겸하는 이유 역시 교육이 단순히 교육만의 문제가 아니고 사회 모든 문제와 깊은 관련이 있기 때문이다. 국가 전체의 문제에 대한 고민을 배제하고 눈앞의 사안으로만 교육 문제를 대하면 문제가 해결되지 않는다. 따라서 교육정책을 추진하는 리더는 교육학이라는 특정한 학문 분야를 넘어서 누구보다 넓은 시야를 갖추고 있어야 한다.

리더도 구성원도 잘 쉴 수 있어야 한다

욕기 浴沂

증석이 대답했다.

"늦봄에 봄옷이 완성되면 갓을 쓴 어른 대여섯 명 그리고 어린 동자 예닐곱 명과 함께 기수의 강가에서 목욕하고 하늘에 제사 지내는 곳인 무우대 근처에서 바람을 쐬면서 노닐다가 노래하면서 돌아오고 싶습니다."

그러자 공자가 한숨을 내쉬며 "나도 증석의 생각에 동의한다"라고 말했다.

(曾晳)曰,
증석 왈
莫春者, 春服旣成, 冠者五六人, 童子六七人, 浴乎沂,
모 춘 자 춘 복 기 성 관 자 오 육 인 동 자 칠 팔 인 욕 호 기
風乎舞雩, 詠而歸.
풍 호 무 우 영 이 귀
夫子喟然歎曰, 吾與點也!　　　　　　　　　　　「선진」
부 자 위 연 탄 왈 오 여 점 야

　일과 생활의 조화가 중요해지고 있다. 리더와 구성원 모두 각자의 위치에서 열심히 일에 몰두하는 것과 적절하게 휴식을 취하는 것은 창의적인 업무를 위해 필요하다. 이 구절은 『논어』에서 가장 긴 315자로 된 '욕기장浴沂章'의 일부이다. 제자들과의 대화 속에 비친 공자의 희망을 엿볼 수 있는 구절로 역대로 중시되었다.

전체 원문은 이곳에 모두 소개하기에 분량이 길어서 생략하고, 간단하게 대략적인 이야기의 전개를 설명하면 다음과 같다. 제자인 자로, 증석, 염유, 공서화가 공자를 모시고 있었는데, 공자가 뜻을 펼칠 기회가 주어진다면 무엇을 하고 싶은지 각자의 소망을 말해보라고 하였다. 이에 자로, 염유, 공서화 순으로 나라를 다스리는 문제에 대한 크고 작은 자신들의 희망을 언급한다. 마지막으로 공자가 증석에게 말해보라고 요구하자, 증석은 앞의 세 사람과 소망하는 바가 전혀 다르다고 말한다. 공자가 재차 뜻을 말해보라고 한다. 이때 위의 대답을 하고 공자가 증석의 뜻에 동조한다. 앞의 세 제자가 자리를 뜬 후 증석은 그들의 대답에 대한 평을 듣고자 하였다. 이에 공자는 앞의 세 사람 모두 나라를 다스리는 것에 대한 뜻을 말했음을 설명한다.

증석의 대답 "모춘자, 춘복기성"에서 '모춘莫春'은 늦봄이다. 이곳의 '모莫'자는 '日'이 더 추가된 暮(저물 모)와 같은 뜻으로 해가 지는 때인 석양을 뜻하는 글자이다. 우리말 독음도 '모'이다. '춘복春服'은 봄옷이고, '기旣'는 '이미'라는 뜻이다. 새봄에 맞는 옷이 이미 만들어진 것이니, 이 구절은 늦봄에 봄옷이 이미 지어졌다는 말이다.

"관자오육인, 동자칠팔인"에서 '관자冠者'는 성인이 되어 관례를 치르고 갓을 쓴 사람으로 어른들을 말한다. '동자童子'는 어린아이로 아마도 시중을 들었던 아이들을 말한 것으로 보인다.

"욕호기, 풍호무우, 영이귀"에서 '욕호기浴乎沂'는 기수에서 목욕한다는 말이다. 이곳의 '기沂'는 강의 이름인데, 공자의 모국인 노나라 수도 취푸의 남쪽을 지나고 장쑤성까지 흐르는 강이다. '호乎'는 장소를 나타내는 말 앞에 쓰여 '어디에서'라는 말이다. '풍호무우風乎舞雩'는 무우라는 곳에서 바람을 쐰다는 말이다. '무우'는 기수의 북쪽 300~400미터 근처에 있으며 하늘에 제사를 지내고 비를 기원하는 곳이다. '영이귀詠而歸'는 '영詠'이 노래를 부르다는 뜻이니, 흥에 겨워 노래를 부르며 돌아온다는 말이다.

"부자위연탄"에서 '위연喟然'은 탄식하는 모양이다. 즉 공자가 증석의 이야기를 듣고 탄식하면서 말을 하였다는 것이다. "오여점야吾與點也"에서 '여與'는 함께한다 혹은 인정한다는 말이다. 즉 이 말은 나는 "나는 증점과 함께하겠다" 혹은 "나는 증점과 생각이 같다"라는 말이다. 증점은 제자인 증자의 아버지로 이 구절 앞부분에 나온 증석의 이름이다.

하나의 동영상처럼 느껴지는 이 장면은 후대에 그림으로도 많이 그려졌다. 또 이곳에 나오는 구절들은 곳곳에서 인용되었다. 그런데 위 구절에서 "늦봄에 봄옷이 완성되면 갓을 쓴 어른 대여섯 명 그리고 어린 동자들 예닐곱 명과 함께 기수의 강가에서 목욕하고 하늘에 제사 지내는 곳인 무우대 근처에서 바람을 쐬면서 노닐다가 노래하면서 돌아오고 싶습니다"라는 증석의 이야기와 이에 대한 공자의 동조는 정말 『논어』의 구절이 맞는지 의심스럽기까지 하다. 오히려 마치 『장자莊子』의 「소요유逍遙遊」를 읽는 느낌마저 든다.

이 구절은 후인들에 의해 많이 인용되어 그림이나 시구에 등장하며 조선 시대의 학자에게도 마찬가지였다. '무우대'는 현재의 서울 도봉산 도봉서원 부근과 경북 상주시 등에 있으며, 노래하며 돌아온다는 '영이귀'에서 유래한 '영귀정'이 경북 의성, 경남 함양, 전남 장흥 등 곳곳에 있고, '영귀암'이 경북 문경의 선유동 계곡에 있다.

『논어집해』는 "공자가 증점만이 홀로 때를 알고 있음을 훌륭하게 여긴 것이다"라고 설명하여 증점이 봄이라는 계절의 변화, 시절을 이해하고 있었다는 점에 초점을 두었다. 『논어집주』는 "증점의 학문은 사람의 욕심이 끊어진 곳에 하늘의 이치가 어느 곳에나 가득 흘러 조금도 부족하거나 빠진 것이 없음을 알고 있었다. … 앞 세 사람이 정치와 같은 지엽적인 것에 얽매인 것과 기상이 같지 않다. 그래서 공자가 감탄하여 깊이 인정한 것이고 문인들이 전후 사정을 자세하게 기록하였으니, 기록한 문인들 또한 이에 대해 잘 알고 있었다"라고 설명한다. 정치적인 관심보다 더 중요한 하늘의 이치를 알고자 했던 증점을 인정했다는 말이다. 또한 정자의 말을 다음과 같이 인용하고 있다. "공자의 뜻은 노인을 편안하게 해주고 친구들이 믿도록 하며 젊은이들을 품어주어 만물이 모두 각자의 타고난 본성을 이룰 수 있게 해주는 것인데, 증점만이 이를 알았기에 공자가 탄식하며 '나는 너의 뜻에 동의한다'라고 말한 것이다." 자연의 이치를 깨닫고 만물과 그것을 함께하려는 것은 공자가 생각하는 이상과 맥락을 같이하는 것이기에 공자가 그러한 증점을 인정하였다는 것이다.

이 구절에 대해 이처럼 자세하게 설명했다는 것은, 이 구절이 그만큼 논란이 되었다는 것을 말해준다. 물론 정자가 말한 것처럼, 노인을 편안하게 해주고 친구들이 나를 믿도록 해주고 젊은이들을 감싸줌으로써 만물이 타고난 본성을 이루지 않음이 없게 한다는 것은 공자의 오랜 소망임은 분명하다. 또 공자가 항상 강조하는 학문에는 인간에 대한 이해와 함께 자연의 변화를 이해하고 순응하는 것도 중요하다. 이는 자연과의 조화 속에서 살아가야 하는, 생태환경이 더욱 중요해지는 현대사회에서 더욱 그러하다.

현대사회의 리더들은 급변하는 환경과 하루하루의 경쟁 속에서 분주하게 살아간다. 이러한 밀려오는 현안들에 분주하게 지내다 보면 오히려 새로운 창의적인 돌파구를 찾지 못하는 경우가 많다. 그래서 자연 속에서의 휴식은 우리의 사유에 자유로움을 주고 그 속에서 기대하지 않았던 새로운 결론을 얻어낼 때가 있다. 마이크로소프트의 리더인 빌 게이츠가 "휴가를 즐겨라"라고 자주 언급했다는 것은 잘 알려져 있다. 휴식 속에서 창의적 생각이 나오고 그것을 통해 기업이나 개인, 국가나 사회가 발전해갈 수 있다는 것이다. 현실에 매몰되어 있으면 자신이 어디에 있는지조차 모를 때가 있다. 이 때문에 자연 속에서 자신을 돌아볼 수 있는 시간을 낸다는 것이 가치가 있다. 공자의 이상은 모두가 조화롭게 살아가는 세상이다. 조화로움은 이미 자연 속에 구현되어 있다. 자연을 벗삼아 지내면서 자연의 조화 속에서 인간의 조화를 꿈꾸게 된다면 이 또한 공자가 추구하는 삶의 길이다.

리더 한 개인만이 아니라 모든 구성원에게 여유로움과 창의성을 줄 수 있어야 한다. 설령 리더가 부지런하게 종일 일을 한다고 해도 모든 구성원이 그렇게 지내서는 안 된다. 새벽부터 밤늦게까지 사무실에서 머리를 싸맨다고 해서 뚜렷한 답안이 나오지 않을 때가 많다. 요즘 직장에서 '일과 생활의 조화'를 말하는데, 이는 일과 함께 자신의 생활을 즐길 수 있어야 조직과 사회가 더욱 발전한다는 것을 의미한다.

교육에서 있어서도 학생들이 공부에 열중하는 것은 좋지만, 그렇다고 매일 공부에만 매달리는 것이 타당한 것은 아니다. 흔히 잘 놀 줄 알아야 공부도 잘한다고 하는데, 최근 입시경쟁 등에 내몰린 어린 학생들이 일찍부터 놀지 못하고 책상에만 앉아 있어야 하는 경우가 많다. 책상에 앉아 있다고 공부에 전념하는 것도 아니건만 당장 그렇지 않으면 뒤처진다는 불안감 때문이다. 이것이 학생들의 집중력을 높여주지도 않을뿐더러

자발성에서 출발한 창의적 사유를 제한하기 쉽다. 자연 속에서 자신을 관조하고 때로는 즐길 수도 있는 자세가 어느 곳에나 필요한 것이다. 국가의 리더가 교육정책을 추진하면서 학생들의 창의력 배가에 중점을 두고자 한다면 적극적으로 고려해야 할 것이다. 일에 있어서나 학습에 있어서나 잘 쉴 수 있을 때 효율이 높아지며, 특히 자연과 함께할 때 더욱 큰 힘을 발휘할 것이다.

7강

사람이 가장 중요하다

훌륭한 리더는 사람들을 다가오게 만든다

근자열, 원자래 近者說, 遠者來

초나라 대부인 섭공이 정치에 대해 물었다.

공자 가까이 있는 사람들을 기쁘게 만들고 멀리 있는 사람
들이 찾아오게 만드는 것이다.

葉公問政.
섭 공 문 정
子曰, 近者說, 遠者來.   「자로」
자 왈 근 자 열 원 자 래

리더의 노력으로 한 사회가 잘 움직이면 어떤 변화가 생겨날까? 우리
나라가 잘되고 있다면 현재의 국민이 즐거워하고 우리나라에서 자신의
꿈을 실현하기 위해 찾아오는 외국인들도 많아질 것이다. 국경의 의미가
이전과 많이 달라진 세계화 시대에는 더욱 그러하다. 훌륭한 리더에 의
한, 잘된 정치의 결과에 대해 생각해보자.

"섭공문정"에 보이는 '섭공'은 초나라의 대부이며, 섭 지방의 책임자이
다. 성은 심沈이고 이름은 저량諸梁이다. '葉'은 나무의 잎을 뜻할 때는 '엽'
으로 읽지만, 지명이나 인명에서는 '섭'으로 읽는다.

섭공은 『논어』에 이 구절 외에 두 번 더 등장한다. 「술이」에서 자로에
게 공자의 사람됨을 묻는 간단한 역할로 등장하고, 「자로」에는 '곧음直'에
대한 언급을 통해 그의 성향을 유추할 수 있는 구절이 보인다. 그는 공자

에게 "우리 마을의 정직한 사람은, 아버지가 양을 훔치자 아들이 이에 대해 증언합니다"라고 말한다. 이에 대해 공자는 "우리 마을의 정직한 사람은 이와 다릅니다. 그런 일이 있다면 아버지는 아들을 위해 감추어주고 아들은 아버지를 위해 감추어주는데, 정직함은 그 사이에 있는 것입니다"라고 말한다. 이 대화는 공자가 중국 전역을 떠돌아다니던 62세 때 채蔡 지방을 떠나 섭 지역으로 갔고 여기에서 이루어진 문답이다. '곧음'을 바라보는 공자와의 관점 차이를 미루어보면, 섭공은 아마도 법가적 관점의 소유자였을 것으로 추측된다.

"근자열, 원자래"에서 '근자'는 가까이에 있는 사람이고 '원자'는 멀리 있는 사람이다. 가깝고 멀다는 것은 물리적 거리를 나타내기도 하지만 사람 사이의 가깝고 먼 친소 관계를 뜻하기도 한다. '說'은 무엇인가를 말한다는 뜻일 때는 '설'로 읽지만, 기뻐한다는 뜻일 때는 '열'로 읽는다. 이때는 '悅'과 같은 단어인데 표기법이 다를 뿐이다. '래來'는 찾아온다, 다가온다는 말인데, 훌륭한 정치가 행해지고 있음을 듣고 찾아오는 것이다. 이 구절은 가까이에 있는 사람이 기뻐하고 멀리 있는 사람이 다가온다는 말이다.

이 구절에 대해 『논어집주』는 "혜택을 받으면 기뻐하고 소문을 들으면 찾아온다. 그러나 반드시 가까이 있는 사람이 기뻐한 후에 멀리 있는 사람이 찾아온다"라고 언급하였다. 이는 가까이 있는 사람이 기뻐한다는 것과 멀리 있는 사람이 찾아온다는 것을 별개의 두 가지로 보는 것이 아니라, 가까이 있는 사람이 기뻐하는 것을 전제로 하여 멀리 있는 사람이 다가온다는 해석이다. 이 두 가지를 병렬적으로 보지 않고 선후의 관계로 본 것인데, 충분히 가능한 해석이다.

이 구절은 정치에 대한 매우 짧고 단순한 대답으로 이루어져 있다. 정치가 구체적으로 어떠어떠하다, 혹은 이건 이렇고 저건 저렇다는 설명이 없지만, 한 사회의 리더가 깊이 생각해야 할 내용이다. 지금 가까이에 있는 사람이든 멀리 있는 사람이든 리더가 속한 사회의 구성원은 모두가 소중하다. 여기에서 기뻐하고 다가온다는 것은 마음으로 따르는 것이다. 가까이에 훌륭한 리더가 있다면 현재 그 리더와 함께 일하는 사람의 만족도가 높아서 기뻐할 것이고, 지금은 같이 일하지 않는 사람들도 그 리더와 함께하고 싶은 마음이 생길 것이다. 이 내용을 근거로 한 조직의 리더 역시 스스로 돌아볼 필요가 있다. 다른 사람들이 자신과 함께하는 것을 즐거워하고 있는지, 아니면 마지못해 하고 있는지 살펴본다면 자신이 좋은 리더인지 아닌지를 알 수 있다. 이 구절의 내용은 기업이나 국가의 리더에게만 해당하는 것이 아니다. 몇 사람 안 되는 소수의 모임에서의 리더에도 그대로 적용된다. 친구들의 모임인 동창회에서 오늘의 모임이 진정 즐거웠다면 다음의 모임에 오고자 하는 친구가 늘어날 것이다.

국가 차원에서 볼 때, 지금 이 땅에 사는 국민이 이곳에 살고 있음을 즐거워한다면 그것은 정치가 잘되는 것이다. '헬조선'이라는 말에서 느껴지듯 현재 우리나라에서 사는 것을 거의 '지옥' 수준에 비유한다면 우리의 정치에 문제가 많다는 것이다. 그런 표현을 하는 젊은 사람을 탓하면서 국가에 대한 애정이 없다거나 교육에 문제가 있다고 한탄하는 것은 잘못이다. 국가의 리더는 어떤 면에서 잘못되었기에 그처럼 부정적인 말이 나왔는지 엄밀하게 살피고 그것을 바꾸어가려고 노력해야 한다. 이와 반대로 현재의 생활에 대해 만족하고 즐거워하는 사람이 많다면 이는 현재의 정치가 잘되기 때문이지만, 이것이 진정 얼마나 많은 사람의 생각인

지도 살펴보아야 한다. 만약 현재를 기뻐하는 사람들이 국가의 통치자와 이익을 같이하는 사람들만의 경우라면 이는 더 많은 사람의 고통과 불만을 통해 이루어진 일부 사람들의 기쁨일 뿐이다. 설령 리더와 가까이 있는 사람이 기뻐하고 리더와 이익을 함께하려는 사람이 다수 있더라도 그것은 패거리끼리의 이익 공동체에 불과하며 훌륭한 정치, 훌륭한 리더의 모습이라고 할 수는 없다.

타인의 장점을 아는 것이 소통의 시작이다

견현사제 見賢思齊

> 어진 덕을 갖춘 사람을 보면 그 사람과 같아져야겠다고 생각하며, 어질지 못한 사람을 보면 혹 자신의 내면에 그와 같은 점이 있는지 스스로 반성한다.

見賢思齊焉, 見不賢而內自省也.
견 현 사 제 언　견 불 현 이 내 자 성 야

「이인」

주변에 뛰어난 사람이 있는가? 있다면 나는 그를 어떻게 대하고 있는가? 혹시 없다면 정말 없는 것이 아니라 내가 뛰어난 사람을 알아보지 못하고 있는 것이 아닌가? 또 모든 면에서 뛰어난 사람은 없다 해도 주변에 있는 사람은 각자 나름의 장점을 갖고 있을 수 있는데 그것을 알고 있는가? 사람을 알아보는 것은 리더가 갖추어야 할 가장 중요한 덕목이며, 소통의 시작이다.

"견현사제"는 뛰어난 사람을 알게 되면 그와 같아지도록 노력한다는 말이다. '제齊'는 '나란하다', '가지런하다'라는 말이다. 현명한 사람을 보면 그와 나란하기를 생각한다, 즉 훌륭한 사람을 알아보고 본받자는 것이다. "견불현이내자성"은 위 구절과 정반대의 상황이다. 현명하지 못한, 문제가 있는 사람을 보았을 때 그를 비판하려고 나서기보다 혹시라도 나 자신에게 저런 점이 없는지를 먼저 돌아본다는 말이다.

이 구절에 대해 『논어집주』에서는 "자신도 이런 선함이 있기를 바라는 것이다", "나 자신도 이런 나쁜 점, 악함이 있는 게 아닐까 두려워하는 것이다"라고 설명한다. 또 호씨의 말을 인용하여 "타인의 선악이 나와 다른 것을 보고 자신을 돌아본다면, 단지 남을 부러워하기만 하고 자신을 포기하거나 남을 나무라기만 하고 자신을 책망하지 않는 사람이 되지는 않을 것이다"라고 설명한다. 흔히 타인의 좋은 점을 보면 그저 부러워만 하고 자신은 안 된다고 포기하기 쉽고, 타인의 나쁜 점을 보면 그저 욕을 하고 자신의 나쁜 점은 책망하지 않는 경우가 많다. 공자는 이런 문제점을 지적하면서 타인의 장점을 보면 그것을 단순히 부러워하는 것에서 그치지 말고 그 장점이 나에게도 있도록 노력해야 하며, 타인의 단점을 보면 그것을 단순히 욕하거나 나무라는 것에서 그치지 말고 그 단점이 혹시 나에게도 있는 것은 아닐지 돌아봐야 한다는 것이다.

"견현사제"는 지금 타인의 장점을 알아보는 것이면서 동시에 앞으로 타인의 장점을 알아보도록 노력하는 것이다. 이는 리더의 중요한 덕목이다. 주변에 나보다 좋은 사람이 많아야 하며, 장점이 있는 좋은 사람을 알아볼 수 있어야 한다. 나보다 뛰어난 사람이 더 높은 자리에 오를까 질

투하거나 그 장점을 감추려고 하면 내가 더 발전할 수 없다. 리더는 더욱
이 함께하는 사람들의 장점을 발굴하고 조직의 모든 구성원의 장점이 드
러나도록 노력해야 한다. 즉 리더는 타인의 훌륭한 점을 알아보아야 하
며 장점을 알게 되면 그 사람의 훌륭한 점을 칭찬하고 더 나아가 그 좋은
점이 세상에서 빛을 발할 수 있도록 도와주어야 한다.

「안연」에는 "군자는 남의 장점이 완성되도록 하고 남의 단점이 실현되
도록 하지 않는다. 소인은 이와 반대이다君子成人之美, 不成人之惡. 小人反是"라는
공자의 말이 있다. 올바른 리더는 다른 사람의 장점을 발견할 뿐 아니라
그 장점이 실현될 수 있도록 도와주어야 하며, 속이 좁은 사람은 그와 반
대로 행동한다는 것이다. 리더는 타인의 장점을 발견하기 위해 항상 애써
야 한다. 이것이 모두가 각자의 장점에 맞게 적절한 역할을 행해서 사회
가 발전하고 사람들이 행복해지는 일이다.

직접 확인하고 살펴봐야 한다

필찰언 必察焉

많은 사람이 미워하더라도 반드시 직접 잘 살펴보아야 하
며, 많은 사람이 좋아하더라도 반드시 직접 잘 살펴보아야
한다.

衆惡之, 必察焉, 衆好之, 必察焉.
중 오 지   필 찰 언   중 호 지   필 찰 언
「위령공」

리더와 가까이에서 중요한 역할을 할 사람을 찾을 때 타인의 추천이나 일반인의 평판을 듣게 된다. 그러나 무엇보다 중요한 것은 리더 스스로 직접 살펴보는 일이다. 진정으로 뛰어난 인재를 뽑으려면 출신 지역이나 학교 등의 선입견을 버려야 하는데, 주변에서 추천하는 사람들 역시 그런 선입견이 없다고 장담하기 어렵다. 이 때문에 리더가 직접 적극적으로 사람을 살펴보는 것은 매우 중요하다.

본문에서 '중衆'은 대중들, 많은 사람이다. '오惡(독음 오)'는 미워한다는 말이다. '찰察'은 잘 살펴본다는 뜻인데, 같은 '보다'라는 뜻을 가진 '시視', '관觀'보다는 더 자세하게 살펴보는 것이다. "중오지, 필찰언"은 많은 사람이 특정한 누군가를 미워하더라도 바로 그것을 따르지 말고 반드시 직접 그 사람을 살펴보아야 한다는 말이다. '호好'는 좋아하는 것이다. "중호지, 필찰언"은 정반대로 많은 사람이 특정한 누군가를 좋아하더라도 바로 그것을 따르지 말고 반드시 직접 그 사람을 살펴보아야 한다는 말이다.

이 구절에 대해 『논어집해』에서는 "많은 사람과 아첨하면서 친근하게 지내는 경우가 있고 혹은 혼자 지내면서 무리와 함께 지내지 않는 경우가 있다. 그래서 좋아하고 싫어함에 대해 잘 살피지 않을 수 없다"라고 설명한다. 『논어집주』에도 양씨의 말을 인용하여 "오직 인仁한 사람만이 다른 사람을 좋아하거나 미워할 수가 있다. 그렇지만 여러 사람이 좋아하고 미워하더라도 살펴보지 않는다면 사사로운 견해에 가려질 것이다"라고 설명한다. 많은 사람이 믿고 따른다 하여 그대로 믿을 것은 아니며, 반드시 본인이 직접 잘 살펴보고 결정해야 한다는 것을 강조한 말이다.

「이인」에는 "어진 사람만이 다른 사람을 좋아할 수도 있고 미워할 수도 있다唯仁者, 能好人, 能惡人"라고 하였는데, 타인에 대한 애정을 가진 사람만이 사심이 없어서 타인을 제대로 판단할 수 있다는 말이다. 모든 사람에 대해 리더가 직접 자세하게 살펴보는 것은 어려움이 있다. 그러나 리더 옆에서 정말 중요한 역할을 해야 할 사람을 뽑을 때 누구보다 리더 스스로 잘 살펴보고 판단하는 과정이 필수적이다.

사람의 판단에서 다른 사람에게 의지하기보다 스스로 해야 한다는 것을 맹자 역시 강조한 바 있다. 맹자는 군주가 현인을 등용할 때에는 어쩔 수 없이 등용한다는 것처럼 해야 한다고 말한다. 그것은 신분이 비천한 사람을 존귀한 사람보다 높이고 나와 관계가 소원한 사람을 가까운 사람보다 높여야 하기 때문이라고 한다. 공자와 맹자의 시대는 신분이 세습되는 사회였다. 이 때문에 능력과 관계없이 신분이 귀하거나 나와 가까운 사람을 먼저 등용하는 것이 일반적이다. 따라서 신분이 낮은 사람이나 나와 관계가 먼 사람을 등용한다면 신분이 높거나 나와 친분이 있는 사람이 섭섭해하거나 반발할 수도 있다. 그래서 더욱 신중하게 잘 살펴서 바로 이 사람이 아니면 안 된다는 것을 확인할 수 있어야 한다는 것이다.

맹자는 이때 거쳐야 하는 과정을 아래와 같이 좀 더 상세하게 설명한다. "좌우 측근들이 모두 현인이라고 해도 아직 안 되며, 대부들이 모두 현인이라고 해도 아직 안 되며, 나라 사람들이 모두 현인이라고 한 후에 스스로 관찰하여 현명함을 확인한 후에 그를 등용하는 것이다." 맹자는 등용할 때와 반대로 내보내거나 처벌할 때에도 위와 마찬가지의 과정을 거쳐 직접 확인해야 한다고 주장한다. 맹자의 주장처럼 사람은 누구나 친소 관계에 따라 사람을 평가하려는 경향이 있기에 신분이 낮고 나와 관계가 소원한 사람이 설사 능력이 출중하다 해도 능력에 합당한 지위를 얻기가 어려울 때가 많다.

올바른 리더라고 할지라도 모든 사람을 제대로 알아볼 수는 없다. 그래서 주변 사람들의 얘기를 들어야 한다. 그러나 리더의 주변 사람들이 그들의 이해득실에 의해 사람을 평가한 내용이 리더에게 전해질 가능성이 크다. 이 때문에 모든 사람이 좋아하고 미워하더라도 직접 살펴보라고 한 것이다. 다시 강조하지만, 인사人事가 만사萬事라는 얘기가 있다. 리더가 사람을 제대로 알아보는 것이 모든 조직과 사회에서 가장 중요하다. 다른 사람을 잘 알아보려면 열린 마음으로 적극적인 소통이 필요하다는 것은 두말할 필요가 없다.

구성원의 신뢰가 없으면 리더도 없다

무신불립 無信不立

자공이 정치에 대해 물었다.

공자 먹을 것을 넉넉하게 해주고, 군비를 풍족하게 해놓고, 백성들이 윗사람을 믿게 하는 것이다.

자공 어쩔 수 없이 이 세 가지 중 포기할 것이 있다면 어떤 것을 먼저 버려야 합니까?

공자 군비를 채우는 것을 포기해야 한다.

자공 어쩔 수 없이 나머지 두 가지 중 포기할 것이 있다면 어떤 것을 먼저 버려야 합니까?

공자 먹을 것을 넉넉히 하는 일을 포기해야 한다. 예부터 언

제나 죽음이란 있었지만, 백성들이 믿지 않으면 정치가 성립
될 수 없기 때문이다.

子貢問政.
자공문정

子曰, 足食, 足兵, 民信之矣.
자왈 족식 족병 민신지의

子貢曰, 必不得已而去, 於斯三者何先?
자공왈 필부득이이거 어사삼자하선

曰, 去兵.
왈 거병

子貢曰, 必不得已而去, 於斯二者何先?
자공왈 필부득이이거 어사이자하선

曰, 去食. 自古皆有死, 民無信不立.　　　　　　　　「안연」
왈 거식 자고개유사 민무신불립

　한 조직을 운영하고 이끌어가는 것은 기업이든 국가이든 경영의 영역
이지만 조직에 속한 사람을 어떻게 이끌어갈 것인지의 측면에서 정치의
영역이기도 하다. 정말 무엇이 옳은 정치인지 수많은 정치학 교과서가 있
지만, 이론이 아닌 실질적으로 그것을 사회에 적용한다는 것은 쉬운 일
이 아니다. 위 구절은 제자 자공이 막연하게 정치를 물으면서 시작된 대
화로, 후속 질문이 이어지면서 세 번의 질문과 대답이 오간다. 『논어』에
서 자공과 공자의 대화는 제자가 묻고 이에 대한 공자의 답을 듣고 대화
가 끝나는 것도 있지만, 답을 들은 후 다시 후속 질문을 하고 이에 대한
공자의 대답이 나오는 경우가 자주 보인다. 자공은 이처럼 공자와 가깝
게 지냈던 제자이고 또 공자의 가르침을 좀 더 확실하게 이해하려고 노력
했던 제자이다. 이 구절은 정치에 있어서 신뢰가 없다면 어느 것도 이루
어질 수 없다는 "무신불립"이라는 말의 출처인데, 우리나라에서도 역대
로 많은 정치인이 강조했다. 과거 김영삼 전 대통령의 집 안에 이 구절이

크게 써서 걸려 있었고 또 국회의장을 역임한 정치인 문희상 역시 이 구절을 강조한 것으로 유명하다.

"족식, 족병, 민신지의"에서 '족足'은 '넉넉하다, 충족하다'라는 뜻이다. '족식足食'은 먹을 것이 넉넉한 것이고, '족병足兵'은 군비가 잘 갖추어진 것이다. '민신지民信之'는 백성들이 군주의 말이나 정치를 신뢰하는 것이다. 국가를 제대로 다스리려면 백성들에게 먹을 것을 충족시켜주고 다른 나라에 침략당하지 않을 정도의 군사력을 갖추고 있으며 백성들이 군주의 언행을 믿을 수 있어야 한다.

"필부득이이거, 어사삼자하선"에서 '부득이不得已'는 어찌할 수 없어서라는 말이고, '거去'는 제거한다는 말이다. 이 구절은 어쩔 수 없는 상황이 되어 무엇인가를 포기해야 한다면, 위의 세 가지 중에 무엇을 먼저 포기해야 하는지 물은 것이다. 부득이하여 무엇인가를 포기한다는 것은, 모두 반드시 있어야 하지만 어쩔 수 없이 일부를 포기할 경우를 가정한 것이다.

"자고개유사, 민무신불립"에서 '자고自古'는 '옛날부터' 혹은 '원래부터'라는 말이다. "자고개유사自古皆有死"는 예부터 모든 사람에게 죽음이 있었다, 사람은 결국 모두 죽는다는 뜻이다. 이 구절은 예부터 모든 사람에게 죽음이란 있었으되 백성들이 믿음을 갖지 않으면 정치가 자리를 잡을 수 없다, 혹은 국가의 존립 자체가 불가능하다는 말이다.

'족식', '족병', '민신지'의 관계에 대해 『논어집주』는 "창고가 가득 차고 군비가 갖추어진 이후에 교화가 이루어져서 백성이 나를 믿고 떠나거나 배반하지 않는다"라고 설명한다. 즉 이 세 가지가 독립적인 것이 아니고, 앞의 두 가지가 먼저 전제된 이후 세 번째 것이 이루어진다는 설명이다.

『논어집주』는 또한 "내가 생각건대, 사람의 마음을 기준으로 말하면 군비와 식량이 풍족한 뒤에 백성들이 나의 신의를 믿을 수 있다. 백성의 덕을 기준으로 말하면 믿음은 사람들이 본래부터 가진 것이므로 군비와 식량을 앞세울 수 없다. 이 때문에 위정자는 마땅히 백성들보다 솔선하여 죽음으로 지켜야 하며 위급하다고 하여 버릴 수 있는 것이 아니다"라고 설명한다. 즉 일반적인 사람들의 마음은 당연히 식량과 군비의 충족이 되어야 하지만, 백성들에게 있어서 무조건 식량과 군비의 충족만이 중요하다고 할 수 없으므로 군주가 솔선수범해서 신뢰를 지킬 수 있도록 노력해야 함을 주문한다.

사실 먹을 것이 충족되지 못한 상태에서 사람의 마음이 온전하기 어렵고 군주를 신뢰하기도 어렵다. 내가 학교나 대중강연에서 이 구절을 강의하면 학생이나 일반인 모두 위에서 공자가 내린 결론이 정말 "공자스럽다"라고 말한다. 공자가 신뢰를 중시했을 것이라 짐작하기 쉽고, 군사력보다는 먹을 것이 중요하기 때문에 공자가 먼저 '족병足兵'을 포기해야 한다고 대답한 것은 쉽게 예측된다. 그러나 먹을 것을 포기하는 순간 사람의 생명을 보존할 수 없기에 '족병' 다음으로 '족식足食'을 포기해도 된다는 결론을 내리기는 어렵다. 이 때문에 이 구절에서 어쩔 수 없을 경우를 가정한 대화라고 할지라도, '먹을 것'보다도 더 끝까지 지켜야 하는 '신뢰'의 가치를 생각하게 된다.

『맹자』 「양혜왕상」에는 "일정한 소득이 없는데도 일정한 마음을 갖는 것은 오직 뜻있는 선비만이 할 수 있다無恒産而有恒心者,惟士爲能"라는 구절이 있다. 또한 "일반 백성은 일정한 소득이 없으면 일정한 마음이 없게 되고 일정한 마음이 없으면 방탕하고 편벽되고 사악하고 사치스러운 일을 모

2부 | 단련 | 리더십의 기준을 바로 세우는 지혜

두 하게 된다若民則, 無恒産, 因無恒心. 苟無恒心, 放辟邪侈, 無不爲己"라고 설명한다. 이는 일반인에게 일정한 소득이 없다면 견딜 수 없고, 뜻이 큰 사람만이 그런 상황을 견딜 수 있다는 것이다. 그렇다면 일반 백성에게는 식량을 충족시켜주는 것이 가장 먼저 해야 하지만, 군주는 먹을 식량이 없는 위급한 상황에서도 백성들의 신뢰를 저버리지 않도록 솔선수범 노력해야 함을 말한 것이다.

현대에서 '족식'은 살아가는 데 필수적인 소득, 급여이며, '족병'은 기업 등의 조직에서 다른 조직과의 경쟁에서 이길 수 있는 경쟁력이다. 기업에 대한 고객의 신뢰는 기업을 지속시켜주는 필수적인 것이다. 따라서 식량과 군비와 신뢰라는 것은 모든 조직에서 필수적인 것이고 어느 것 하나도 없어서는 안 된다. 나는 우리 사회가 아직 서로에 대한 믿음을 굳게 가질 수 있는 사회라고 생각하지는 않는다. 국가의 통치자에 대한 믿음이 낮고, 언론에 대한 신뢰도가 낮으며 사회 지도층 인사에 대한 일반인의 믿음이 크지 않다. 이처럼 신뢰도가 낮은 것은 우리 사회 상류층이 지난 시절 가졌던 특권과 깊은 관련이 있다. 리더들이 공적인 자리에서 사적인 이익을 탐하는 경우가 많았고 어떤 정책을 추진하면서도 자기들의 이익을 우선하는 것처럼 보일 때가 적지 않다. 이것이 지금 우리 사회에 진정한 어른의 부재로 나타나고 국가의 정치적·행정적 행위에 대해 국민이 적극적인 믿음을 주지 않는 이유이다.

국가의 리더에 대한 국민의 신뢰를 얻어가는 과정은 간단하지 않다. 처음 어떤 지도자를 지지했던 사람이라도 정책의 수립과 집행에 있어서 일관성이 부족하거나 특정 집단의 이익을 위한 모습이 보이면 신뢰를 거두어들인다. 신뢰를 계속 얻어가기 위해서는 끊임없는 소통이 필요하다.

소통은 일방적인 통보로 이루어지지 않는다. '일방적 소통'이라는 말 자체가 성립되지 않는다. 모든 구성원과 소통하고 설득하는 것은 현실적으로 불가능하지만, 상황을 최대한 솔직하게 설명하면서 이해를 구하는 과정은 필수적이다. 소통은 상대를 설득하는 것보다 자기의 생각을 바꿀 수 있다는 전제에서 출발해야 한다. 소통한다고 하면서 리더 자기의 생각만을 강조하거나 일방적으로 통보하는 방식이 많은 리더가 흔히 범하는 오류이다.

때로는 과감한 결단이 필요하다

재사가의 再斯可矣

노나라 대부인 계문자는 어떤 일을 하기 전에 세 번이나 생각한 후에 실행하였다.
공자는 이를 듣고 "두 번이면 된다"라고 말했다.

季文子三思而後行.
계 문 자 삼 사 이 후 행

子聞之曰, 再, 斯可矣.   「공야장」
자 문 지 왈   재   사 가 의

중요한 결정의 순간에 리더는 많은 다양한 생각을 한다. 세상일은 무엇이 정말 좋은 것인지 모를 때가 많고 쉽게 판단하지 못할 때가 많기 때문이다. 그렇지만 결국 리더는 결단을 내려야 한다. 결단을 미루고 계속

2부 │단련│ 리더십의 기준을 바로 세우는 지혜

많은 생각을 한다고 좋은 결과가 나오지도 않는다. 바둑의 격언 중에 "장고 끝에 악수를 둔다"라는 말이 있다. 너무 생각이 많아서 오히려 잘못된 결정을 한다는 말이다.

"계문자삼사이후행"은 계문자가 세 번씩 생각하고 행동한다는 말이다. 계문자는 노나라의 귀족으로 대부인 계손행보이다. '문文'은 죽은 이후 붙여진 시호이고, 공자보다 앞선 시대의 인물이다. '삼사三思'는 세 번 생각한다는 것인데, 여기의 세 번은 '여러 번'을 나타낸다. 계문자가 평소 생각을 많이 하면서 행동을 했다는 평가를 받았던 듯하다.

"재, 사가의"에서 '재再'는 '다시', '두 번'을 가리킨다. 뒤에 '사思'가 생략되어 두 번 생각한다는 말이다. '사斯'는 '~면'의 뜻으로 '즉則'과 통한다. 계문자가 여러 번 생각하면서 행동하는 것에 대해 공자가 두 번만 생각하면 된다고 평가한 것이다.

현대 중국어에서 "삼사이행三思而行"은 신중하게 생각하고 행동한다는 긍정적인 의미를 갖고 있다. 따라서 계문자에 대해 신중한 행동을 긍정적으로 평가했다고 볼 수도 있다. 그렇지만 이 구절은 계문자를 어떻게 평가하느냐에 따라 문장의 의미가 달라진다.

『논어집해』에 인용된 정현의 견해에 의하면, "계문자는 충성스럽고 현명한 행실을 하여 잘못하는 일이 적었으니 세 번까지 생각할 필요는 없다"라고 설명한다. 즉 계문자가 원래에도 행실에 허물이 거의 없었으니 두 번 정도만 생각하고 행동해도 된다는 말로 풀이한 것이다. "계문자라면 두 번만 생각해도 충분하다"라고 번역할 수 있을 것이다.

『논어집주』는 이와 전혀 다른 정자의 견해를 인용한다. "악을 행하는 사람은 생각 자체를 할 줄 모른다. 생각을 하게 된다면 선을 하게 될 것이다. 그렇지만 두 번이면 이미 충분한데 세 번을 하게 되면 사사로운 생각이 안에서 일어나 오히려 미혹되게 된다. 그래서 공자가 이를 비판한 것이다." 즉 정자의 견해에 의하면, 이 구절은 사사로운 뜻이 있어서 잘못된 행동을 했던 계문자를 공자가 비판한 말이다.

그렇다면 계문자가 어떤 사람이기에 이런 평가를 받은 것인지 살펴보자. 『논어집주』에 의하면, 노나라 선공이 문공을 쫓아내고 왕위를 찬탈했는데도 계문자는 이를 성토하지 않았고 오히려 선공을 위해 제나라에 사신으로 가서 뇌물을 바친 후 선공을 인정하도록 했다. 『논어집주』는 이러한 계문자의 행적을 소개한 후, 이것이 바로 정자가 말한 사사로운 생각이 일어나서 잘못된 행동을 했던 사례라고 강조한다. 즉 계문자의 행동을 부정적으로 판단하면서 그가 생각이 많았던 것은 사려가 깊어서가 아니라 오히려 사사로운 욕심 때문에 생각이 너무 많았다는 것이다. 그렇다면 계문자가 왕위를 찬탈한 사람과 한 무리가 되어 잘못을 저지른 것은 평소에 두 번만 제대로 생각했어야지 너무 많은 생각을 하다가 저지른 잘못이라고 평가한 것이 된다.

계문자의 행적이 이와 같다면 본문에서 공자가 한 말을 다시 해석해볼 수 있다. 즉 공자의 말은 "그렇게 생각을 많이 해서 결과가 정말로 긍정적이었는가? 그렇지 않았다. 그렇게 생각 많이 한다고 되는 게 아니다. 두 번 정도만 생각해도 충분하다. 아예 생각을 안 하면 부정적인 일을 할 수 있지만 너무 많이 해도 문제가 생긴다"라는 의미를 담고 있다.

어떤 결정을 내릴 때 심사숙고하는 것은 필요하다. 그렇지만 때로 너무 많은 생각이 일을 그르칠 때가 있다. 사실 일에 따라서는 생각하기에 너무 어려워 보여도 실천하기에는 간단한 것도 있다. 리더는 무엇인가 결

2부 | 단련 | 리더십의 기준을 바로 세우는 지혜

정을 할 때 과감하게 결단하는 것도 중요하다. 어떤 조직의 최고 결정권자가 자기 스스로 결단하지 못한 채 주저하면서 다른 사람이 은연중에 결정을 내려주기를 바라는 경우가 있다. 또 깊이 많은 생각을 한다고 시간을 끌다가 좋은 시기를 놓칠 수도 있다. 리더의 결단은 때로 전체 조직의 명운을 좌우하기도 하고 결단에 따른 책임을 수반하는데, 그것은 리더가 당연히 감당해야 한다. 항상 선택의 갈림길에 서 있는 리더로서 깊이 생각할 구절이다.

8강

소통하는 리더가
성공하는 조직을 만든다

사람을 제대로 볼 줄 알아야 한다

문일지십 聞一知十

공자가 자공에게 물었다. "너와 안회는 누가 뛰어난가?"

자공 제가 어찌 감히 안회와 같기를 바라겠습니까? 안회는 하나를 들으면 열을 알지만 저는 하나를 들으면 둘 정도만 알 뿐입니다.

공자 안회보다 못하다, 나와 너는 모두 안회보다 못하다.

子謂子貢曰, 女與回也孰愈?
자 위 자 공 왈   여 여 회 야 숙 유

對曰, 賜也何敢望回? 回也聞一以知十, 賜也聞一以知二.
대 왈   사 야 하 감 망 회   회 야 문 일 이 지 십   사 야 문 일 이 지 이

子曰, 弗如也, 吾與女弗如也.   「공야장」
자 왈   불 여 야   오 여 녀 불 여 야

'문일지십聞一知十'은 하나를 듣고 열을 안다는 뜻으로, 이 구절에서 유래하여 성어로 많이 쓰인다. 하나를 듣고 그 하나를 알기도 쉽지 않은데 열을 안다면 정말 뛰어난 인재이다. 이는 유추하고 사유하는 능력이 대단한 사람에게 쓸 수 있는데, 공자가 제자 중에서 가장 아꼈다고 알려진 안회에 대해 자공이 평가한 말이다. 다른 한편으로 우리는 위 구절에서 제자를 알아보고 제자들과 소통하는 공자의 모습을 발견하게 된다.

위의 대화에는 공자와 두 제자가 등장한다. 자공은 이름이 사賜이다. 회回는 공자의 제자 안연의 이름이다. 스승이 제자를 직접 거명할 때는

이름을 쓴다. 따라서 공자가 '사', '회'라는 호칭을 쓰고 있다.

"자위자공왈"에서 "A謂B曰C"는 A가 B에게 C를 말하였다는 관용표현이다. 공자가 자공에게 '曰' 이하의 내용을 말한 것이다. "여여회야숙유"에서 "A與B孰C"는 "A와 B 중에 누가 C한가?"를 나타내는 관용표현이다. 너(자공)와 안회 중에서 누가 더 뛰어난지를 물은 것이다. "문일이지십"은 하나를 듣고 열을 안다는 말이며, "문일이지이"는 하나를 듣고 둘을 안다는 말이다.

공자는 안회를 가장 좋아했던 것으로 알려져 있다. 이 구절에서 자공에게 "너하고 안회 중에 누가 나은가?"라고 질문하였을 때, 자공이 스스로 자신이 더 낫다, 자신이 더 훌륭하다고 대답할 가능성은 없다. 생각에 따라 제자에게 상당히 가혹한 질문을 던진 것이다. 자공은 당연히 안회가 더 뛰어나다고 답한다. 안회가 어느 정도 뛰어난지 자공이 찾아낸 답은, 하나를 듣고 둘을 아는 자신과 하나를 듣고 열을 아는 안회를 비교한 것이다.

여기서 말한 '하나', '둘', '열'이라는 것은 절대적인 숫자로서의 '1', '2', '10'을 말한 것이 아니다. 모든 것의 시작을 하나라고 한다면 둘은 그것에서 확장되어 반대의 것을 가리킨다. 손바닥의 앞면이 있다면 손등이라는 뒷면이 있는데, 손바닥을 보면서 손등까지 유추하는 것이 하나를 듣고 둘을 아는 것이다. 열이라는 것은 특정 사항과 관련된 전체를 가리킨다. 즉 어떤 사항을 알려주면 그것의 반대 측면은 물론 종합적으로 사항을 파악하는 것이다. 따라서 한 가지 외형적인 상황만 듣고서도 그 이면에 담긴 다양한 내용을 유추하고 사유해낼 수 있는 능력이 바로 하나를 듣고 열을 아는 것이다. 이렇게 볼 때 안회는 시작을 보면 그 끝을 알 정도로 무한한 사유 능력을 통해 세상사에 대한 통찰력을 가졌던 제자였다.

안회와 자신의 비교를 언급한 자공의 대답에 대해 공자는 "불여야, 오 여녀불여야"라고 답한다. 이를 나는 "나와 너는 모두 안회보다 못하다"라 고 번역했지만, 역대로 논란이 많이 된다. 이는 '與'에 '~와'라는 뜻과 '인 정하다', '동의한다'는 뜻이 있기에 나온 것이면서 동시에 스승 공자가 제 자를 대하는 태도와 관련이 있다.

『논어집해』는 "이미 자공이 안회보다 못하다고 인정을 하고 나서 다시 공자가 나와 너는 모두 안회보다 못하다고 말한 것은 아마도 자공을 위 로하고자 한 때문이다"라고 설명하여 "나와 너는 안회보다 못하다"라는 해석을 따른다. 그러나 송대의 『논어집주』에서는 "여與는 인정한다는 뜻 이다. 호씨가 말하기를, 공자께서는 자공이 스스로를 아는 것이 분명하 고 또 스스로 굽히는 것을 어려워하지 않으므로 이미 그에게 그렇다고 하시고 또 거듭 그것을 인정하시니 이것이 자공이 끝내 '성性'과 '천도天道' 를 들은 이유이며, 다만 '문일지이聞一知二'에만 그친 것이 아닌 이유이다" 라고 설명하면서 "나는 자공 네가 안회보다 못하다는 것에 동의한다"라 고 해석하였다.

즉 자공이 이미 자신이 안회보다 못하다는 것을 인정하면서 자신을 낮추고 있기에 그 점을 인정해주었다는 주장인데, 여기에는 공자가 안회 보다 못하다는 말이 성립될 수 없다는 생각이 들어 있다. 평소 공자는 자 공이 뛰어난 제자임에도 그를 높이 평가하지 않았다. 「공야장」에는 "공자 선생님께서는 타고난 본성性과 하늘의 도天道에 대해 말씀하시는 것을 들 을 수 없었다"라는 자공의 말이 나온다. 또 「선진」에는 "자공은 천명을 이 해하지 못했어도 재산을 늘리는 재주가 있으며 예측을 하면 자주 들어

맞았다"라는 공자의 말이 있다. 공자는 '성', '천도', '천명' 등 어려운 내용을 자공에게 말해주지 않았고 자공이 그것을 이해하지 못한다고 생각하였다. 이 때문에 자공이 뛰어나기는 하지만 궁극적으로 최고의 제자라고 생각하지 않았고 이를 자공 또한 인정하였다. "오여녀불여야"를 자공이 안회보다 못하다는 것을 인정한다고 해석하는 것은 바로 이 지점에서 나온 것이다.

그렇지만 스승이 특정 제자를 편애하면서 다른 제자에게 "그래, 넌 저 친구보다 못해"라고 직접적으로 언급하는 것은 현대적 관점에서 적극적으로 동의하기 어려운 스승의 모습이다. 일반 회사에서 공개적으로 특정한 두 사람을 비교하고 한 사람에게 너는 저 사람보다 못하다고 말하는 것은 적절하지 않다. 리더가 다른 사람을 평가할 때 부정적인 언사는 최대한 자제하고 실질적으로 부정적인 평가를 할 때는 당사자만을 앞에 두고 적절한 수준에서 해야 마땅하다. 이러한 이유로 나는 이 구절을 "그래! 너와 나는 안회보다 부족하지!"라고 해석하는 것이 더 좋다는 생각이다.

누차 강조하건대, 사람을 제대로 알아보고 적절하게 쓸 수 있느냐가 리더의 성패를 좌우한다. 이 때문에 리더는 가장 먼저 인간을 이해해야 한다. 인간에 대한 이해는 평소 만나는 사람에게 관심을 두고 그들과 소통하는 것에서 출발하며 인간에 대한 이해를 도와주는 독서는 물론 인문학적 사유와 실천에 익숙해져야 한다. 그 속에서 적재적소에 인재를 쓸 수 있고 그것을 통해 리더가 목표로 하는 일을 완성할 수 있다. 평소의 이런 학습과 훈련이 없이 갑자기 리더의 자리에 오르면 잘하지도 못할 뿐만 아니라 전체 조직을 위기에 빠뜨릴 수 있다.

서로의 차이를 인정하고 포용하라

공호이단, 사해야이 攻乎異端, 斯害也己

자기와 생각이 다른 사람을 공격하는 태도를 가지면 해로
울 뿐이다.

攻乎異端, 斯害也已.   「위정」
공 호 이 단   사 해 야 이

세상에 나와 생각이 완전히 같은 사람은 없다. 생각이 다르다고 배척
하고 멀리한다면 세상에 나와 함께 일할 수 있는 사람은 어디에도 없다.
따라서 나와 생각이 다른 사람을 어떻게 받아들이고 소통하느냐 하는
것이 리더에게 매우 중요한 덕목이다. 『논어』를 이전에 읽어본 사람은 위
구절을 앞에 주어진 해석처럼 번역한 것을 본 적이 없을 것이다. 보통 "이
단을 공격하면 그 해가 없어진다" 혹은 "이단을 공부하면 해롭다"라고 해
석한다.

"공호이단"에서 '공攻'은 '공격하다'와 '공부하다'라는 전혀 다른 뜻이 있
다. 이곳의 '호乎'는 '어於'와 통하며 동사와 목적어 사이에 들어간다. '이단
異端'이란 양 끝을 말하는데, 『논어』에 처음 등장한 단어이다. 유가와는 지
향점이 다른 학설이나 학파를 가리키며, 『논어집해』에서는 귀착점을 달
리하는 것이라 풀었고, 『논어집주』는 양주나 묵적처럼 성인의 도리가 아
닌 것이라고 풀었다.

"사해야이"에서 '斯'는 '則'과 통해 '~면'으로 해석할 수도 있고, 또 가까운 것을 지칭하는 '이것'이라는 말의 '이'로 해석할 수도 있다. "害也已"는 "害也+已"와 "害+也已"의 두 가지로 분석될 수 있다. "害也+已"의 경우 '已'가 '그치다'는 뜻이므로 "해로움이 그친다"라는 말이 된다. "害+也已"로 분석할 경우 '也已'가 '~일 뿐이다'는 뜻이므로 "해로울 뿐이다"라는 말이 된다. 이처럼 "공호이단, 사해야이"는 '공攻', '사斯', '야也', '이已' 네 가지에 있어서 각각 두 가지 해석이 가능하고, 이로 인해 "공호이단"은 "이단을 공격하다"와 "이단을 공부하다"라는 해석으로 나누어지며, "사해야이"는 "이 해로움이 그친다"와 "해로울 뿐이다"라는 두 가지 다른 해석이 가능하다.

이상의 견해에 근거하여 그동안 제시된 해석 가능한 방법을 정리해보면 다음과 같다. 첫째, '攻'은 '공부하다'라는 뜻이고 '已'는 '~일 뿐이다'라는 한정의 기능을 가진 어기사라고 보아 "이단을 공부하면 해로울 뿐이다"라고 해석하는 것이다. 이는 『논어집해』, 『논어의소』, 『논어집주』의 견해이다. 둘째, '攻'은 '공격하다'라는 뜻이고 '已'는 '그치다'라는 뜻으로 보아 "이단을 공격하면 그 해로움이 그친다"라고 해석하는 것이다. 이는 손혁『시아示兒』와 전대흔『십가재양신록十駕齋養新錄』의 견해이다.

여기에서 말하는 '이단'에 대해 전통적으로 유가와 다른 학설이나 학파라고 하였다. 특히 『논어집주』에서는 양주나 묵적처럼 성인의 도리가 아니라고 구체적으로 지목하여 설명하였다. 양주는 도가사상을 가진 사람이라고도 하는데, 극단적으로 이기적인 모습을 보여준 사상가이다. 가령 "내 몸에 있는 터럭 하나를 뽑아서 온 천하를 이롭게 할지라도 나는 그것을 하지 않겠다"라는 주장을 하였다고 전해진다. 묵적은 양주와 정반대로 온 천하의 사람 모두를 두루 다 사랑할 것을 주장한다.

유가는 맹자가 '친친이인민親親而仁民'이라고 강조한 것처럼, 가까이에 있는 친척들, 가까이에 있는 부모, 어버이들을 친하게 여기고, 그곳으로부터 출발해서 멀리 있는 다른 백성, 다른 사람을 사랑할 것을 주장한다. 나와 타인의 아들을 동일하게 사랑한다는 묵자의 주장은 극단적으로 흐르면 진나라의 복돈과 같은 사상가를 만나게 된다. 복돈에게는 외아들이 있었는데, 어느 날 사람을 죽였다. 당시 나라의 법에 따르면 살인을 범한 자는 사형에 처한다. 그런데 당시의 군주는 살인자의 아버지가 굉장히 유명하고 사회적으로 촉망받고 존경받는 사람이고 외아들을 두었다는 점을 고려해서 이 사람을 용서하고 집으로 돌려보낸다. 그러자 묵가 사상가인 아버지는 "사람을 죽인 것은 죽인 것에 대한 벌을 받아야 하는데, 국가에서 용서를 해주었다. 아무리 국가의 법에서 용서를 해주었어도 묵가의 법에서 용서할 수가 없다"라고 하면서 집에서 아들을 사형시킨다. 묵가의 사상은 이처럼 나와 남의 자식을 동등하게 보았다는 점에서 맹자의 사상과는 차이가 컸다.

맹자 시대가 되면 양주나 묵적의 사상들이 어느 정도 득세를 한 때문인지 맹자가 이를 견제하는 많은 이야기를 남긴다. 하지만 공자의 시대에는 양주나 묵적이 등장하기 전이며, 이단을 설명하면서 양주나 묵적을 언급하는 것은 하나의 사례에 불과할 뿐이지 공자의 생각은 아니다. 이단異端이라는 것을 글자 그대로 해석하면 '다를 이異', '끝 단端'이므로 내가 이쪽에 있는데, 나와 반대쪽 끝에 있는 것을 가리킨다. 따라서 반대쪽 사람에게는 내가 이단이다. 만약 나와 반대의 사람을 모두 공격하여 죽이거나 반드시 없애려 하면, 이는 공자의 시대는 물론 지금의 시대에도 적합한 것이 아니다.

따라서 위의 두 가지 해설은 모두 '이단'에 대해 부정적으로만 접근하고 있다는 문제가 있다. 나와 생각이 다른 사람을 공격적으로 대하면 해로움이 없어진다거나 또 이단을 공부하게 되면 해롭다는 말은 이단을 배타적으로 보는 견해이다. 조선 시대 박세당은 "공자가 어질지 못한 사람을 너무 심하게 미워하면 난을 일으키게 된다고 말한 적이 있다. 내가 생각건대, 이 구절의 뜻도 이와 같은 듯하다. 비록 이단이지만 너무 지나치게 공격하면 도리어 해가 되기도 한다"라고 설명한다. 이는 이 구절을 "이단이라도 지나치게 공격하면 해로울 뿐이다"라고 풀이한 것인데, '이른'는 문장 끝에서 '~일 뿐이다'라는 어기를 나타내고 '공攻'은 '공격하다'라는 본의를 따라서 해석한 것이다.

나는 박세당의 견해에 주목할 필요가 있다고 생각한다. 공자는 "용기를 좋아하면서 가난을 싫어하면 난리를 일으키게 되고, 다른 사람이 인하지 않은 것을 너무 심하게 미워하면 역시 난리를 일으키게 된다好勇疾貧, 亂也. 人而不仁, 疾之已甚, 亂也"라고 말한 바 있다. 타인에 대해 지나친 배척을 경계한 말이라고 할 수 있다.

이 구절은 현재 전해지는 문헌 자료만으로 볼 때 '이단異端'이라는 말이 처음 출현한 구절이다. 자기와 생각이 다른 사람을 대하는 공자의 자세를 알 수 있는 구절이다. 역대로 이 구절에 대해서는 논란이 많았지만, 나는 지나치게 나와 생각이 다른 사람을 공격하기보다 그의 이야기를 듣고 포용하고 함께 살아가려는 마음을 가져야 사회가 성숙해진다고 생각한다. 리더의 자세에서는 더더욱 그러하다. 이 때문에 나는 이 구절을 "이단을 공격하면 해로울 뿐이다"라고 해석한다.

남을 내리치며 공격하는 칼은 언제나 양날을 가지고 있다. 상대를 해치려는 순간 내 손 역시 다치게 된다. '화이부동', 즉 모두가 완전히 같기를 강요하지 않으면서 서로 조화를 이루는 것을 공자가 추구했음을 생각한다면, 서로의 차이를 인정하고 나와 다른 사람을 공격하기보다는 포용하려는 자세가 우리 사회에 절실하다. 한 사회의 리더는 더욱 서로의 갈등을 조장하여 그 속에서 이익을 취하기보다 서로 조화롭도록 이해를 조정하는 역할을 해야 한다. 우리 사회의 일부 정치인들이 성별, 세대별, 지역별 갈등을 조장하고 이를 통해 정치적 목적을 이루려는 경향을 보일 때가 자주 목격된다. 기업은 물론 국가 경영에서도 올바른 리더의 자세가 결코 아니다. 나와 생각이 다른 사람도 포용해야 한다는 이 구절은 리더가 반드시 기억해야 할 중요한 덕목이다.

실수를 해도 적극적으로 일하는 사람이 필요하다

필야광견호 必也狂狷乎

중도를 행하는 사람과 함께할 수 없다면, 아쉽지만 미친 듯 열중하거나 고집이 센 사람과 함께하겠다. 미친 듯 열중하는 사람은 옳은 일에 적극적인 진취성이 있고, 고집이 센 사람은 옳지 않은 일을 절대 하지 않으려는 경향이 있기 때문이다.

不得中行而與之, 必也狂狷乎!
부 득 중 행 이 여 지 필 야 광 견 호

狂者進取, 狷者有所不爲也.
광 자 진 취 견 자 유 소 불 위 야

「자로」

리더는 어떤 사람과 함께 일을 해나가면 좋은가? 모든 일에 있어서 가장 적절하게 처리해나갈 수 있는 훌륭한 성품과 능력의 소유자라면 더 말할 나위 없이 좋다. 그렇지만 그런 사람을 찾기란 정말 어렵다. 조금도 실수를 하지 않으려는 사람은 소극적인 태도를 보여서 도전적이고 창의적인 일을 하지 않는다. 무조건 말을 잘 듣고 따르는 사람은 리더에게 아무런 도움이 되지 않는다.

"부득중행이여지"에서 '중행中行'은 중도中道 혹은 중용中庸에 맞게 행동하는 사람으로, 모든 일에 가장 적절한 행동을 하는 이상적인 사람이다. '여지與之'는 '~와 함께하다'라는 뜻이다. 이 구절은 중도를 행하는 사람과 함께 일을 해나갈 수 없다는 말이다.

"필야광견호"에서 '광狂'은 미친 사람 혹은 과격한 사람이며, '견狷'은 고집이 센 사람, 뜻을 굽히지 않는 사람이다. '필야必也'는 뒤의 '호乎'와 호응하여 어쩔 수 없이 무엇인가를 한다는 의미를 나타낼 때 사용된다. 이 구절은 앞에서 말한 중도를 행하는 사람이 없다면 어쩔 수 없이 미친 사람, 고집 센 사람과 함께할 것이라는 말이다.

"광자진취, 견자유소불위야"에서 '진취進取'는 나아가 무엇인가를 취한다, 즉 매사에 적극적인 것을 말한다. '유소불위有所不爲'는 행하지 않으려는 것이 있다는 말인데, 올바르지 않은 부정한 일을 절대 하지 않는 것을 가리킨다. 이 구절은 무엇인가에 적극적인 사람은 앞으로 나아가 이루어내는 것이 있으며 뜻이 굳건한 사람은 부정적인 일을 절대 하지 않으려

한다는 말이다.

'광견狂狷'이 미친 사람이나 고집이 센 사람을 가리킨다면 부정적인 사람이라 할 수 있는데, 공자가 이를 칭찬한 것은 무엇 때문인가? 『논어집해』는 "중도에 맞게 행동하는 사람을 얻을 수 없다면, 뜻이라도 크거나 고집스럽게 자기의 일을 해나가는 사람을 얻을 수 있기를 바란다고 말한 것이다"라고 설명한다. 또 "광자狂者는 선한 도리에 대해서 진취적이며, 견자狷者는 절도를 지켜 아무 일이나 하지는 않는다. 이 두 사람을 얻고자 한 것은, 당시 사람들이 나아가고 물러나는 변화가 많았기에 한 가지만을 지속하는 사람을 취한 것이다"라고 하였다. 중도에 맞게 행동하는 사람이 좋기는 하지만, 당시 사람들의 변덕스러움에 비하면 미친 사람이나 고집이 센 사람이 계속 무엇인가를 해나가는 장점이 있음을 받아들였다는 것이다.

『논어집주』는 아래와 같이 설명한다. "성인은 본래 중도를 행하는 사람을 얻어 그를 교육하고자 하지만 이미 그런 사람을 얻을 수 없고, 그저 성실하고 후덕할 뿐인 사람을 얻는다면 이 사람은 반드시 스스로 분발하여 긍정적 행위를 하지는 않을 것이다. 그래서 미친 사람이나 고집 센 사람을 얻어 이 사람이 자신이 가진 뜻과 절도에 근거하여 격려하고 조절하여 도에 나아가도록 하는 편이 좋은 것이다. 여기에서 끝나고 마는 것을 인정한 것은 아니다." 『논어집주』는 본문의 '여지與之'를 그를 교육한다는 말로 풀이한다. 공자가 미친 사람이나 고집 센 사람은 이미 분명한 자기의 뜻이 있으므로 그들을 잘 교육한다면 더 큰 가능성이 있다고 생각한 것이지 그 단계에 머무르는 것을 적극적으로 긍정한 것이 아니라는 설명이다.

이 구절을 보면 공자가 원하는 사람이 어떤 사람인지 알 수 있다. 먼저 성인군자를 가장 이상적인 인물로 생각하며 다음으로 중도를 행할 수 있는 사람을 인정한다. 그러나 그런 사람이 없다면 차라리 적극적인 사람, 부당한 일을 절대 안 하는 사람, 옳다는 일은 적극적으로 하고 부당한 일은 절대 안 하는 사람이 사회에 도움이 된다는 것이다. 물론 이런 유형의 사람은 어떤 일을 하다가 실수를 할 수도 있다. 공자는 이들이 설령 완벽하지 못해 실수를 저지를지라도 주저주저하면서 어떤 일도 하지 않거나 오락가락 생각이 일정하지 않은 사람보다는 훨씬 필요한 사람이라고 생각한다. 어떤 조직이든 적극적으로 일을 만들고 그것을 해결하려고 노력하는 사람이 결국 의미 있는 일을 해서 그 사회를 변화시킨다.

'광자', '견자'를 대하는 공자의 태도는 리더의 중요한 덕목을 알려준다. 공자의 이 말이 있기 전까지 '광자', '견자'는 미친놈, 고집 센 놈이라는 부정적인 평판만을 갖고 있었다. 공자가 이런 부정적인 면모에 감추어진 '자기의 일에 적극적이다' 혹은 '부당한 일을 절대 하지 않는다'라는 긍정성을 발견해서 강조한 것이다. 리더의 중요한 역할에는 주변에 있는 사람들의 능력을 발굴해내고 그 능력이 실현되도록 도와주는 것이 있는데, 이 구절을 통해 공자가 리더의 역할을 충실히 수행했음을 확인할 수 있다. 누구라도 부정적인 면이나 긍정적인 면만 가진 사람은 없다. 때로 장점이 단점이 되기도 하고 단점이 장점이 되기도 한다. 리더는 단점처럼 보이는 모습 속에서 장점을 발견하고 그것이 전체 사회에 힘이 되도록 만들어주는 역할을 해야 한다.

조직의 특성에 따라 일을 하는 방법에는 차이가 있다. 그러나 어떤 조직이건 적극적으로 일을 하려고 노력하는 사람도 있지만 그렇지 않은 사람도 있다. 현재 상태를 유지하면서 무난하게 큰 사고 없이 지내려는 모습도 적지 않다. 리더는 구성원들이 적극적으로 일을 해나가는 모습을 기대하고 그것을 유인하는 것이 중요하다. 이 때문에 별다른 사고 없이 무난하게만 일하는 직원보다 설령 적극적으로 일을 하다가 어려움을 겪었던 직원을 더욱 격려할 필요가 있다. 성과가 바로 평가되는 일반 기업보다는 국가기관이나 공공기관에서 더욱 그러하다. 이 때문에 '적극 행정'이라는 말도 나왔고 '적극 행정에 대한 면책'도 강조하지만, 현장에서 이것이 원활하게 적용되지는 않는다. 직원들이 분명히 현재의 법률과 규정에 문제가 있음에도 나중에 감사를 받거나 문책을 받을 걱정 때문에 행정적 재량을 발휘하여 그 문제를 최대한 해결하는 노력을 하기가 쉽지 않다. 오히려 최대한 버티고 시간을 끌면서 자신이 그 일에서 벗어나기만을 기다리는 사람도 적지 않다. 이처럼 행정 실무자들이 법률과 감사 등에 대한 걱정으로 융통성과 재량권을 전혀 발휘할 수 환경 속에서는 공자가 강조한 적극적인 모습에 의한 사회의 변화는 기대하기 어렵다.

정직한 사람이 우선이다

거직조제왕 擧直錯諸枉

애공 어떻게 하면 백성들이 복종하겠습니까?
공자 정직한 사람을 등용하고 정직하지 못한 사람을 버리면 백성들이 복종하며, 정직하지 못한 사람을 등용하고 정직한 사람을 버리면 백성들이 복종하지 않는다.

哀公問曰, 何爲則民服?
애 공 문 왈   하 위 즉 민 복

孔子對曰, 擧直錯諸枉, 則民服, 擧枉錯諸直, 則民不服.
공 자 대 왈   거 직 조 제 왕   즉 민 복   거 왕 조 제 직   즉 민 불 복

「위정」

리더는 구성원들이 자신의 지시를 잘 따르기를 바란다. 군주는 백성들이 자기의 말에 따라 움직이기를 바라고 사장은 직원들이 지시에 적극적으로 호응하기를 바란다. 현대사회에서 리더와 구성원의 관계가 갑을이라는 일방적인 것은 아니다. 따라서 리더가 어떻게 하느냐에 따라 구성원이 리더를 대하는 태도는 달라지는 것이며, 이는 시간이 지날수록 더 심화될 것이다. 공자 만년의 노나라 군주인 애공이 공자에게 백성들이 자신을 잘 따르게 하는 방법을 물었던 이 구절을 통해 살펴보자. 애공은 공자 만년의 군주이므로 이 대화는 공자가 주유천하를 마치고 돌아온 이후의 것이다.

"하위즉민복?"에서 "하위何爲"는 "무엇을 하다"라는 말이고, "민복民服"은 "백성들이 복종하다, 잘 따르다"라는 말이다. 즉 군주는 백성들이 자기 말을 따르기를 원해서 "어떻게 하면 백성들이 군주인 내가 하는 말을 잘 듣고 따를 수 있을까요?"라고 공자에게 해답을 요구한 것이다.

공자의 대답은 서로 대비되는 두 구절로 이루어져 있다. 첫째는 "거직조제왕, 즉민복"이다. '擧'는 '들 거'라고 하는데, '누군가를 추천하다' 혹은 '누군가를 등용하다'라는 뜻이다. '直'은 '곧을 직'으로, '곧은 사람, 정직한 사람'을 말한다. "거직擧直"은 "곧고 정직한 사람을 등용하다"라는 말이 된

다. '錯諸枉'은 두 가지로 해석된다. '錯'(독음 조)는 '누구를 버리다', '누구를 쓰지 않고 내버리다' 혹은 '내치다'는 뜻이 있고, 또 '~에 누구를 두다'라는 뜻도 있다. 이 두 가지 뜻에 따라 뒤에 나오는 '諸'의 해석도 달라진다. '諸'는 '모두'를 뜻할 때는 독음이 '제'이고 독음을 '저'로 읽으면 '之於'가 합해진 뜻으로 해석하여 '누구를 어디에 어떻게 하다'라고 해석된다. '枉'은 '直'과 정반대의 뜻을 가져서 '굽은 사람', '정직하지 못한 사람'을 뜻한다. 이 두 가지를 종합하면, '錯諸枉'은 '조제왕'으로 읽으면 "(정직한 사람을 등용하고) 모든 정직하지 못한 사람을 버린다"로 해석되고 '조저왕'으로 읽으면 "(정직한 사람을) 정직하지 못한 사람의 윗자리에 둔다"라고 해석된다.

사실 "擧直錯諸枉"을 '거직조제왕'으로 읽고 해석하든 '거직조저왕'으로 읽고 해석하든 정직한 사람을 중시한다는 점에서는 큰 차이가 없다. 그 차이는 정직하지 못한 사람을 완전히 내칠 것이냐, 아니면 정직하지 못한 사람도 일부 있을 수밖에 없으니 정직한 사람이 그렇지 못한 사람보다는 윗자리에 가도록 할 것이냐에 있다. 나는 일단 어떤 사람이 정직하지 못하다는 것을 알면서도 관직에 그대로 둘 수 없다는 입장에서 이 구절을 '거직조제왕'이라고 읽고 "정직한 사람을 등용하고 정직하지 못한 사람을 모두 내친다"라고 해석한다.

두 번째 대답이 "거왕조제직, 즉민불복"이다. 앞서 백성들이 복종하게 만드는 방법에 대한 질문에 대해 어떻게 하면 되는지를 답했다면, 여기서는 이렇게 하면 왜 안 되는지 부정적인 방법을 제시하고 있다. 각 단어에 대한 앞의 해석을 그대로 따른다면 이 말은 "정직하지 못한 사람을 등용하고 정직한 사람을 다 내치게 되면 백성들이 복종하지 않는다"라고 해석된다. 사람을 어디에 어떻게 쓸 것인지의 문제인 인사에서 군주가 올바른 판단을 못 내려서 정직하지 못한 사람을 믿고 그들을 쓰게 된다면 백성들은 이해하지 못하고 군주를 따르지 않게 될 것이다.

『논어집해』에서는 "정직한 사람을 뽑아서 그를 등용하고 간사한 사람을 버려두면 백성들은 윗사람에게 복종할 것이다"라고 하였다. 『논어집주』에 인용된 정자의 견해는 "사람을 등용하거나 버려두는 것이 의리에 맞게 된다면 사람들이 마음으로 복종할 것이다"라는 설명이다.

『논어집주』에는 사씨의 말이 다음과 같이 인용되어 있다. "정직한 사람을 좋아하고 정직하지 못한 사람을 싫어하는 것은 천하 사람들 모두가 가진 마음이다. 그러니 그러한 천하의 지극한 정에 맞게 하면 백성이 복종하고, 군주가 그것과 어긋나게 곧지 못한 사람을 등용하게 되면 백성은 떠난다. 이것은 필연적인 이치이다." "도로써 비추어보지 않는다면 정직한 사람을 정직하지 않은 사람으로 여기고, 정직하지 못한 사람을 마치 정직한 사람으로 여기는 경우가 많을 것이다."

이 설명은 정직한 사람을 쓰고 정직하지 않은 사람을 내치는 것은 매우 보편적이고 당연한 것처럼 보이지만, 실상 어떤 사람이 정직하고 정직하지 않은지를 제대로 판단하지 못할 수 있음을 언급한다. 그리고 그러한 이유는 올바른 도리에 따라 판단하려고 하지 않기 때문이다. 자기에게 유리하거나 자기에게 도움 되는 사람만을 찾으면서 뭔가 이익을 추구하다 보면 올바르게 보지 못한다는 것을 사씨는 언급한 것이다.

군주인 애공이 "어떻게 하면 백성들이 내 말을 잘 따르게 할 수 있을까?"라고 질문하였는데, 이는 아마도 당시 백성들이 군주의 명령을 제대로 따르지 않는 경우가 있었고, 애공은 원인이 백성에게 있다고 생각하였던 듯하다. 그러나 공자는 "근본적인 원인은 군주 당신에게 있다. 군주가 올바른 사람을 등용하여 높은 자리에 있게 한다면 백성들은 복종한다"라고 말한 것이다. "윗물이 맑아야 아랫물이 맑다"라는 말처럼 군주가 올바른 마음으로 신하들을 등용한다면 백성들은 저절로 복종하게 된다는 평범하면서도 당연한 이야기를 해주고 있다.

공자의 생각에 의하면, 사회 지도층, 리더들이 먼저 도덕적으로 모범을 보인다면 그 결과는 아랫사람들이 감히 정도를 벗어나는 행동을 하지 않는다. 이를 통해 국가의 기강이 확립되고 전체 사회가 올바른 방향으로 나아갈 수 있다. 일반적으로 어떤 조직이나 인사권자가 올바른 사고를 갖고서 정직하고 능력 있는 사람을 높은 지위에 임명하는 것이 구성원들의 동의와 복종을 얻어낼 수 있는 좋은 방법이다.

우리는 정부의 고위직 인사 중 인사청문회 등에서 수많은 비리가 밝혀진 경우를 자주 보아왔다. 그것은 분명한 불법적인 것일 수도 있지만, 일반인은 가질 수 없는 자신들만의 정보와 권한에 의한 편법, 탈법이 적지 않다. 부동산 투기나 부모 찬스 활용하기 등도 있지만, 전관예우를 통해 온갖 이권을 독차지했던 인사가 다시 정부의 고위직에 임명되기도 한다. 이 때문에 일반 백성, 국민의 불만이 많아도 리더가 오히려 이에 대해 깊이 인식하지는 않는 것으로 보인다. 현재의 인사청문회가 개인에게 지나치게 높은 도덕적인 완벽함을 요구하여 지위 본연의 능력 외적인 검증에 치우친다는 비판 혹은 그런 청문회가 정략적으로 이용한다는 문제점이 있는 것도 사실이다. 그렇지만 정직하지 못한 사람이 고위직에 임명된다면 국민이 당장 그것을 막을 수 있는 마땅한 방법도 없거니와, 마음속에 불만이 쌓이고 결국 리더의 통치력에 손상이 가게 될 것만은 분명해 보인다.

덕을 가진 사람은 외롭지 않다

덕불고, 필유린 德不孤, 必有鄰

덕을 가진 사람은 외롭지 않다. 반드시 뜻을 같이하는 이웃
이 있기 때문이다.

德不孤, 必有鄰.
덕 불 고 필 유 린

「이인」

리더는 외로운 존재이다. 혼자서 결단을 내려야 할 때가 많으며 책임
도 오롯이 짊어지고 가야 하는 경우가 많다. 외롭지 않으려면 어떻게 해
야 하는가? 공자는 덕을 가져야 한다고 주장한다.

"덕불고, 필유린." 매우 짧은 구절이다. 모두 여섯 글자에 불과하다.
"덕불고"는 덕은 외롭지 않다, 덕을 가진 사람은 외롭지 않다는 말이다.
"필유린"은 반드시 이웃이 있다는 말이다. 이웃은 가까이 사는 사람인
데, 친한 사람 혹은 가까이에서 같이 일하는 사람을 가리킨다.

이 구절에 대한 역대의 주석은 거의 비슷하다. 『논어집해』에서는 "바
름으로써 같은 무리를 모으고, 뜻을 같이하는 사람을 서로 구하게 된다.
그러므로 올바름을 가지고 뜻이 있다면 반드시 이웃이 있어서 외롭지 않
게 된다"라고 말한다. 『논어집주』에서는 "'鄰'은 친하다는 '親'과 같은 뜻이
다. 덕은 고립되어 있지 않고 반드시 같은 부류가 여기에 호응한다. 그래
서 덕이 있는 자는 반드시 그와 비슷한 사람이 따르므로 이는 마치 사는

곳에 가까운 이웃이 있는 것과 같다"라고 설명한다.

'덕을 가졌다'는 것이 무엇을 말하는지 정확한 설명이 없다. 『논어집해』는 "올바름을 가지고 있으면서 뜻을 갖고 있는" 것이라고 설명한다. 공자가 "도덕의 실현을 근본으로 정치를 행하는爲政以德" 덕에 의한 정치를 강조하였으니, "훌륭한 도덕을 갖춘 것" 혹은 "타인을 사랑하고 배려하는" 것을 말한다고 유추해볼 수 있다.

유유상종類類相從이라는 말이 있다. 비슷한 사람들끼리 함께 지낸다는 말이다. 덕을 갖춘 군자는 그런 군자와 만나고 그렇지 못한 소인은 소인들과 어울린다. 그렇다면 소인도 친한 사람이 있는 것이니, 이 글에서 말한 이웃이 있다고 말할 수 있는 것은 아닐까? 이에 대해 송나라 구양수「붕당론朋黨論」의 다음 이야기를 생각해보자. "군자와 군자는 도리를 함께 하는 것으로 친구가 되고 소인과 소인은 이익을 함께 하는 것으로 친구가 된다. … 소인이 좋아하는 것은 이익과 녹봉이며 탐하는 것은 재물이다. 이익을 함께할 때 잠시 서로 무리가 되어 친구가 되는 것은 거짓이다. 이익을 보고 먼저 가지려고 다툴 때나 이익이 없어져서 사귀는 것이 드물어지면, 심하게는 서로 상대를 해치는 지경에 이르러서 형제나 친척이라도 서로를 지켜줄 수 없게 된다. 나는 소인에게는 친구가 없고 그들이 잠시 친구가 되는 것은 거짓이라고 생각한다."

이익을 다투는 소인들도 당장에는 이웃도 많고 주변에 사람도 많고 때로는 왁자지껄하면서 화려해 보인다. 그러나 어느 시점에 더 이상의 이익이 없다고 느껴진 순간 대부분은 외면하고 떠난다. 그래서 오히려 이익을 추구하는 소인들이 결과적으로 더 외로울 수밖에 없다. 그러나 덕을 가진 사람에 대해 사람들은 당장 자기에게 이익을 주지는 못함에도 마음으로 좋아하게 된다. 이 때문에 주변에 사람들이 모이고 결국 외롭지 않게 된다.

이익만을 앞세우는 세상에서 당장 눈에 보이지 않는 것을 추구하는 일은 쉬운 일이 아니다. 인문학이라고 하는 것도 인간의 삶을 아름답게 만들고 성숙하게 만드는 힘이 있지만 바로 눈앞의 이익이 안 된다는 이유로 어려움을 겪고 있다. 그렇지만 올바른 뜻을 가진다면 궁극적으로 이로운 일이 되며 주변에서 뜻을 같이하는 사람들이 생기게 마련이다.

올바른 리더는 선구자로서 남들보다 앞서므로 타인이 보지 못하는 것을 보고 외롭게 결단해야 할 때를 만나게 된다. 리더의 선택과 결단이 세상에 대한 따뜻한 시선에서 나온 것이고 공적인 이익을 위한 것이라면 그것을 따르고 존경하는 사람들이 있게 된다. 사적인 욕망을 위해 결탁한 무리가 당장은 화려해 보여도 결국은 세상으로부터 단죄를 받게 된다. 그래서 진정한 리더는 단기적으로 닥쳐오는 외로움을 이겨내고 큰 뜻을 향해 나아갈 수 있어야 한다. 어디선가 지켜보면서 힘이 되어줄 많은 사람이 있음을 믿으면서 굳게 이겨내야 한다.

입은 다물고 지갑은 열어라

군자삼계 君子三戒

군자에게는 세 가지 경계해야 할 일이 있다. 젊었을 때는 혈기가 아직 일정하지 않아 왕성하기에 여색에 빠질 것을 경계해야 한다. 장성해서는 혈기가 한창 강성하기에 싸움에 빠질 것을 경계해야 한다. 노년이 되어서는 혈기가 이미 쇠퇴하였기에 재물에 대한 욕심을 갖기 쉬운 것을 경계해야 한다.

君子有三戒, 少之時, 血氣未定, 戒之在色,
군 자 유 삼 계　소 지 시　혈 기 미 정　계 지 재 색

及其壯也, 血氣方剛, 戒之在鬪,
급 기 장 야　혈 기 방 강　계 지 재 투

及其老也, 血氣旣衰, 戒之在得.　　　　　　　「계씨」
급 기 로 야　혈 기 기 쇠　계 지 재 득

세상 누구라도 나이를 이길 수 있는 사람은 없다. 아무리 신체가 건강한 사람도 결국은 죽는 날이 오는 것이고 아무리 의지가 굳건한 사람도 나이에 따라 생각이 변하게 마련이다. 후대에 성인이라 칭송받는 공자 역시 역사 속의 인물로서 우리와 마찬가지의 먹고 자는 일상적 욕구와 생활인으로서 겪어야 하는 여러 어려움을 피할 수 없었다. 그 경험을 통해 공자는 나이에 따라 달라지는 인간의 모습, 그리고 그 속에서 경계해야 할 것을 정리해서 설명한 바 있다.

"공자왈, 군자유삼계"에서 '공자왈孔子曰'은 보통 '자왈子曰'이라고 쓰는 일반적인 예와 다르다. 「계씨」가 『논어』의 제16편으로 앞의 15편보다 후기에 편찬된 것이라는 증거가 되기도 한다. '삼계三戒'의 '계'는 '경계하다, 조심하다'라는 뜻이다. 이 구절은 군자에게는 경계해야 할 세 가지가 있다는 말이다. 「계씨」에는 "도움이 되는 세 종류의 친구가 있다益者三友", "군자를 모실 때 저지르기 쉬운 세 가지 잘못이 있다侍於君子有三愆", "군자는 세 가지 두려워해야 할 것이 있다君子有三畏", "군자에게는 아홉 가지 생각해야 할 것

이 있다君子有九思" 등 몇 가지를 특정하여 설명하는 구절이 많다.

"소지시, 혈기미정, 계지재색"에서 '소지시少之時'는 젊었을 때를 말한다. '혈기血氣'는 한자 그대로는 '피의 기운'이라는 뜻인데, 『표준국어대사전』에서는 "힘을 쓰고 활동하게 하는 원기를 이르는 말"이라고 하였다. 『논어집주』에서는 "외형적인 모습이 생겨나는 근거形之所待以生者"라고 하였다. '미정未定'은 아직 정해지지 않았다는 말이다. 젊은 시절에 혈기가 정해지지 않았다는 것은, 젊은 시절 혈기가 왕성하기는 하지만 아직 안정되어 있지 않다는 말이다. "계지재색"은 경계해야 할 것이 색에 있다는 말이다. 여기서 '색色'은 색욕을 말하는데, 남녀 할 것 없이 이성을 밝히는 것을 가리킨다. 『예기』에 나오는 "먹고 마시는 식욕과 남녀 사이의 색욕은 사람의 가장 큰 욕망이다飮食男女, 人之大慾存焉"라는 말처럼, 이성을 찾는 마음은 전통적으로 인간의 가장 큰 본성으로 보았다.

"급기장야, 형기방강, 계지재투"에서 '장壯'은 장성하다, 씩씩하다는 뜻이다. '방강方剛'은 바야흐로 강하다, 한창 강성하다는 뜻이다. '투鬪'는 싸움이다. 이 구절은 장성하였을 때에는 혈기가 한창 강성할 때이므로 싸움을 경계해야 한다는 말이다. 일반적으로 나이를 먹으면서 혈기가 왕성해지고 젊은 시절에 비해 안정되지만 동시에 자기 생각이 확고해지면서 고집이 많아진다. 자기의 생각이 강하면 타인과 다툼이 일어나기 쉬우므로 이를 조심해야 한다는 것이다.

"급기로야, 혈기기쇠, 계지재득"에서 '로老'는 나이를 먹어 늙은 것이다. '기쇠旣衰'는 이미 쇠퇴하였다는 말이다. '득得'은 물질적인 취득, 이익을 얻는 것이다. 이 구절은 노년이 되면 혈기가 이미 쇠퇴해져서 이익을 취하려는 욕심을 조심해야 한다는 말이다. 사람이 혈기가 쇠퇴하면 그 대신

다른 욕심을 갖기 쉽다. 그것은 물질적인 것일 수도 있고 권력욕일 수도 있고 명예욕일 수도 있다. 권력과 재물을 갖고 있어야 자신의 존재감이 살아 있다고 생각하게 되고 물러나야 할 때를 모르고 끊임없이 욕심을 내게 된다. 이 때문에 공자는 나이를 먹어 늙게 되면 혈기가 이미 쇠퇴하여 자꾸 어떤 이익을 원하고 노욕을 부릴 위험이 크다고 말한다.

『논어집주』는 범씨의 다음과 같은 말을 인용한다. "성인이 일반인과 같은 것이 혈기血氣이고 일반인과 다른 것은 지기志氣이다. 혈기는 쇠퇴할 때가 있지만, 지기는 쇠퇴할 때가 없다. 젊어서 일정하지 않고 장성하여 강해지며 늙어서 쇠퇴하는 것은 혈기이다. 색욕을 조심하고 싸움을 조심하고 이익 얻기를 조심하는 것은 지기이다. 군자는 지기를 길러서 혈기에 의해 움직이지 않으므로 나이가 많아질수록 더욱 덕이 높아진다." 즉 혈기는 신체적인 것이어서 나이에 따라 변하지만 지기는 정신적인 것이어서 평소의 수양을 통해 길러내어 잘 지켜나갈 수 있다는 것이다.

『예기』의 「대학大學」에는 나이를 먹고 혈기가 쇠퇴하여 탐욕스러워지는 것과 관련된 이야기가 나온다. "덕은 근본이고 재물은 말단이다. 근본을 중시하지 않고 말단을 중시하면 백성들과 다투고 서로 빼앗으려 하게 된다. 그래서 재물이 모이면 백성이 흩어지고 재물이 흩어지면 백성이 모인다德者本也,財者末也.外本內末,爭民施奪,是故財聚則民散,財散則民聚." 이 구절은 군주가 덕을 중시해야 함에도 재물만을 중시하면 민심이 안 좋아져서 백성이 흩어진다는 것을 설명하는 말이다. 그런데 이곳에 나오는 재물이 모이면 백성이 흩어지고 재물이 흩어지면 백성이 모인다는 말은 새겨볼 구절이다. 특히 한 사회의 리더가 나이를 먹어감에 따라 자기의 욕심만을 채우려고 무엇인가를 얻기 위해 노력한다면 주변에 있던 사람들이 하나둘 떠나게 마련이다. 흔히 나이를 먹으면 입은 다물고 지갑은 열어야 한다는 말이 있다. 나이를 먹었다고 혹은 자신이 남들보다 높은 지위에 있다고 해서 자꾸 이런저런 간섭을 하거나 잔소리를 하기보다는 다른 사람들을 위해 베푸는 마음이 중요하다는 말이다. 위 구절과 비슷한 취지의 말이다.

사람들은 재물이 있어야 다른 사람이 자기를 중시하게 된다고 생각한다. 완전히 틀린 말은 아니다. 그러나 재물이 있다는 것만으로 사람이 모이고 그 사람을 중시하는 것이 아니다. 그 사람이 가진 재물이 언제인가 주변 사람들에게 나누어줄 것이라 기대하기 때문에 사람들이 모여 있는 것이다. 그래서 만약 끝까지 재물을 독점하면 결국 사람은 떠난다. 재물은 사람을 모이게 하는 수단이고 일시적 방편이지만 그것 때문에 사람을 떠나게 한다면 그것은 무척 어리석은 일이다. 꼬리가 몸통을 흔든 것처럼 본질은 사라지고 말단만 남았기 때문이다. 나이를 들어서 이 점을 깨닫고 욕심을 버리고 적절하게 행동하기란 참 어려운 일이다.

이 구절은 여러 가지로 생각해볼 수도 있다. 우리가 아주 젊었을 때는 이성에 대해 알고 싶기도 하고 그러다 색욕에 빠지기 쉽다. 그래서 색욕을 조심해야 한다. 나이를 어느 정도 먹으면 자신의 주장이 강해지므로 다른 사람과 싸우는 것을 조심해야 한다. 늙으면 주장하는 힘이 약해지고, 그래서 무엇인가 자기의 이익을 탐하는 마음이 생기기 쉽다. 다른 측면에서 나이가 젊은 사람임에도 이익을 탐하는 마음이 강하다면, 이는 신체적 나이만 젊을 뿐 생각은 이미 늙은 사람이다. 아직 혈기가 정해지지 않았다는 젊은 시절부터 남과 다툼을 많이 하는 사람은 이미 나이가 많은 것처럼 자기 생각이 굳어져 있는 것일 수도 있다. 즉 나이가 많은 사람처럼 사고하고 있다는 것이다. 나이를 먹어서도 색욕이 강하다면, 물론 사람에 따라 다를 수도 있겠지만 아직도 자기가 젊은 사람처럼 혈기가 왕성하다고 착각하고 자신을 절제하지 못하는 것이 아닌지 돌아봐야 한다. 이처럼 군자가 경계해야 할 세 가지는 한편으로는 나이에 따라 조심해야 할 일반적인 것이지만, 또 다른 측면에서는 나이와 관계없이 현재 자신의 모습을 돌아보고 어떤 문제점이 있는지를 반성하도록 만드는 구절이다.

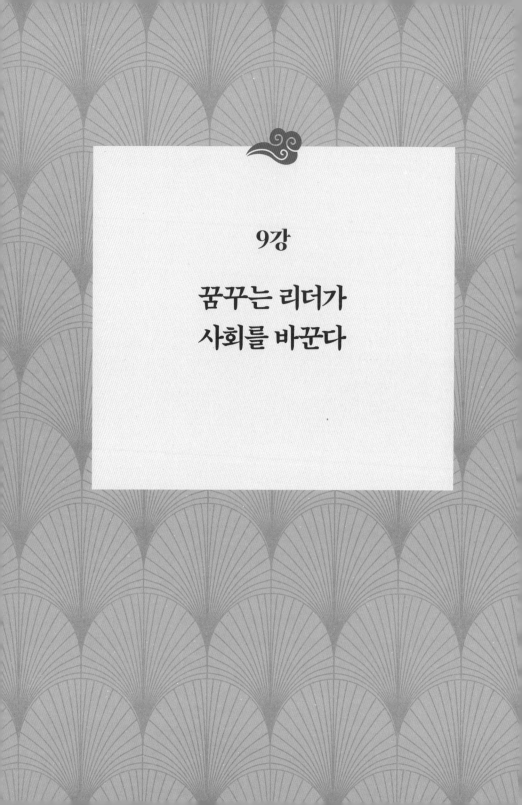

9강

꿈꾸는 리더가
사회를 바꾼다

모두가 잘 사는 세상을 만들어라

노자안지 老者安之

안회와 자로가 공자를 모시고 있었다.

공자 각자 자기의 뜻을 말해보라.

자로 수레와 말, 가볍고 좋은 가죽옷을 친구와 함께 쓰다가 그것이 헤어져도 유감이 없기를 바랍니다.

안회 선함을 다른 사람에게 자랑하지 않고 자신의 공로를 남에게 과시하지 않기를 바랍니다.

자로 선생님의 뜻을 듣고자 합니다.

공자 노인들은 편안하도록 만들어주고, 친구들은 나를 믿도록 만들며, 젊은 사람들은 보살펴주고 싶다.

顔淵季路侍. 子曰, 盍各言爾志?
안 연 계 로 시   자 왈   합 각 언 이 지

子路曰, 願車馬衣輕裘, 與朋友共, 敝之而無憾.
자 로 왈   원 거 마 의 경 구   여 붕 우 공   폐 지 이 무 감

顔淵曰, 願無伐善, 無施勞.
안 연 왈   원 무 벌 선   무 시 로

子路曰, 願聞子之志.
자 로 왈   원 문 자 지 지

子曰, 老者安之, 朋友信之, 少者懷之.   「공야장」
자 왈   노 자 안 지   붕 우 신 지   소 자 회 지

누구나 희망하는 것들이 있다. 때로는 거대한 것을, 또 때로는 소박한 것을 희망한다. 각자가 희망하는 것을 보면 포부와 그릇의 크기를 알 수

있다. 국가와 사회의 리더는 무엇을 꿈꾸어야 하는가? 스스로 바라는 자신의 모습은 어떠한가? 공자와 안연, 자로 두 제자가 말하는 각자의 희망을 통해 생각해보자.

"안연계로시"에서 공자의 제자 안연은 다시 설명할 필요가 없는 사람이다. 계로는 자로를 가리키는데, 자字인 '로路' 앞에 '계季'를 쓴 것은 그가 집안의 형제 중 막내라는 것을 가리킨다. '시侍'는 (공자를) 옆에서 모신다는 말이다. 이 구절은 어느 날 안연과 자로가 공자를 모시고 있던 때에 이루어진 대화이다.

"합각언이지"에서 '합盍(독음 합)은 '어찌 ~하지 않는가?'라는 말이다. 반어적으로 쓰여 "~을 해보면 어떤가?"라는 뜻이 된다. '어찌'를 뜻하는 '何'(독음 하)와 부정을 뜻하는 '不'(독음 불)의 뜻과 음(하+ㅂ)이 합해진 것으로 분석한다. '이爾'는 이인칭으로 '너'를 뜻하는데, 단수와 복수에 모두 쓰일 수 있다. 이 구절은 공자가 제자들에게 각자의 뜻을 말해보라고 권유한 말이다.

"원거마의경구, 여붕우공, 폐지이무감"에서 '거마의경구車馬衣輕裘'는 수레와 말 그리고 값이 나가는 가죽옷을 뜻한다. '구裘'는 가볍고 비싼 가죽옷이다. '여붕우공與朋友共'은 친구와 함께 공유한다는 말이다. '폐敝'는 해지다, 망가진다는 말이고 '감憾'은 섭섭하다, 아깝게 생각한다는 뜻이다. 이 구절은 수레와 말 그리고 가죽옷 등 비싸고 귀한 것을 친구와 함께 쓰다가 해지더라도 아깝게 여기지 않을 것이라는 말이다.

"원무벌선, 무시로"에서 '벌伐'은 정벌하다, 친다는 말인데 여기서는 뜻이 확대되어 누군가에게 자신을 드러내는 것, 즉 자랑하거나 과장하는 것이다. '시施'는 '베풀다'라는 뜻인데 확대되어 남에게 자랑한다는 뜻이

2부 │ 단련 │ 리더십의 기준을 바로 세우는 지혜

있다. '로勞'는 수고한다는 말로 자신이 어떤 일을 힘들게 하였음을 말한다. 안연은 자신의 선함을 남에게 자랑하지 않을 것이고 자신이 힘들게 수고했음을 드러내지 않기를 원한다고 말하였다.

"원문자지지"는 자로가 공자 선생님의 뜻을 듣고 싶다고 한 말이다.

"노자안지, 붕우신지, 소자회지"에서 '안安'은 편안하게 여기다, 혹은 편안하게 생각하도록 만든다는 말이다. '신信'은 믿다, 혹은 믿도록 만든다는 말이다. '회懷'는 품다, 혹은 생각하게 만든다는 뜻이다. 이 구절은 연세 든 어른은 편안하게 만들고 친구는 나를 믿도록 하며 젊은이는 보살펴주고자 한다는 말이다.

이상의 구절에 대한 역대의 주석에 큰 차이는 없지만, 세부적으로는 다른 점이 있다. 가령 『논어집해』에서는 '감憾'을 한스러워한다고 풀었고, '무벌선無伐善'은 자신의 선함을 칭찬하지 않는다고 설명하였고, '무시로無施勞'는 자신이 수고한 일을 다른 사람에게 자랑하지 않는다고 풀었다. '회懷'의 경우 '돌아오다'라고 풀어서 젊은 사람들이 공자 자신에게 귀의하게 만든다고 해석하였다.

『논어집주』도 "늙은이는 편안하게 모시고 친구는 믿음으로 사귀고 젊은이들은 은혜로서 품어준다"라고 하여 해석상 크게 다르지 않다. 여기에 "안지安之는 나를 편안하게 여기는 것이고 신지信之는 나를 믿는 것이고 회지懷之는 나를 사모하는 것이다"라는 견해를 추가하여 설명하였다.

이 세 사람의 뜻과 관련하여 『논어집주』에 인용된 정자는 "공자는 인을 편안하게 여긴 것이고 안연은 인을 어기지 않으려는 것이고 자로는 인을 구한 것이다"라고 모두 인仁과 관련이 있지만 크고 작은 차이가 있다고 설명하였다. 이 견해에 따르면 자로보다 안연의 뜻이 더 크고 안연보다 공자의 뜻이 더 크다. 자로의 뜻은 자기와 뜻을 같이하는 친구라는 특정 대상과 자신의 값비싼 물건을 공유할 수 있음을 말한 것이다. 안연은 자신의 선함을 자랑하지도 않고 업적을 내세우지 않은 채 그저 자신이 옳다고 생각하는 세계를 지켜나가겠다는 의지의 표현이다. 이에 비해 공자는 세상의 모든 사람을 대상으로 한 큰 뜻을 피력했다고 할 것이다. 선배 세대에 속하는 나이 많은 사람이나 동년배인 친구, 그리고 후배인 젊은 사람들 모두 행복한 삶을 살아가도록 하겠다는 뜻을 보인 것이다. 또 이는 공자가 이상적인 사회로 생각한 모두 함께 사는 세상 '대동사회'를 만들고자 하는 희망이다.

세상 누구나 각자의 희망과 꿈이 있다. 자로는 친구와 좋은 것을 나누면서 자신을 버릴 줄 아는 모습을 꿈꾸고, 안연은 자기 내면의 실천을 희망한다. 공자는 한 사회의 리더로서의 꿈을 언급하고 있다. 모두가 함께 행복한 삶을 꿈꾸면서 선배인 연세 든 어른, 동년배, 젊은이의 삶을 어떻게 도와줄 것인지를 고민하고 있다. 한 사회의 리더는 자신과 친한 사람만을 위한 생각에 빠져서는 안 된다. 세대를 넘어서 모든 사람과 함께할 수 있는 일을 찾아내고 그것을 실천할 것을 꿈꾸어야 한다. 국가의 리더가 자기 자신이나 자신과 가까운 사람만을 생각하고 좀 더 큰 세상과 국민 전체를 생각하지 않는다면 이보다 답답한 일은 없을 것이며, 모두에게 참으로 불행한 일이다. 모두 함께 잘 사는 세상을 꿈꾸었던 공자의 모습을 통해 우리 사회에서 리더의 꿈은 어떠해야 하는지를 생각해본다.

사람에 충성하지 않고 의리를 따를 뿐이다

의지여비 義之與比

군자가 천하의 모든 일을 처리하는 데에 반드시 그렇다거나
반드시 그렇지 않다고 고집하는 일이 없으며 언제나 가장
적절한 올바른 의리만을 따른다.

君子之於天下也, 無適也, 無莫也, 義之與比.　　「이인」
군 자 지 어 천 하 야 　무 적 야 　무 막 야 　의 지 여 비

이 구절은 단어만 보아서는 그 뜻을 바로 알기 어렵다. '適', '莫' 등의
해석이 어렵기도 하다. 전체 내용은 "한 사회의 리더가 모든 일을 처리할
때 '반드시 그렇다, 반드시 이건 옳다'라고 생각하거나 혹은 '반드시 그렇
지 않다. 이건 절대 안 돼'라고 고집하는 일이 없다. 언제나 가장 적절한
올바른 도리에 따른다"라고 해석된다. 어떤 조직의 리더가 중시하고 따르
는 것이 무엇인지는 리더의 성향을 파악하거나 그 조직의 미래를 예측하
는 데에도 도움이 된다. 국가의 최고 지도자가 아니라면 누구라도 자신
보다 높은 지위에 있는 사람을 따라야 하지만, 그 지시가 옳지 않거나 잘
못된 것일 때에는 어떻게 해야 하는가?

"군자지어천하야"라는 말은 "군자가 천하에 대하여"라는 말이다. 'A
之於B+也'라는 상용되는 구조는 A가 B를 대하는 태도를 설명할 때 쓰
인다. '무적無適'의 '適'은 '어디에 가다'라는 뜻이다. 여기서는 무조건 어디

에 가다, 반드시 무엇인가를 옳다고 주장하는 것이다. 그렇다면 '무적無適'은 오로지 무엇만이 옳다고 주장하지 않는다는 뜻이다. '무막無莫'의 '莫'에는 '막'과 '모'라는 두 가지 독음이 있다. 앞서 날이 저문다는 뜻일 때, '暮'와 같은 뜻일 때 '모'로 읽는다고 하였는데, '무언가를 사모하다'라는 뜻일 때에도 '모'라고 읽고 이 한자의 아래에 '心'을 써넣은 '慕'와 같은 단어로 해석한다. '막'이라 발음하면 어떤 사항에 대한 부정을 나타낸다. '~하지 않는다. ~하지 말라'라는 뜻이며, 절대 어느 것도 하지 않겠다고 하는 것을 가리킨다. 나는 '막'이라 읽는 방식이 타당하다는 생각이다.

"의지여비"는 "의와 더불어 짝하다", "의와 더불어 나란하다", 즉 "의만을 중시하고 의를 기준으로 한다"라는 말이다. '의義'는 '정의' 혹은 "마땅한 도리"이다. 위 구절은 올바른 리더는 항상 옳다거나 항상 옳지 않다는 고정된 생각이 없고 의로움, 올바른 도리에 따라 판단을 한다는 말이다.

『맹자』「만장萬章」에는 "빨리 떠나야 할 때는 빨리 떠나고, 천천히 떠나야 할 때는 천천히 떠나며, 머물러야 할 때는 머무르며, 벼슬을 해야 할 때는 벼슬을 하였던 분이 공자可以速則速, 可以久則久, 可以處則處, 可以仕則仕, 孔子也"라는 말이 있다. 또한 "무가무불가無可無不可"라는 말이 있는데, 이는 『논어』「미자」에 나오는 말로, 항상 옳다는 것도 없고 항상 옳지 않다는 것도 없다는 뜻이다. 이 또한 자신이 처한 상황에 따라 중용을 지킬 뿐 절대적으로 옳고 절대적으로 옳지 않다는 판단을 하지 않는다는 말이다. 가치 판단은 상황에 따라 달라지는 것이며 더욱이 끊임없이 변하는 세상에서 어떤 사안을 절대적인 선악으로 단정하지 않는 것이 필요하다. 여기에서 절대적인 선악이 아닌 타당한 판단의 근거로 정의로움이나 올바른 도리를 제시하고 있음도 주목할 필요가 있다.

위 구절은 공자의 특성을 살펴볼 수 있는 것이기도 하다. 공자는 우리에게 고집스럽거나 원칙만을 내세우는 사람이라는 인상이 있지만, 실상은 대단히 자유롭고 열린 사고로 세상과 사람을 대하고 있다. 리더는 자신의 주관을 분명하게 갖는 것이 필요하지만, 그것만이 전부라고 전제한 행동과 사고는 주변 사람을 어렵게 만든다. 이 때문에 사회의 리더는 고정된 사고에 빠져서는 안 된다. 리더가 고정된 사고에 빠져 있으면 변화하는 세상을 따라잡을 수 없고 결국 구성원 모두 불행해진다. 특정한 생각이나 특정한 사람만을 따르지 않고 상황에 맞게 정당한 도리가 무엇인지를 살펴서 그것을 따르는 것이 좋다. 리더는 세상의 변화를 따라가면서 동시에 진정 올바른 도리가 무엇인지에 대한 탐구도 지속해야 한다. 이를 통해 진정으로 아름답고 행복한 세상, 발전하는 조직을 만들 수 있다.

일관성 있는 태도가 믿음을 얻는다

경사이신 敬事而信

수레 천 대를 낼 수 있을 정도의 큰 제후의 나라를 다스릴 때, 정사를 신중히 하여 믿음을 줄 수 있어야 하며, 재정의 지출을 잘 조절하여 백성들을 사랑할 수 있어야 하며, 백성들에게 무슨 일을 시킬 때 그들의 상황을 잘 보아가면서 가장 적절한 시기를 이용해야 한다.

"道千乘之國, 敬事而信, 節用而愛人, 使民以時." 「학이」
도 천 승 지 국 경 사 이 신 절 용 이 애 인 사 민 이 시

리더가 신뢰를 얻는 것은 매우 중요하다. 앞에서 신뢰가 없다면 어떤 조직도 성립될 수 없다는 말을 보았었는데, 문제는 그 신뢰를 어떻게 얻어야 하는지에 있다. 구성원과의 소통, 일관성 있는 정책 추진, 나와 남을 가리지 않는 공정한 법 집행 등 신뢰를 얻기 위한 요소들은 다양하다. 위 구절은 한 나라를 통치하는 리더가 어떤 원칙을 가지고 있어야 하는지를 언급하고 있다.

"도천승지국"의 '道'는 '길'을 가리키는 글자이지만, '인도하다', '이끌다'라는 뜻을 가진 '導'로 된 판본도 있다. 글자의 밑 부분에 '寸'이 더 쓰여 있지만, 이 두 글자는 같은 뜻을 나타내는 것으로 해석한다. 대체로 한자의 형태는 간단한 것에서 갈수록 복잡해지는 경향이 있으므로 '道'가 '導'보다 먼저 만들어진 글자이며 먼저 만들어진 '道'에는 뒤에 만들어질 '導'의 여러 뜻이 포함되어 있을 가능성이 크다. 따라서 '道'는 '길'의 뜻이면서 동시에 '導'의 뜻이기도 하다. 여기에서는 '道'가 '導'의 여러 뜻 중에 '인도하다', '다스리다' 등의 뜻을 가진 것으로 볼 수 있다.

"도천승지국"은 천승지국千乘之國, 즉 천승의 나라를 다스린다는 말이다. '천승'이란 전쟁용 수레 천 대를 가리킨다. '승乘'이 수레를 세는 단위이다. 일반적으로 천자의 나라는 만 대의 수레를 낼 수 있어서 '만승지국萬乘之國', 즉 만승의 나라라고 부른다. 천승의 나라는 제후의 나라이며, 제후의 아래에 있는 대부大夫는 백 대의 수레를 낼 수 있다고 하여 '백승지가百乘之家', 즉 백승의 집안이라고 부른다. 결국 위 구절은 전쟁에서 천 대의 수레를 내놓을 수 있는 정도의 규모를 가진 제후국을 어떻게 다스릴

것인가의 문제를 언급한 것이다.

"경사이신"에서 '경敬'은 '공경하다'라는 뜻을 가지므로 '경사敬事'는 '일을 공경하다'라는 말이다. 어떤 일을 공경한다는 것은 어떤 일을 할 때 신중하게 잘 처리한다는 말이며, 이랬다저랬다 하지 않고 일관성 있게 일을 처리한다는 뜻이다. 이렇게 일을 처리하면 다른 사람이 보았을 때 일의 지속성이 있고 예측 가능한 일을 하고 있다는 평가를 할 수 있으며 이 사람이 하는 일에 대해 신뢰할 수 있게 된다. 따라서 '경사이신'이란 어떤 일을 할 때 한결같은 자세를 견지함으로써 타인에게 믿음을 줄 수 있어야 한다는 것이다. 한 사회의 리더가 어떤 일을 해나갈 때, 아랫사람들이 볼 때 예측 가능하도록 지속성을 가질 때 타인에게 믿음을 주는 것을 말한다.

"절용이애인"에서 '절용節用'은 비용의 지출을 절약한다, 조절한다는 뜻이다. 어떤 일을 하는 데 있어서 비용의 지출은 피할 수 없다. 비용의 지출이 필요할 때에는 당연히 지출해야 하지만 쓰지 않아도 될 때는 안 쓰는 것이 필요하다. 이렇게 하여 국가의 재정을 적절하게 사용하면 그것 때문에 백성들에게 지나치게 많은 세금을 거두어들이는 일이 없게 된다. 따라서 국가 재정을 잘 조절하여 쓰는 것이 곧 백성을 사랑하는 일이 된다. 따라서 이 구절은 재정 지출을 적절하게 잘 조절함으로써 백성을 사랑한다는 말이다. 이곳의 '애인愛人'의 '인'과 뒤에 나오는 '사민使民'의 '민'을 구별하여, '민'은 하층민, 일반 백성을 가리키는 데 반해 '인'은 하층민을 배제한 귀족, '사士'와 '대부大夫' 등을 가리킨다고 보는 견해도 있다. 이때 백성들에 대한 사랑을 배려한 것이 아니라 리더가 그와 가까이에 있는 사람들을 배려하여 재정 지출을 조절한다는 말이 된다. 현대사회에서는 무조건 재정 지출을 줄이는 정책을 권장하지는 않는다. 때로는 국가가 재정 지출을 확대하여 소비를 진작시키고 이를 통해 경제가 좋아지면서 다시 세금이 많이 들어오는 선순환 구조를 고려한 때문이다. 그렇지만 전통 국가에서 국가의 리더가 자신만을 생각하여 사치스럽게 지내면서 재정 지출을 조절하지 않거나 전쟁 등으로 재정 지출을 과대하게 하면 그 결과는 결국 일반인들이 고통을 받게 되는 것으로 귀결된다. 따라서 이 구절은 리더가 재정 지출을 잘 조절하여 타인들에게 부담을 전가하는 일이 없도록 해야 한다는 말이 된다.

"사민이시"에서 '사민使民'의 '사使'는 원래 '누구로 하여금 ~하게 하다'라는 말이며, '사민'은 '백성이 ~하게 하다'라는 뜻이다. 그러나 이 구절의 '사'는 동사로 쓰여 '누구를 부리다, 일을 시키다'라는 말이 되는데, 이 경우 '사민'은 백성들에게 일을 시킨다는 뜻이 된다. 즉 국가에서 백성들에게 병역의 의무를 부과하거나 성을 보수하고 댐을 축성하는 등의 일을 시키는 것으로 해석된다. 그렇다면 "사민이시"는 백성들을 부릴 때 적절한 때를 골라서 해야 한다는 말이다. 또 이때 '시'는 '때에 맞게 하다', '적절한 때에 한다'라고 해석한다. 백성들을 동원하여 일을 시킬 때는 농한기 등의 한가한 때를 이용해야 한다. 옛날에 전쟁을 벌이는 것도 농사철에 하면 농사에 일손이 부족하게 되므로 농사가 끝나고 수확이 다 이루어진 다음에 백성들을 동원한다.

이 구절은 국가의 리더가 국가를 통치하는 데 어떤 원칙을 가져야 하는지를 알려준다. 모든 일을 신중하게 또는 일관되게 처리하는 것은 바로 백성들에게 믿음을 주는 결과가 되는 것이고, 국가의 재정 지출을 절약하는 것은 곧 백성을 사랑하는 결과로 나타난다. 또 백성들에게 일을 시켜야 할 상황이면 일을 시키기에 가장 '적절한 시기를 선택해야 한다.

따라서 이 구절은 백성들을 대하는 군주의 태도를 설명하면서, 타인들과의 관계, 특히 아랫사람들과의 관계 속에 어떻게 행동할 것인지에 중점을 두고 제후국의 군주가 국가를 통치하는 원칙 세 가지를 언급한 것이다.

위급한 순간에도 지킬 것은 지킨다

전패필어시 顚沛必於是

부귀는 모든 사람이 바라는 것이지만 정당한 방법으로 얻은 것이 아니라면 부귀를 누리지 않는다.

빈천은 모든 사람이 싫어하는 것이지만 정당한 방법으로 버리는 것이 아니라면 버리지 않는다.

군자가 인을 버린다면 어디에서 군자라고 부를 수 있는 근기를 찾을 수 있겠는가?

군자는 한 끼의 밥을 먹는 사이에도 인을 어기지 말아야 하니, 다급한 순간에도 반드시 인을 지키고 넘어지는 순간에도 반드시 인을 지킨다.

富與貴, 是人之所欲也, 不以其道得之, 不處也.
부여귀 시인지소욕야 불이기도득지 불처야

貧與賤, 是人之所惡也, 不以其道得之, 不去也.
빈여천 시인지소오야 불이기도득지 불거야

君子去仁, 惡乎成名?
군자거인 오호성명

君子無終食之間違仁, 造次必於是, 顚沛必於是.　「이인」
군자무종식지간위인 조차필어시 전패필어시

옳고 그름을 판단하기도 어렵지만 옳다는 것을 알아도 실천하기는 더욱 어렵다. 살아가면서 만나는 현실적인 제약이 많기 때문이다. 사람이 부유해지면 원래의 생각을 바꾸고 교만해지기 쉽지만, 가난은 자기의 생각을 유지하기 어렵게 만든다. 이 때문에 어떤 사람이 정말로 생각이 확고한지는 그에게 어려운 위급한 상황이 닥쳤을 때 비로소 제대로 판단할 수 있다. 어려운 일을 겪고 나면 원래의 생각을 포기하기도 하지만, 반대로 의지가 더욱 굳건해지기도 한다. 이 글의 "전패필어시"는 "넘어지는 순간에도 인을 지킨다"라는 말이다. 공자가 강조한 인仁의 실천에서 아무리 위급한 순간에도 반드시 지켜야 한다는 말이다.

"부여귀, 시인지소욕야, 불이기도득지, 불처야"에서 '여與'는 '~과(와)'의 뜻이며, '시是'는 영어의 be 동사처럼 '~이다'로 해석하기도 하고 앞에 나온 '부여귀'를 다시 대신하는 말로 해석하기도 한다. 후자를 따르는 것이 더 타당하며, "(부와 귀) 이것은"이라는 말이다. '인지소욕人之所欲'은 '사람들이 바라는 것'이다. "불이기도득지"는 정당한 도리, 정당한 방법으로 얻은 것이 아니라는 뜻으로, 앞에 나온 부귀를 정당하게 얻은 것이 아니라는 말이다. '불처不處'는 처하지 않는다, 즉 부귀한 자리에 처하지 않는다, 혹은 부귀를 취하지 않는다는 말이다. 전체 구절은 부귀함이라는 것이 사람들이 바라는 바이기는 하지만 정당한 방법으로 얻은 것이 아니라면 그것을 취하지 않는다는 말이다. 부귀한 사람 중에는 부귀해지는 과정에서 수단과 방법을 가리지 않는 경우가 많은데, 이에 대해 공자 특유의 원칙적인 주장을 하고 있다.

앞과 비슷한 구조로 된 다음 구절 "빈여천, 시인지소오야, 불이기도득지, 불거야"는 역대로 논란이 많이 되어왔다. '惡'(독음 오)는 미워한다 혹

2부 | 단련 | 리더십의 기준을 바로 세우는 지혜

은 싫어한다는 뜻이고, '거去'는 떠난다 혹은 버린다는 뜻이다. 첫 번째 구절과 거의 같은 구조의 문장이므로 이 구절은 가난하고 천함은 사람들 모두가 싫어하는 것이지만, 정당한 방법으로 얻은 것이 아니라면 그것을 떠나지 않는다는 말이 된다. 그렇지만 "不以其道得之, 不去也"의 해석에서 빈천함을 정당한 방법으로 얻는다는 것이 어색하다. 이 때문에 얻었다는 '득得'의 대상이 빈천이라는 말이 아니라 떠나거나 버리는 일이라는 주장이 나온다. 즉 빈천을 싫어하기는 하지만 정당한 방법으로 빈천을 벗어나는 것이 아니라면 그냥 빈천에 머무른다는 해석이다. 빈천도 때로는 받아들여야 한다는 말이다. 『논어집해』는 "때에 따라 사람들은 불운과 행운이 있을 수 있다. 그래서 군자는 도를 실천하고도 오히려 빈천할 수도 있다. 이렇다면 정당한 도리로 얻은 것이 아니면 비록 이것이 사람들이 싫어하는 것이지만 그걸 피하여 떠날 수는 없다"라고 설명한다.

사람이 빈천을 싫어하는 것은 당연하지만 그것을 심하게 싫어하고 벗어나고자 한다면 때로 부당한 방법으로 부귀를 취할 가능성이 있으며, 이는 세상을 혼란스럽게 만드는 요인이 된다. 안빈낙도, 즉 가난함을 편하게 여기면서 도리를 즐긴다는 말처럼 자신의 빈천한 처지를 받아들이고 편안하게 여겨야 한다는 주장이다. 「태백」에서 공자가 "나라에 올바른 도가 행해지는데 빈천하면 부끄러운 것이며, 나라에 올바른 도가 행해지지 않는데 부귀하다면 부끄러운 것이다邦有道, 貧且賤焉, 恥也, 邦無道, 富且貴焉, 恥也"라고 말하였다. 어떤 사회가 정상적으로 작동되는 사회라면 열심히 노력해서 부귀해질 수 있지만 올바른 도리가 없고 편법과 불법만이 횡행한다면 자신의 정당한 노력만으로 부귀해지기 쉽지 않다. 그런 사회라면 가난하고 천한 사람이 더 올바른 마음으로 사는 사람일 수 있다. 따라서 누구나 빈천을 벗어나고 싶기는 하지만 벗어나고 싶다는 것에만 마음을 쓰면 개인은 부정한 방법에 대한 유혹을 이기기 어려우며 사회는 혼란스러워질 수 있다.

"군자거인, 오호성명"에서 '惡'는 '미워하다'라는 뜻일 때 독음이 '오'이고 '어찌', '어디' 등의 의문사로 쓰일 때 역시 독음이 '오'이다. '성명成名'은 이름을 이루다, 즉 군자라고 부른다는 말이다. 한 사회의 리더가 인을 버리면 리더라고 불릴 수 없다. 즉 타인에 대한 사람이 없다면 리더 자격이 없다는 것이다.

"군자무종식지간위인"에서 '종식終食'은 '밥 먹기를 끝내다'라는 말이며, '위인'은 '인을 어기다'라는 뜻이다. 리더인 군자는 밥을 먹는 짧은 순간에도 인을 어기는 일이 있어서는 안 된다는 말이다.

"조차필어시, 전패필어시"에서 '조차'와 '전패'는 두 글자로 이루어진 단어이다. 일반적으로 한문에서 하나의 한자가 하나의 단어인 경우가 많지만, 이처럼 두 글자로 이루어진 경우도 있다. '조차造次'는 '급하고 구차할 때'이고 '전패顚沛'는 '거꾸러지고 넘어질 때'이다. '필어시必於是'는 '반드시 여기에 근거한다'라는 말이다. 이 구절은 리더는 아무리 급하고 구차할 때, 심지어는 넘어지는 위험한 상황에서도 반드시 인에 근거해서 행동해야 한다는 말이다. 사람은 누구나 일상적이거나 편안할 때에는 올바른 도리를 지키고 살아간다. 하지만 이해가 엇갈릴 때나 자신에게 어려움이 닥치면 달라진다. 급하거나 위급한 상황이라면 타인을 해치는 것까지도 기꺼이 하려는 사람이 많다. 공자가 급하고 심지어는 위급할 때조차 인이라는 중요한 덕목을 지킬 수 있어야 한다고 강조한 것은 바로 이 때문이다.

「이인」의 "아침에 삶의 진정한 도리를 들었다면 저녁에 죽더라도 여한이 없을 것이다朝閒道, 夕死可矣"라는 말을 보면, 공자가 얼마나 정당한 도리를 강조했는지 알 수 있다. 공자는 외견상의 부귀, 빈천보다 사람의 도리, 올바른 삶의 가치를 중시하였다. 현대사회가 모두 이익과 발전, 성장만을 중시하고 인간의 가치에 대해 돌아보지 않는 경향이 많고, 이 때문에 사회적 갈등과 혼란이 적지 않다는 점을 생각한다면 공자의 이 말을 깊이 새겨야 한다. 인간이 갖는 이기적 속성을 자제시키기 위해 법률과 제도를 만들고 사회를 안정적으로 유지하려고 하지만, 법률이라는 것은 항상 다양한 해석의 여지가 있어서 그것을 누가 어떻게 해석하는지에 따라 상반된 판결도 나온다. 사회의 정의를 위해 법률과 제도를 만들고 운영한다고는 하지만 결국은 사람의 내면적인 심성과 올바른 가치를 먼저 고려하지 않으면 그것은 모두의 행복을 만들어내지 못한다. 우리 사회에서 법률을 잘 아는 사람들에 의해 오히려 일반인의 감정과 전혀 다른 결론이 나오는 현실을 돌아보면, 법률만으로 온전히 정의로운 세상을 만들기는 불가능하다.

리더가 먼저 올바른 가치, 도덕을 지키려고 해야 한다는 것은 두말할 나위가 없다. 그러나 여기에서 한 걸음 더 나아가 올바른 도리를 지키는 사람이 부귀해지는 사회를 만들어야 한다. 열심히 노력하는 사람에게 그에 합당한 대우를 해주어 부귀해지도록 하는 것은, 기업이건 국가이건 그곳의 리더가 크게 힘을 써야 할 당연한 책무이다. 위 구절에서 부귀와 빈천을 대하는 자세, 위급하고 급한 상황에서조차 인을 떠나지 않으려는 자세는, 일반인에게는 개인윤리에 불과할 수 있지만, 한 사회의 리더에게는 개인윤리이면서 동시에 사회적으로 확대하여 모두에게 적용될 수 있

도록 노력해야 한다. 이를 충실하게 이행하려고 노력할 때 비로소 리더의
자격이 있다.

진정성으로 최선을 다하라

일이관지 一以貫之

공자 증참아, 나의 도는 한가지로 일관되어 있다.

증자 예, 선생님.

(공자가 그 자리를 떠났다.)

다른 문인 공자 선생님은 무엇을 말씀하신 것입니까?

증자 선생님의 일관된 도란, 자신에게 최선을 다하는 충과 자
기의 입장을 미루어 타인의 입장을 이해하는 서일 뿐이다.

子曰, 參乎! 吾道一以貫之.
자 왈 참 호 오 도 일 이 관 지
曾子曰, 唯.
증 자 왈 유
子出, 門人問曰, 何謂也?
자 출 문 인 문 왈 하 위 야
曾子曰, 夫子之道, 忠恕而已矣.   「이인」
증 자 왈 부 자 지 도 충 서 이 이 의

리더가 구성원을 사랑하는 것은 리더의 기본 덕목이다. 국가의 지도
자는 국민을 사랑해야 하고 기업체의 사장은 회사의 직원과 고객을 사랑
해야 한다. 선거에서 표를 얻기 위해 혹은 자기 회사의 제품을 판매하기

위해 일시적으로 사랑하는 것처럼 위장하는 것은 결국 밝혀지고 비난을 받게 마련이다. 진정성을 갖고 한결같은 마음을 갖는 것은 참으로 소중하다. 이 구절은 '일이관지—以貫之' 혹은 '일관—貫'이라는 성어의 출전으로, 언제나 한결같고 변함이 없는 태도나 방법의 중요성을 생각하게 한다.

"참호! 오도일이관지"에서 '參'은 공자의 제자 증자의 이름이며, 공자와 45세 차이가 난다. '參'자에는 '삼'과 '참' 두 가지 발음이 있는데, 우리나라에서는 보통 그의 이름을 '삼'이라고 읽지만, 위에서 나는 '참'이라는 독음을 썼다. 증자의 자字가 자여子輿인데, 보통 이름과 자에 쓰인 한자의 뜻은 서로 연관이 있다. '여輿'는 수레를 뜻하는 글자이다. 수레와 관련된 글자 중 '삼'으로 읽을 한자는 없다. '참마驂馬'라는 말이 있는데, 이는 네 마리의 말이 끄는 수레에서 바깥쪽에 있는 두 마리의 말을 가리킨다. 안쪽의 두 마리 말은 '복마服馬'라고 부른다. '參'은 왼편에 '馬'가 더 들어간 한자인 '驂'과 같은 뜻을 가지며, 따라서 '參'은 수레와 관련이 있을 때 '참'으로 읽는 것이 타당하다. 이 때문에 나는 증자의 이름을 '증참'으로 읽는다.

"오도일이관지"는 나의 도는 하나로 관통한다는 말이다. 공자는 무엇으로 관통한다는 것인지 구체적으로 언급하지 않았다. 그런데 증자는 "유唯!"라고 답한다. 이곳의 "유"라는 말은 어떤 망설임이나 의심 없이 바로 "예, 알겠습니다"라는 말이다. 즉 추가적인 설명이 없어도 증자는 공자의 뜻을 모두 이해하고 있었다는 것이다. 공자와 나이 차이가 많아 공자가 세상을 떠날 때 27세에 불과한 증자가 어떻게 이럴 수 있었을까? 다만 공자의 손자인 자사가 증자에게 배웠기 때문에 증자가 상당히 뛰어났다고 추측할 수 있다. 『논어』의 편찬에 증자의 제자가 깊이 관여하였기에 이 구절에도 증자 제자의 개입이 들어간 것으로 의심할 수도 있다.

"자출, 문인문왈, 하위야?"에서 '자출子出'은 앞의 말씀을 마치고 공자가 그 자리에서 나갔다는 말이다. '문인문왈門人問曰'은 앞에서 공자가 한 말의 뜻에 대해 문인이 물었다는 말이다. 이곳의 문인은 일반적으로 공자의 또 다른 문인으로 해석한다. 혹자는 증자의 문인이라고 주장하기도 하지만, 공자와의 나이 차이 등을 고려하면 공자 생전에 증자의 문인이 함께한 자리에 있었다고 보기 어렵다. 공자가 살아 있을 때를 기준으로 생각하면 증자는 나이가 매우 어린 편에 속하는데, 이런 대화가 가능하다는 것이 자연스럽지 않다.

"부자지도, 충서이이의"는 앞서 언급된 공자 선생님의 한결같은 도는 '충'과 '서'라는 말이다. '충忠'은 아랫사람이 윗사람에게 복종하는 것을 말하는 것으로 알고 있지만, 원래의 뜻은 '진기盡己', 즉 모든 면에서 자신의 최선을 다하는 것이다. '서恕'는 용서한다는 뜻을 가진 글자이지만, 이곳에서는 자기의 마음을 타인과 동일시해서 생각을 확장해나가는 것이다.

'충'과 '서'에 대해『논어집해』는 "충은 윗사람을 섬기는 것이고, 서는 아랫사람을 대하는 것인데, 근본은 한가지이다. 오직 그 사람에 달린 것이다"라고 설명한다. 앞서『논어』는 리더의 덕목을 강조하고 있고 윗사람이 아랫사람을 대하는 자세에 대해 주로 나오는데, 그렇다면 이 구절의 '충'을 윗사람을 섬기는 것이라고 설명하기에는 문제가 있다.『논어집주』에서는 "자신의 최선을 다하는 것盡己이 '충'이고, 자신의 마음을 미루어가는 것推己이 '서'이다. '이이의而已矣'는 다하여 남음이 없다는 말이다"라고 다른 의미로 설명한다. 또 정자의 말을 인용하여 "충은 하늘의 도리이고 서는 사람의 도리이다. 충은 헛됨이 없는 것이고 서는 충을 행동하는 것이다"라고 보충하였다.

'서'에 대한 공자의 강조는 『논어』 곳곳에서 발견된다. 「위령공」에 보면 자공이 공자에게 평생 실천할 만한 한마디 말을 듣고자 하는 장면이 나온다. 이에 대해 공자는 "서라는 덕목이 있다. 자기가 싫어하는 것을 내가 남에게 하지 않는 것이다己所不欲, 勿施於人"라고 답한다. 내가 바라지 않는 것을 타인에게 강요하지 않는다는, 이 말은 간단하지만 쉽게 범하는 잘못이다. 가령 누구나 직장 초년 생활이 있을 것이다. 이때 자기보다 높은 상사, 리더의 행동을 보면서 불만스럽게 저분들은 왜 저럴까 하는 의구심과 불평을 하게 된다. 때로는 동료들과 모여 험담을 하면서 '꼰대'라고 욕하기도 한다. 그런데 어느 순간 자신도 나이를 먹고 지위가 올라가면서 자신이 과거 욕했던 윗사람의 모습을 닮아가게 되고 결국 아랫사람들에게 자기가 윗사람을 비판했던 것과 비슷한 행동을 하고 있다고 비판을 받게 된다. 그래서 공자는 "그렇게 하지 마라. 네가 다른 사람의 마음을 너의 마음으로 가져와 봐라. 그러면 할 수 있는 게 아니다"라고 일갈한다. 이것이 바로 '서'이다.

　'서'라는 덕목은 조금만 노력하면 실천할 수 있을 것 같지만, 꼭 그렇지도 않다. 「공야장」에는 자공이 '서'라는 덕목을 해석하여 "저는 다른 사람이 저에게 어떤 압력이나 강요를 하지 않기를 바라며, 저 또한 다른 사람에게 어떤 압력이나 강요를 하지 않으려 합니다"라고 하자, 공자가 "자공아, 이러한 경지는 네가 그렇게 쉽게 할 수 있는 것이 아니다"라고 언급한 대목이 나온다. 공자의 뛰어난 제자에 속하는 자공조차 공자에게 '서'라는 덕목을 실천하기 어려울 것이라는 평가를 받고 있다. 제자가 실천하고자 하는 의지를 피력했는데, 선생님께서 제자의 의욕을 꺾는 것처럼 보이기도 하는 이 구절을 통해 우리는 '서'라는 덕목이 대단히 중요하지만 실천하기는 쉽지 않다는 것을 확인하게 된다.

어느 조직이나 사회의 리더는 다른 구성원들을 위해 최선을 다해야 한다. 그것이 바로 '충'의 덕목이다. 또한 타인의 마음을 이해하도록 노력해야 한다. 이것이 '서'의 덕목이다. 충서는 마음가짐이면서 동시에 소통의 자세이다. 자신이 속한 조직, 그리고 그 조직의 존재 이유가 되는 대상을 위해 최선을 다하고 그들을 이해하려는 마음을 갖는 것은 정말 중요하다. 국가의 리더는 자신과 같이 일하는 보좌진 혹은 정당의 지지자는 물론 국가의 존립 이유에 속하는 모든 국민을 위해 최선을 다하고 국민의 마음으로 다가가려는 노력이 중요하다. 리더라면 처음 가졌던 이 마음을 끝까지 지켜내고 유지하도록 항상 돌아보면서 큰 힘을 기울여야 할 것이다.

속도보다 방향이 중요하다

욕속부달 欲速不達

자하가 노나라의 거보 읍의 책임자가 되어 정치를 물었다.
너무 빨리 이루어지기를 바라지 말고, 작은 이익을 따지지
말라. 빨리 이루어지기를 바라면 오히려 달성하지 못하며,
작은 이익을 따지면 큰일을 이룰 수 없다.

子夏爲莒父宰, 問政.
자 하 위 거 보 재 문 정

無欲速, 無見小利. 欲速則不達, 見小利則大事不成.「자로」
무욕속 무견소리 욕속즉부달 견소리즉대사불성

어떤 일이건 미리 사전에 준비하는 것이 필요하다. 그렇다고 일이 빨리 끝나기를 서둘러서는 안 된다. 미리 준비하는 것과 급하게 일을 끝내는 것은 전혀 다르다. 급하게 일을 하면서 작은 성취, 작은 이익을 탐하면 끝내 중요한 성취를 이룰 수 없다. 어떤 일이든 빨리 끝내려고 하면 오히려 원래의 목표에 도달할 수 없다는 '욕속부달欲速不達'이라는 성어가 여기에서 나왔다.

"자하위거보재, 문정"에서 '자하'는 공자의 제자로 이름이 '상商'이며, 문헌의 전승에서 중요한 역할을 한 것으로 알려져 있다. '거보莒父'는 노나라의 작은 읍 이름이다. '父'는 아버지를 뜻할 때는 '부'로 읽지만, 지명이나 인명에서는 '보'로 읽는다. '재宰'는 다스린다는 뜻인데, 여기서는 다스리는 사람, 시장이나 군주와 같은 지역 책임자를 가리킨다. 자하가 거보의 책임자가 되어 공자에게 정치를 물은 것이다.

"무욕속, 무견소리"에서 '무無'는 '없다'는 뜻이지만 여기서는 없게 하라, 즉 금지를 나타낸다. '욕속欲速'은 '빠르기를 바라다', '소리小利'는 '작은 이익' 혹은 '작은 성취', 이 구절은 빠르기를 바라지 말고, 자잘한 이익을 보려고 하지 말라는 말이다.

"욕속즉부달"에서 '달達'은 '정해진 목표에 도달하다', 이 구절은 빨리 이루기를 바라면 오히려 원래 목표하는 것에 도달할 수 없다는 말이다. "견소리즉대사불성"은 "작은 이익을 보게 되면, 혹은 작은 이익에 마음을 두게 되면 큰일을 이룰 수 없다"는 것이다.

이 구절에 대해 『논어집주』는 "일이 빨리 이루어지기를 바라면 급하게 하여 순서가 없게 되어 도리어 목적에 도달하지 못한다. 작은 것이 이익이 된다는 것을 보면 나아가는 것이 작고 잃는 것은 클 것이다"라고 설명한다. 이어서 정자의 말을 인용하여 "자장이 정치를 물었을 때 공자는 평소 게을리 말고 진심으로 행동하라고 답하였는데, 자하가 정치를 물으니 서두르지 말고 작은 이익을 보지 말라고 답하였다. 자장은 항상 너무 고고하게 행동하면서 인을 행하지 않았고 자하의 병폐는 항상 작은 것을 가까이하는 것에 있었기에 각각 자신에게 절실한 일로 알려준 것이다"라고 설명하였다.

이 설명은 두 가지를 언급한 것이다. 첫째는 위 구절을 풀어서 설명한 것이고, 둘째는 공자가 자하에게 왜 이런 말을 했는지에 대한 설명이다. 제자의 질문에 대한 공자의 답변을 풀이하는 주석에서 간혹 이런 형식을 만나게 된다. 즉 질문한 제자가 어떤 병폐가 있는지를 고려하여 어떠어떠한 답변을 해주었다는 해설이다. 자장은 게으른 측면이 있으니 좀 더 적극적으로 행하라는 차원으로 답변했고 자하는 역으로 작은 것에 신경 쓰므로 더 큰 일을 할 수 있도록 답변했다는 것이 바로 그것이다.

어떤 일을 하든지 그 일을 제대로 완성하려면 절대적인 시간이 필요하다. 이 때문에 그것을 무시한 채 빨리 끝내려는 조급함은 오히려 일을 그르치는 경우가 적지 않다. 건설 현장에서 공사 기간을 단축하기 위한 노력이 때로는 사고로 이어진다. 공부에서도 개인 차이가 있기는 하지만, 공통적으로 학습을 통해 내면화되는 시간이 필요하다. 그 시간을 단축해서 빨리 끝내려고 하면 오히려 공부의 목표에 도달하지 못하는 때가 많다. 이것이 바로 급하게 하고자 하면 도리어 목적을 달성할 수 없다는 사례이다. 작은 성취에 만족하거나 작은 이익에 욕심을 내면 큰 성취를 이룰 수 없다. 특히 작은 이익에 욕심을 내다 보면 큰 이익을 얻지도 못할 뿐만 아니라 더 나아가 자신을 망치기도 한다. 공적인 지위에 있는 사람이 사적인 욕심을 채우다가 나중에 더 큰 낭패를 보는 일이 적지 않다. 부정을 저지르고도 잘 사는 것처럼 보이는 사람도 있다. 이는 아직 법이 완비되지 않아서 생긴 일시적인 현상이다. 향후 이들에게 더 큰 징벌이 내려져서 부정을 저지르고도 법망을 피했다고 떳떳한 것처럼 큰소리치는 사람이 없도록 해야 할 것이다.

작은 이익이나 작은 성취에 만족해하는 마음이 들면 정말 큰일을 도모하지 않게 된다. 이는 앞서 보았던 "사람이 멀리 내다보는 생각이 없으면 반드시 가까이에서 근심할 일이 생긴다人無遠慮 必有近憂"라는 말과도 관련이 있다. 학문하는 사람도 마찬가지이다. 『맹자』에는 "사람의 병폐는 타인의 스승 되기를 좋아하는 것에 있다人之患 在好爲人師"라는 말이 있다. 남을 가르치기 좋아하는 것은 스스로 무엇인가를 달성했다고 생각하는 것이며, 더 큰 공부를 하려는 생각을 버리고 현재의 자신에 만족하는 것이다. 이 때문에 작은 이익이나 작은 성취를 좋아하면 큰일을 이루지 못한다고 말한 것이다.

리더 역시 자기가 속한 조직에 대한 큰 그림을 그리고 장기적인 안목을 갖고 있어야 한다. 바로 눈앞에서 이루어진 작은 일, 작은 이익에 눈이 멀어서 급급해하면 더 큰 것이 있다는 것조차 모른다. 조급하다고 해서 일이 잘되는 것도 아니다. 속도만큼 중요한 것이 올바른 방향이고 목표 설정이다. 빨리 목표에 도달하는 것이 중요한 것이 아니고 어떤 목표에 도달할 것인지가 중요하다. 속도보다 방향이 중요하다는 말이다.

리더의 네 가지 덕목을 갖추어라

군자지도사 君子之道四

공자가 정나라 대부인 자산을 이렇게 평가하였다.

그는 군자의 도리인 다음 네 가지를 갖추고 있었다.

자기 자신의 처신에 있어서 공손하였고, 윗사람을 섬기는

데 있어서 공경스러운 태도를 견지하였고, 백성들을 기르는

데 있어서 은혜를 베풀었고, 백성을 부리는 데 있어서 적절

하게 의리에 맞게 하였다.

子謂子産,
자 위 자 산

有君子之道四焉,
유 군 자 지 도 사 언

其行己也恭, 其事上也敬, 其養民也惠, 其使民也義.
기 행 기 야 공 기 사 상 야 경 기 양 민 야 혜 기 사 민 야 의

「공야장」

리더가 갖추어야 할 덕목은 다양하다. 위 구절은 공자보다 앞선 시대
에 훌륭한 리더로 알려진 정나라 대부 자산이 어떠하였는지를 공자가 설
명한 구절이다.

자산은 중국 춘추시대 훌륭한 재상으로 알려진 정나라의 대부 공손
교이다. B.C.551년 태어난 공자와 일정 기간 겹치는 시기의 인물이다. 자
산은 23년 동안 정나라의 재상을 하면서, 실용적인 정치를 통해 소국이

었던 정나라를 개혁하고, 일반 백성도 살기 좋은 튼튼한 나라를 만들었다. 공자가 태어난 노나라는 대국에 속하지 않았고 나라의 규모 면에서 정나라와 비슷하였다. 이 때문에 공자가 자산을 관심 있게 보았을 것으로 추측된다. 훗날 '정나라 재상鄭相'이라는 말만으로도 자산을 가리킬 정도로 칭송을 많이 받았으며, 그와 관련된 많은 이야기가 전해진다.

"유군자지도사언"은 자산에게 군자의 도리라고 뽑을 수 있는 네 가지가 있었다는 말이다. 이곳의 군자는 도덕과 훌륭한 인품을 갖춘 리더를 말한다.

"기행기야공, 기사상야경"에서 '행기行己'는 자기 스스로 행동하는 것이고, '사상事上'은 윗사람을 섬기는 것이다. '공恭'은 공손함, 겸손함이고, '경敬'은 타인에 대해 신중하고 경건한 것이다. 이 구절은 스스로 처신하는 데에는 공손하였고 윗사람을 섬기는 데에는 공경스러운 태도를 지녔다는 말이다.

"기양민야혜, 기사민야의"에서 '양민養民'은 '백성을 기른다' 혹은 '백성을 대하는 태도'를 가리키고 '사민使民'은 '백성을 부린다' 혹은 '백성에게 일을 시킨다'는 것이다. '혜惠'는 백성을 아끼고 이롭게 하는 것이고, '의義'는 상황에 맞도록 백성들을 부리는 것이니, 백성에게 일을 시킬 때 농사로 바쁜 시기를 피하는 등 때에 맞게 한다는 "사민이시使民以時"(「학이」)와 같은 의미이다. 이 구절은 백성을 대함에 그들에게 이로운 방향으로 하였고 백성들에게 일을 시킴에 상황과 때에 맞게 하였다는 말이다.

이상의 내용에 대해 『논어집주』는 오씨의 말을 인용하여 "어떤 일에 대해 수를 헤아리며 책망하는 것은 그가 잘하는 바가 있다는 것이고… 어떤 일에 대해 수를 헤아리며 칭찬하는 것은 그가 부족한 것이 있다는 것이다. 이 구절에서 자산에게 군자의 덕이 네가 있다고 한 것이 그 예이다"라고 설명하였다. 오씨는 공자가 자산에게 군자의 도리가 네 가지 있다고 한 것이 외견상 칭찬한 것 같지만, 사실은 그를 비판한 것이라고 주장한다. 『맹자』에는, 자산이 날이 추워졌을 때 배도 없이 강을 건너는 사람을 보고 그들을 배에 태워주었다는 것에 대해 이러한 행동은 은혜를 베푼 것은 맞지만 정치를 제대로 하지 못한 것이라고 비판한다. 그것은 겨울이 되어 처음에는 임시다리를 만들고 이후 제대로 된 다리를 완성한다면 백성들이 맨발로 강을 건널 것에 대해 근심하지 않게 되기 때문이다. 맹자의 주장은 리더가 올바른 정치를 행한다면 길을 가면서 백성을 피해 가는 것도 가능한 일이니 어찌 모든 사람을 다 건네줄 수 있겠냐는 것이다(『맹자』「이루하」).

나는 위 구절이 자산을 비판한 구절로 해석할 필요가 없다고 생각한다. 전국시대 맹자는 법가사상의 성향이 있는 자산이 맹자가 강조한 왕도정치와 다르므로 비판할 수 있다. 그러나 공자의 시대는 양주와 묵적처럼 상당한 세력을 가진 정치세력이 있었던 것도 아니고 또 공자가 자신과 다른 사상을 가진 사람을 이단이라고 크게 비판하지도 않았다. 오히려 공자는 자신의 노나라와 비슷한 처지의 정나라를 부흥시킨 자산에 대해 올바른 리더의 모습을 갖춘 사람이라고 긍정적 평가를 했다고 볼 수 있다. 나는 자산에 대한 부정적인 평가는 아마도 전국시대 이후의 유가 일파에서 나온 것이고 공자 시대에는 그렇지 않았다고 생각한다. 따라서 이 구절은 자산이 리더가 가져야 할 덕목 중 네 가지 부분에서 뛰어나다고 칭찬한 것이라고 해석한다.

자산이 가진 네 가지 덕목은 현대사회의 리더에게도 여전히 유효하다. 자기 스스로 겸손하고, 윗사람에게 공경하는 태도를 보이며, 백성에게 은혜를 베풀되 부득이하게 일을 시켜야 하면 적절한 때와 방법을 취해야 한다. 리더가 겸손하지 않고 오만한 태도를 보이면 주변의 사람들이 싫어하고 떠나며 백성은 원망할 일이 생긴다. 자신보다 윗사람을 섬길 때 공경하는 태도를 보이지 않으면 윗사람에게 진심 어린 간언을 하더라도 실현되지 못할 뿐만 아니라 미움을 받게 된다. 아랫사람에게 은혜롭게 하면서 그들이 이로울 수 있는 방향을 찾아주어야 하며, 그들에게 어떤 일을 시켜야 하면 적절한 때와 방법에 따라야 한다. 그럴 때 비로소 아랫사람들도 맡은 일을 자신의 장점에 맞게 잘 해낼 수 있으며 그 조직은 발전하게 된다. 정나라 자산의 리더로서의 모습은 유가적 입장에서도 존중받을 만하며 현대인에게도 여전히 의미 있는 리더의 길이라고 할 것이다.

3부

| 도약 |

탁월한 지도자를
발견하는 시간

10강

공자, 진정한 리더의
삶을 살다

격랑에 맞서 질서와 예법을 세우다

공자의 시대

공자는 B.C.551년에서 B.C.479년까지 살았다. 이 시기는 '춘추전국시대'라고 하는 시기이다. 춘추시대는 학자에 따라 B.C.770년부터 481년까지를 가리키기도 하고, B.C.452년 혹은 B.C.403년까지라는 견해도 있다. 춘추시대를 B.C.481년까지로 보는 주장은, 공자가 직접 쓴 유일한 책인 『춘추春秋』와 관련이 있다. 『춘추』는 공자가 쓴 노나라의 역사책인데, 공자가 죽기 2년 전까지 집필한 후 절필을 선언한다. 이 때문에 『춘추』에서는 공자가 죽기 2년 전까지의 노나라 역사를 다루고 있고, 이 『춘추』에서 다루고 있는 시기를 춘추시대라고 부른다.

주나라는 B.C.1046년에 성립되는데, 주나라 초기를 서주시대라고 하고, 후기의 춘추전국시대를 동주 시대라고 한다. 동주 시대에는 주나라 천자의 역할도 적어지고 여러 제후국이 서로 패권을 다투던 시대로, 중국 전역은 많은 혼란을 겪게 된다. 공자는 이 동주 시대 중 춘추시대 말기 사람이다.

공자가 태어났던 나라, 노나라는 주나라의 통치를 받는 제후국이다. 노나라는 주나라의 제후국 중 비교적 작은 규모의 나라이다. 주나라는 여러 도시국가가 모여 이루어진 도시국가의 연합체 성격을 갖고 있다. 당시 노나라보다 큰 나라도 있고 작은 나라도 많았다. 노나라는 공자에게 있어서나 주나라 전체에 있어서 특별한 성격을 갖고 있다.

주나라 무왕은 앞선 왕조인 은나라(상나라) 시대를 종결하고 천하를 차지하게 된다. 이때 무왕의 동생인 주공 단이 큰 역할을 하게 되는데, 이 주공 단의 후손에게 봉해준 나라가 노나라이다. 즉 노나라는 천자국이었던 주나라와 가장 가까운 친척, 친족 왕국이다. 지리적으로도 노나라 수도인 곡부(지금의 취푸)는 주나라 천자가 살던 낙읍(우리가 흔히 낙양이라고 하는 곳)에서 멀지 않은 곳이다. 이 때문에 노나라는 당시 문화적인 중심지였고, 주나라의 전통을 잘 보유하고 있었다.

주나라 무왕의 바로 앞 군주가 문왕인데, 공자는 이 문왕을 최고의 이상적인 통치자라고 말한다. 공자는 문왕과 무왕의 시대를 노나라의 선대 군주이면서 동시에 이상적인 통치시대라고 설정하였고, 노나라의 문화에 대한 자부심이 대단히 컸다. 『논어』에는 "패도를 따르던 제나라의 풍속이 한 번 변하면 주공의 법제를 따랐던 노나라의 문화에 도달하게 된다. 노나라가 한 번 변하면 이상적인 정치를 펼쳤던 선왕의 도에 도달할 것이다"라는 말이 있다. 제나라는 공자 당시에 노나라 바로 옆에 있었던 대국이다. 대국인 제나라가 패도를 펼치고 있는 부정적인 면모를 갖고 있는데, 제나라가 긍정적으로 변하면 노나라처럼 될 수 있다는 것이다.

또 노나라가 한 번 더 긍정적으로 변화하면 주나라 초기에 이상적인 통치를 했던 주나라의 문왕이나 무왕 시대 같은 선왕의 도에 도달할 것이라고 공자가 말한다. 공자는 노나라가 문화적으로 대단히 중요한 위치에 있으므로 당시의 문화를 선도할 수 있다는 것을 선언적으로 언급한 것이다.

그렇다면 공자는 왜 그토록 주나라와 노나라에 대한 자부심이 많았던 것인지 살펴볼 필요가 있다. 이는 공자나 맹자 등의 이해에서 중요하다.

주나라는 요임금의 신하인 후직의 11대손인 고공단보가 세운 나라이다. 고공단보는 태왕이라고도 하는데, 그가 기산 지역에 도읍을 정하고 나라의 기틀을 갖추면서 본격적으로 주나라가 성장한다.

고공단보의 후계자 선정과 관련하여 공자를 이해하는 데 중요한 이야기가 있다. 고공단보에게 세 명의 아들이 있었다. 큰아들이 태백이고, 둘째가 우중이고, 셋째가 계력이다. 고공단보가 주나라 창건 이후 장기적으로 나라의 발전을 생각하면서 주목한 것은 셋째 아들인 계력의 아들 창이다. 고공단보는 손자인 창에 대해 군왕으로서의 자질이 있고 천하를 다스릴 만한 인재라고 판단하였다. 큰아들 태백과 둘째 아들 우중은 부친인 태왕이 손자인 창에게 왕위를 물려주려는 생각이 있다는 사실을 알아차렸다. 큰아들과 둘째 아들은 자기들이 있으면 창이 왕위를 계승하는 데 문제가 생길 수 있다고 생각하고, 다른 나라로 떠나 은둔하고 돌아오지 않게 된다. 결과적으로 셋째 아들인 계력이 고공단보의 뒤를 이어서 왕위를 계승하고, 계력의 아들인 창에게 왕위가 이어진다. 창은 후에 주나라가 천하를 통일하는 데 가장 중요한 역할을 했던 문왕이며, 문왕의 아들이 무왕이고 무왕 아들이 성왕이고 무왕의 동생이 주공이다. 그리고 주공의 후손들에게 노나라를 세우도록 해준 것이다.

이 이야기는 조선 시대 최고의 성군이라 칭해지는 세종대왕의 등극을 떠올린다. 세종은 원래 큰아들이 아니었다. 선대인 태종은 후대의 세종이 되는 충녕대군에게 왕위를 넘겨주고자 하는 뜻이 있었다. 충녕대군이었던 세종이 굉장히 총명하다는 걸 알았기 때문인데, 이는 주나라의 고공단보가 창에게 왕위가 계승되기를 바란 것과 같다. 그러자 충녕대군의 형인 양녕대군과 효령대군이 왕위의 자리를 양보하고 결국 충녕대군이 왕위에 오르게 되어 최고의 성군인 세종이 등극하게 된다. 이처럼 효령 대군과 양녕대군이 서로 왕위를 하지 않겠다고 권력을 양보한 얘기는 미 담으로 많이 전해진다.

서울 방배동의 청권사淸權祠라는 곳에는 효령대군의 묘지와 사당이 있 다. 『논어』에서 태백을 '지덕至德'이라고 칭찬하였고 동생 우중을 '청권淸權' 이라고 불렀다. 이는 『논어』 「미자」의 "신중청, 폐중권身中淸, 廢中權(자신의 몸 가짐은 청결하였고 세상을 등진 것도 적절하였다)"는 말에서 유래한다. 양녕대 군과 효령대군은 주나라 초기의 태백과 우중에 비교되기 때문에 조선의 양녕대군은 '지덕'으로, 효령대군은 '청권'으로 부르게 된 것이다. 노나라 의 시작 단계에 있었던 왕위계승, 그리고 그것에 의해 국가가 튼튼한 기 틀을 가질 수 있었던 것이 그대로 조선에도 적용된다고 본 것이다.

노나라는 이런 과정을 거치면서 튼튼한 기틀을 갖추게 되었고, 결국 상나라를 멸망시키고 천하를 차지한 것이다. 주나라를 천자의 나라로 만 들었던 무왕은 그로부터 6년 후에 세상을 떠난다. 무왕이 죽었을 때 아 들 희송은 13세라는 어린 나이였다. 무왕은 죽으면서 동생 주공의 능력 이 뛰어나기 때문에 주공에게 필요에 따라 왕위를 계승하도록 할 생각이 었다. 그러나 주공은 왕위를 사양하고 조카인 희송에게 왕위를 잇도록 한다. 이 희송이 바로 성왕이다.

그런데 성왕은 너무 어린 나이에 군주가 되었기 때문에 국가를 제대 로 통치할 수 없었다. 삼촌이었던 관숙과 채숙은 어린 조카가 군주가 된 것에 불만을 품고 반란을 일으키지만, 주공은 성왕을 충실하게 모시면 서 섭정을 한다. 7년의 섭정을 하면서 초기의 주나라를 안정시켜놓은 후 성왕에게 직접 통치하도록 해준다. 숙부인 주공이 권력을 탐하지 않고 조카에게 권력을 넘겨주면서 국가의 기틀을 탄탄히 다져놓았다고 할 수 있다.

이와 같은 주공의 행동은, 권력과 영토를 둘러싸고 피비린내 나는 살육과 약탈이 행해지던 춘추시대 말기를 살았던 공자로서는 대단히 바람직한 인간이자 이상적인 정치기의 모델이었다. 이 때문에 공자는 주공을 극찬하였는데, 주공이 노나라의 시조이기 때문에 노나라의 역사에 대해 강한 애정이 있었다.

주공이 어린 조카를 군주로 섬긴 이야기는 조선 전기 세조가 어린 조카 단종을 폐위시키고 왕위를 찬탈한 것과 대비된다. 세조가 왕위에 오르는 것을 반대했던 신하들 대부분이 유가적인 사고를 하고 있었고 노나라 주공의 선례를 보면서 세조의 행동이 옳지 않다고 생각했다. 주공은 이처럼 공자가 평생 흠모했고 또 후대의 유가들에 의해 고대 중국의 성인으로 추앙을 받았다.

주나라는 안정적인 서주 시대가 지나고 동주 시대가 되면서 춘추전국 시대라는 혼란의 시기로 접어든다. 춘추시대는 주나라 평왕 때 서쪽에 있었던 다른 민족의 침입을 받아서 수도를 동쪽의 낙읍으로 옮기면서 시작된다. 주나라의 고공단보가 수도로 삼았던 기산에서 동쪽의 낙읍으로 옮기면서 동주 시대가 시작된 것이다. 이후 천자의 실질적인 지배력은 상실되고 제후국 사이에서 강한 세력을 가진 패자가 중심이 된다.

노나라 역시 매우 혼란스러웠다. 노나라의 15대 군주인 환공에게 세 아들이 있었다. 이 세 아들이 귀족인 대부가 되어 세력이 커지면서 맹손씨, 숙손씨, 계손씨(이들을 삼환씨라는 부름)의 세력을 형성한다. 이 중에서 맹손씨가 큰아들 집안이지만, 공자 당시에는 계손씨의 권력이 가장 막강

했다. 이들은 세력이 커지면서 국정을 농단하고 있었고, 군주의 권위는 크게 떨어졌다. 공자는 "예법에 따르면 천자의 제사에서만 춤으로 허락되는 팔일무八佾舞를 권력이 강한 계씨가 자신의 뜰에서 추게 하였으니 이러한 일조차 할 수 있다면 계씨가 무엇을 못 하겠느냐?"라고 말한 바 있다. 팔일무는 천자의 제사에서 추는 춤으로 가로세로 8명씩, 64명이 추는 춤이다. 그런데 천자의 바로 아래 지위인 제후도 아니고 제후보다 아래인 대부 계씨가 자기 집안의 제사에서 팔일무를 추게 했다는 것을 통해 무너진 사회의 질서를 탄식한 것이다.

계씨와 노나라 군주와의 갈등은, 공자가 젊은 시절 노나라 군주였던 소공이 외국으로 도망가는 일에서도 확인된다. 국가의 질서는 무너졌고 전쟁은 계속되면서 가장 고통을 받는 건 일반 백성이기에 백성의 삶은 고통 속에서 신음하는 날들이었다. 이 때문에 공자는 올바른 예법의 재정립, 질서의 재정립, 새로운 질서를 확립하는 것이 대단히 중요하다는 생각을 한다. 공자가 올바른 예법, 질서의 재정립을 주장한 것은 사회의 혼란을 해결하려는 희망과 의지였다.

적극적으로 학습하고 왕성히 활동하다
청년기와 장년기

공자는 20세에 창고 출납을 관장하는 위리委吏라는 낮은 벼슬을 했고, 다음 해인 21세 때에는 관청에서 제사에 쓰는 소·양 등의 희생을 관리하는 관직인 승전乘田을 하게 된다. 승전과 위리를 한 것에 대해 언급한 기록은 『맹자』에 보인다. 「만장」에는 "공자가 창고 관리자인 위리를 할 때 '회계를 올바르게 할 뿐이다'라고 했고, 가축을 관리하는 승전이 되었을 때는 '소와 양을 잘 키울 뿐이다'라고 했다"라는 기록이 있다. 이처럼 공자는 말단 관리를 지내면서도 자신의 직분에 충실한 생활을 했다.

24세 때 어머니 안징재가 세상을 떠난다. 어머니의 사망에 대해서도 공자가 14세 때였다는 설도 있다. 공자의 어머니가 돌아가신 후에 공자는 어머니를 아버지와 합장한다. 과거 아버지가 돌아가셨을 때는 공자가 너무 어려서 아버지를 어디에 모셨는지조차 몰랐다고 한다. 이런 일을 하기에 14세는 너무 어려서 24세에 어머니가 돌아가셨다는 주장이 타당하다.

이 시기를 전후하여 공자는 이미 학생을 가르치기 시작한 것으로 보인다. 역대로 공자가 학생들을 가르치기 시작한 시기에 대해서도 여러 견해가 있다. 17세 설, 23세 설, 30세 설, 35세 설 등이 그것이다. 초기의 학생으로는 안회의 부친인 안유, 증자의 부친인 증점, 그리고 염경 등이 있다.

27세 때 노나라의 변두리에 있었던 작은 도시국가의 통치자였던 담자가 노나라 수도를 방문한다. 담자는 고대의 관직제도를 잘 알았는데, 이에 공자는 담자를 찾아가 고대의 관직제도를 배운다. 공자가 34세 때 대부였던 맹희자의 도움을 받아 맹희자의 아들 남궁경숙과 함께 천자가 있는 주나라의 수도 낙읍으로 공부를 하러 간다. 그리고 이곳에서 노자를 만나 예를 공부한 것으로 알려져 있다. "공자가 노자에게 예를 물었다孔子問禮於老子"라는 말은 『사기』에 기록되어 있다.

한나라 시기 돌에 특정한 고사를 그려 넣는 것이 유행했는데, 화상석畫像石에 공자가 노자를 만났다는 것을 나타내는 그림이 곳곳에 보인다.

아마도 이 시기에 공자가 노자를 만났다는 이야기가 널리 퍼진 것으로 보이지만, 이에 대해 의문을 제기하는 사람도 적지 않다. 『노자』라는 책 자체는 선진 시기에 나온 것이 분명하지만, 현재 전해지는 『노자』는 언어적인 여러 현상 등을 근거로 할 때 『논어』보다 후대에 나왔을 가능성이 있다. 다만 『사기』의 이야기를 따르는 학자들은 이 당시에 공자가 노자를 만났고 거기에서 예를 물었다는 기록을 믿고 있다.

이듬해 공자가 귀국하였을 때 노나라는 내란 상태였다. 공자는 노나라의 혼란을 피해 잠시 제나라로 간다. 당시 제나라 군주는 경공으로, 공자를 만나 정치란 무엇인지 묻는다. 이때 공자가 "군주가 군주답고, 신하가 신하다우며, 아버지가 아버지답고, 아들이 아들다워야 한다君君臣臣父父子子"라는 말을 해준다. 경공은 공자의 말을 듣고 크게 칭찬을 하지만 제나라에서 벼슬을 주지는 않는다. 37세에 노나라로 돌아온 공자는 이후한동안 외부 활동보다는 제자를 가르치는 동시에 자신의 학문에 더욱 힘을 기울였다.

51세 때 공자는 중도中都라는 비교적 큰 지방의 책임자가 된다. 1년이 지난 후 이 지역이 아주 잘 다스려졌고, 공자는 다시 중앙으로 진출하여 52세 때 노나라의 사구司寇라는 벼슬을 하게 된다. 이 벼슬은 법률을 관장하는 책임자로 상당히 높은 관직이라고 할 수 있다. 공자가 사구였을 때 많은 역할을 한다. 협곡이라는 지역에서 제나라와 노나라 군주가 외교회담을 하게 된다. 당시 제나라는 이웃한 작은 나라인 노나라를 위협해서 복속시키려고 생각했다. 공자가 회담에 참석해서 제나라가 가지고 있는 의도를 파악하고 그 의도를 좌절시킨다. 또 군주의 권위가 최고여야 하는데 대부들이 너무 큰 힘을 갖고 있기에 공자는 대부의 세력을 약화하려고 하였다. 당시 막강한 권력을 쥐고 있던 세 대부의 근거지 성을 허물려고 시도하지만, 가장 힘이 강했던 계씨의 성을 무너뜨리는 것에는 성공하지 못하고 만다. 이를 통해 공자가 노나라 군주의 권위를 세우려고 노력했음을 알 수 있다. 이 시기부터 공자가 노나라를 떠난 55세까지 사구 벼슬을 하는데, 공자가 현실정치에서 가장 왕성하게 활동했던 시기이다.

여기서 한 가지 언급할 것이 있다. 그것은 "공자는 아는 것도 많고 굉장히 학문이 뛰어났는데, 도대체 공자는 누구한테 배운 것이냐?"라는 질문에 대한 답이다. 실제 기록된 것을 보면 어디에도 공자의 스승이 보이지 않는다. 다만 공자는 어린 시절부터 배우고자 하는 욕구가 강하였다. 앞서 언급한 것처럼, 담자가 관직제도를 잘 알고 있다고 듣고서 그를 찾아가 물었고, 음악을 잘 알고 있다고 알려진 장홍襄弘에게 음악을 배웠다. 주나라 수도 낙읍에 갔을 때 궁정도서관에서 공부하였고, 노자가 예를 잘 안다고 해서 노자에게 예를 물었다. 이것이 바로 공자의 학문 과정이다.

공자는 "세 사람이 길을 가면 반드시 나의 스승이 있다三人行, 必有我師焉"라고 말했다. 이처럼 공자는 언제 어디서나 배우려는 자세가 있었다. 그리고 끊임없이 주변에서 이루어지고 있는 모든 일과 만나는 사람 모두에게서 배웠다. 공자가 태어날 때 경제적으로 어려웠고 부모가 정상적인 결혼도 아니었던 것으로 보이기 때문에 힘겨운 유년 시절과 젊은 시절을 보냈을 텐데도 이 정도의 학문을 했다는 건 상당히 놀라운 일이다. 즉 공자는 언제 어디서든지 배우려는 마음이 있었고 이것이 결국 우리가 아는 공자를 만들어냈다고 할 수 있다.

꿈을 위해 천하를 떠돌다

주유천하와 말년기

먼저 다음 쪽의 지도를 보자. 이것은 춘추시대 공자가 중국 전역을 떠돌아다니던 코스를 보여주고 있다.

공자는 55세에 노나라를 떠나 위나라로 간다. 그리고 69세에 다시 노나라로 돌아오기까지 무려 14년 남짓 천하를 떠돌아다닌다. 중간에 잠깐 노나라로 돌아온 적도 있다고 하지만, 대부분 다른 나라에 있었다. 위나라에서 6년 정도 머물렀고 진나라와 채나라 사이에서 4년 가까이 있었다.

공자가 중국 전역을 돌아다닌 시기가 갖는 의미가 매우 크다. 공자가 천하를 떠돌아다니면서 제후들을 만난 것에 대해, 공자가 많은 나이에도 불구하고 정치적인 욕심, 권력에 대한 욕심을 갖고 있었다고 의구심을 갖는 사람도 있다. 물론 공자가 천하를 떠돌아다니면서 무언가 욕심이 있었을 것은 분명하다. 그것은 공자가 생각하는 이상적인 사회, 즉 화이부동을 전제로 한 대동사회를 만들고자 하는 꿈이다.

공자는 젊은 시절 스스로 학습의 시간을 보냈고, 이후 직접 현실정치에 나가서 평화로운 좋은 세상을 만들려고 노력했다. 그런데 55세가 되었을 때 이웃한 제나라는 노나라가 공자의 영향으로 크게 발전할 것이라고 걱정한다. 공자가 노나라에서 사구라는 벼슬을 할 때 협곡에서 제나라와 회담을 했는데, 그때 공자가 제나라의 의도를 무산시켰다. 이 때문에 제나라가 노나라를 경계하게 된 것이다. 대체로 세계 어느 곳을 보아

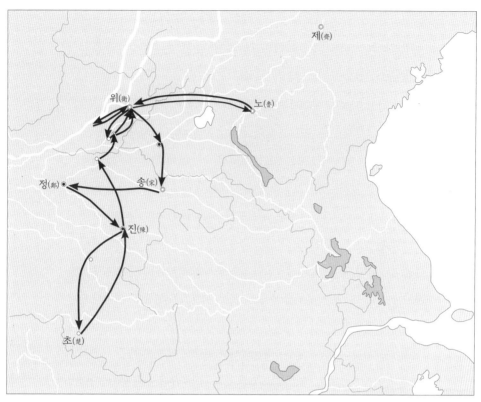

공자의 주유천하[출처: 駱承烈 編著, 『孔子歷史地圖集』(2003, 中國地圖出版社)을 바탕으로 재구성하였음]

도 바로 인접한 나라는 사이가 안 좋은 경우가 많다. 우리와 일본이 그런 면이 있고, 유럽의 프랑스와 독일이 그런 것으로 보이는데, 마찬가지로 제나라가 노나라의 발전을 걱정한 것이다.

　　제나라는 노나라의 발전을 경계하며 노나라의 실권자들에게 '여악'을 선물한다. '여악女樂'이란, '여인 여女', '음악 악樂'을 말하는데, 여인 악단 혹은 여인과 악단을 말한다. 이에 대해 『논어』에서는 "여인과 악단을 보내 주자 당시 권력자였던 대부 계환자가 이를 받고 3일 동안 조회를 하지 않았다. 그러자 공자가 노나라를 떠났다"라는 이야기가 나온다. 즉 노나라가 잘되는 것을 시기한 제나라에서 일종의 미인계를 쓰면서 노나라의 정치를 와해시킨 것이다.

공자는 당시 최고의 권력자도 아니었고 또 귀족인 대부의 신분을 가진 것도 아니었기 때문에 군주와 대부가 손을 놓아버린 상황에서 정치적으로 할 수 있는 일이 없었고, 자기의 모국인 노나라에서 이상을 실현할 수 없다는 것을 알게 된다. 그래서 공자는 다른 나라로 가서 군주를 설득해서 이상적인 나라로 만들어 천하에 영향을 주기를 바란다. 따라서 공자가 중국 전역을 떠돌아다닌 것은 권력을 찾아 떠난 것이 아니고 '자신의 꿈을 찾아 떠나는 여행'이다. 이 여정은 공자의 생각을 그대로 이해하고 정치를 행할 수 있는 군주를 만들기 위한 것이기에 일종의 '아바타를 찾아 떠나는 여행'이다.

『논어』에 나오는 공자의 말은, 생각하기에 따라 그다지 어려운 이야기가 아니다. 이를 단순화시키면 '착하게 잘 살자'라는 말일 수도 있다. 그런데 공자의 말에 힘이 있는 이유는 공자의 행적 때문이다. 공자가 자기의 꿈, 이상을 위해 55세가 넘은 나이에 노나라의 장관 자리를 버리고 천하를 떠돌아다닌 여정, 이것이 바로 공자를 위대하게 만든 것이다. 지금 우리 나이 55세는 그다지 대단한 것이 아닌 것 같다. 공자 당시 사람들의 평균수명이 40이 안 되던 시절이라는 것을 고려하면 전혀 다른 입장이다. 당시 55세는 지금의 90세 이상일 수 있다. 90이 넘은 나이에 떠돌아다니면 어느 날 객지에서 비명횡사할 수도 있다. 공자가 자신의 영화를 바라고 전국을 돌아다녔다고 할 수 없는 지점이다.

공자가 55세부터 중국 전역을 떠돌아다니던 때는 공자가 자기의 꿈을 위해 모든 것을 던졌던 시기라고 볼 수 있다. 자신의 꿈을 위해 이런 어려움을 감수하면서 노력했다는 것이 아직도 우리가 공자를 존중하고 공부하는 이유라고 생각한다.

공자는 노나라를 떠나 위나라에 도착했을 때 위나라의 군주 위령공이 공자를 만나 "공자 선생님, 연봉 얼마나 받으셨습니까?"라고 묻는다. 위령공은 공자가 자기 나라에 머물기를 원했기에 공자를 원로로 대접한다.

그러나 위나라 군주에게 공자의 생각을 받아들이고 이를 통해 세상을 다스리려는 의지가 있지는 않았다. 공자는 위나라에 10개월 남짓 거주한 이후에 위나라를 떠나 남쪽으로 내려가서 진陳나라로 간다. 이 진나라는 진시황의 '진秦'과는 다른 나라이다. 진나라의 광 지방을 지나다가 현지 사람들에게 포위당하여 위협을 받은 적이 있다. 노나라 대부 계씨의 가신으로 큰 권력을 가졌던 양호가 공자보다 앞서 이 지역을 지난 적이 있었다. 양호가 이 지역을 지날 때 광 지방 사람들에게 난폭한 행동을 했다고 전해진다. 공교롭게도 양호의 외모는 공자와 비슷했다고 한다. 공자가 9척이 넘는 장신이라고 하는데, 도량형이 다르기에 정확하게 말하기는 어렵지만, 대략 지금의 180센티미터가 훨씬 넘는 거구였다. 그런데 양호 역시 마찬가지의 장신이었다. 양호의 말을 몰았던 사람이 공자의 제자 번지인데, 공자가 광 지방을 지날 때도 번지가 공자의 말을 몰았다고 한다. 이 때문에 광 지방 사람들은 공자가 타고 가는 수레를 보면서 양호가 다시 온 것으로 오해한 것이다. 위험한 상황에서 공자는 이렇게 말한다. "문왕이 이미 돌아가시고 예악과 제도가 여기 나에게 있다. 그러니 하늘이 장차 이 예악과 제도를 없애고자 한다면, 뒤에 태어난 내가 이 예악과 제도에 관여할 수 없었을 것이다." 이 말은 자신이 고대의 문물을 전수할 것이기에 아직 하늘이 자신에게 준 임무가 남았다는 자부심을 피력한 것이다.

공자는 광 지방을 지나서 56세에 다시 위나라로 돌아온다. 그리고 위나라 군주 영공의 부인인 남자를 만난다. 당시 남자는 음탕하고 문제가 많았던 사람으로 알려져 있으며, 이 때문에 나중에 위나라에 내란이 발생하기도 한다. 공자가 남자를 만나고 왔을 때 제자인 자로가 "어떻게 그런 여인을 만나고 올 수 있느냐. 특히 남자라는 영공의 부인은 음탕하기로 소문났는데"라며, 크게 화를 냈다. 이에 공자는 "내가 잘못했다면 하늘이 나를 벌할 것이야"라고 하면서 강하게 부정한다. 제자의 의심, 제자의 불쾌함을 풀어주기 위해 공자가 "하늘이 나를 벌할 것이야, 내가 정말 잘못했다면"이라는 말을 했다는 것은 놀라운 반응이다. 어찌 보면 너무 심하게 반응한 것이 아닐까 하는 생각조차 드는 이 장면은, 자로라는 제자의 성격이 우락부락하고 과격하기에 공자가 적극적으로 반응을 보인 것이다.

이후 영공의 아들이 남자를 죽이려고 한다. 이 때문에 위나라는 영공이 죽은 이후에 전쟁이 벌어지고 이 전쟁에서 공자가 아꼈던 제자 자로가 죽는다. 공자가 영공의 부인을 만나 어떤 일이 있었는지는 알 수 없지만, 영공의 부인인 남자와의 만남은 공자의 일생에 상당한 영향을 미친 사건임이 분명하다.

공자가 57세 때 노나라의 정공이 죽고 애공이 즉위하는데, 애공의 즉위 이후 공자는 잠시 노나라에 돌아왔다가 59세에 다시 노나라를 떠나서 위나라로 갔다고 전해진다. 이때 위나라의 군주인 영공이 군대의 편성 방법에 대해 공자에게 물었다. 공자는 "제사에 관한 일은 일찍부터 제가 들어서 알고 있지만, 군사에 대한 일은 배워본 적이 없습니다"라고 거절하고 위나라를 떠났다. 위나라를 떠나 조나라를 거쳐 송나라로 가게 되는데, 이 시기에 위나라의 영공이 세상을 떠난다.

공자가 송나라로 가는 도중에 사마환퇴라는 사람으로부터 공격을 받는다. 공자가 천하를 떠돌 때 겪은 위기 중의 하나이다. 사마환퇴가 공자를 왜 죽이려고 했는지는 명확하지 않다. 당시 사마환퇴는 송나라의 대부로서 대단히 무도하고 도리에 어긋난 행동을 해서 송나라의 근심거리였다고 한다. 사마환퇴는 공자가 생각하는 주장과 사상이 자신을 방해한다고 생각한 것이 아닐까 추측한다. 이때 역시 광 지방에서 어려움을 겪을 때처럼 공자는 "하늘이 나에게 덕을 주었는데 환퇴와 같은 자가 나를 어떻게 할 수 있겠는가?"라고 하여 "환퇴를 두려워할 필요 없다"라는 뜻을 밝힌다.

이후 공자는 정나라를 지나 진陳나라로 가게 되는데, 정나라를 지날 때 제자들과 헤어져서 길을 잃게 된다. 「공자세가」에 이에 대한 기록이 있다.

공자가 정나라로 가다가 제자들과 길이 엇갈려 혼자서 정나라 동문 앞에 있었다. 어떤 사람이 나중에 자공에게 "동문 밖에 어떤 사람이 앉아 있는데, 생긴 모습은 요임금 같은데 풀 죽은 모습이 마치 집 잃은 개와 같았다"라고 이야기해준다. 여기에 '집 잃은 개'는 "상가지구喪家之狗"를 옮긴 말이다. 이곳의 "집 잃은 개와 같다"라는 말을 듣고 제자들이 공자를 찾아가서 다시 만나게 된다. 이후 자공에게 이 이야기를 들은 공자는 웃으면서 "내가 집 잃은 개와 같다는 말은 틀림없다"라고 크게 웃었다고 한다.

여기에 있는 "상가지구"라는 말은 유가를 얘기할 때 많은 논란이 되는 구절이다. '상가喪家'라는 말은 '집을 잃다'와 '상갓집'이라는 두 가지로 해석되므로 '상가지구'는 '집을 잃은 개'와 '상갓집 개'라는 두 가지 다른 뜻으로 해석될 수 있다. 공자의 유가 집단을 비판할 때 '상갓집 개'라는 냉소적 말이 쓰일 때도 있다. 원래 유가는 제사를 주관했던 집단에 근원을 두고 있고, 또 "유가들이 상갓집이 있으면 거기에 개처럼 달려들어서 이러쿵저러쿵 예법이라는 명목으로 간섭하고 얻어먹는다"라는 부정적 인식도 있었다. 그래서 "상가지구"라는 말이 '집을 잃어버린 개'이면서 동시에 '상갓집 개'라는 이중적인 뜻을 갖는다. 당연히 이는 유가 집단에 대한 부정적인 평판을 담고 있는 말이며, 유가와 관련되어 빼놓지 않고 언급되는 말이다. 중국의 베이징대학 리링李零 교수가 2007년 『논어』에 대한 역주서를 내면서 책 제목을 『喪家之狗』라고 하였다. 당시 중국 출판계와 인터넷에서 이에 대해 뜨거운 논란이 있었는데, 우리나라에서는 『집 잃은 개』(2012, 글항아리)라고 번역되었다. 리링 교수는 집 잃은 개와 상갓집 개 사이의 논란에도 불구하고 자신은 공자가 정나라에서 겪었던 일을 가지고 책의 제목을 정했다고 밝히고 있는데, 이 말이 갖는 중의적 성격을 염두에 둔 것이 아닐까 생각한다.

공자는 62세가 되었을 때 필힐이 중모라는 지방을 거점으로 반란을 일으키고 공자를 부른다. 공자가 처음에는 가려는 생각이 있었지만 끝내 가지 않는다. 이 당시 공자가 필힐에게 가려고 했던 일에 대해 『논어』에 제자 자로와의 대화가 남아 있다.

"예전에 선생님께서 이렇게 말씀하셨습니다. '자기 자신에게 좋지 못한 일을 자신이 직접 하는 사람에게 군자는 가지 않는다'라고. 필힐이 중모 지방을 거점으로 반란을 일으켰는데, 선생님께서 가려고 하시는 것은 왜 그렇습니까?"

자로의 질문은, 필힐이 자신에게 좋지 못한 반란을 일으킨 사람이니 당연히 공자가 거기에 가면 안 된다고 항의한 것이다. 「양화」에 나오는 이 구절은, 공자가 자신을 알아주는 사람이 있다면 그곳에 가서 무언가를 해보고 싶은 욕구가 상당히 강했다는 것을 알려준다. 공자는 끝내 필힐에게 가지 않는다. 공자가 62세 때에 필힐이 중모를 거점으로 반란을 일으키고 공자를 불렀다는 것이 사실이 아니라는 주장도 있다. 『좌전左傳』의 기록에 의하면, 필힐이 반란을 일으킨 것은 공자가 세상을 떠난 이후의 일이어서 『논어』의 기록과 다르기 때문이다. 역사적 고찰에 근거하여 이 일은 후대에 잘못 기록한 것이라는 견해가 더 많다.

필힐의 반란에 공자가 끝내 가지는 않았지만, 이보다 앞서 공산불뉴의 반란에도 공자가 갈지에 대해 고민한 적이 있다. 아마도 공자가 천하를 떠돌아다니면서 어려운 상황을 많이 겪으면서 다양한 방식으로 자신의 이상을 실현하고자 하는 욕구가 있었고, 그것이 이러한 방식으로 기록되어 『논어』에 남아 있는 것이 아닌가 생각한다.

공자 나이 63세가 되었을 때, 초나라로 가는 도중에 진나라와 채나라 사이에서 식량이 떨어져 고생한다. 당시 오나라가 진나라를 공격하자 초나라는 진나라를 돕기 위해 출병한다. 이 전쟁 때문에 중국 전역을 돌아다니던 공자에게는 누구도 도와줄 사람이 없었으므로 양식이 떨어져 고생한 것이다. 『논어』에는 "진나라에서 양식이 떨어져 수행하던 제자들이 병들어 일어나지 못했다"라는 기록이 있다. 이후 공자는 다시 위나라로 돌아와 67세까지 머문다.

공자가 68세가 되었을 때 제자인 염유가 계씨의 가신이 되어 귀국하게 된다. 이때 염유는 노나라와 제나라의 전쟁에 참여해서 공을 세운 후, 군주인 애공에게 스승인 공자가 노나라로 돌아올 수 있도록 도와달라고 요청한다. 이에 공자는 69세 때 노나라의 원로로 대접을 받으면서 귀국한다.

염유가 계씨의 가신이 되어 공을 세우고 공자가 노나라로 귀국하는 과정은 『사기』에 기록되어 있다. 공자가 중국 전역을 돌아다니면서 지쳐가고 있을 때 계씨가 염유를 초빙한다. 염유를 부르는 사람이 왔을 때 제자 자공이 염유에게 이렇게 이야기한다. "염유야, 너는 노나라로 돌아가면 분명히 공을 세울 것이다. 만약 네가 큰 공을 세워서 군주에게 부탁할 기회가 주어진다면 반드시 공자 선생님을 노나라로 모실 수 있도록 부탁해라." 염유는 귀국 후 자공의 예상대로 제나라와의 전쟁에서 승리하고 공자 선생님을 귀국할 수 있도록 한다.

염유는 공자에게 있어서 애증이 교차하는 제자이다. 그는 공자의 10대 제자에 포함되며 정치를 잘했던 것으로 평가받지만, 당시 권력을 남용하던 대부 계씨의 가신이 된 것이다. 계씨는 공자에게 대단히 부정적인 평가를 받던 사람이다. 계씨 밑에서 염유가 한 일 중에 공자가 마음에 들지 않았던 것이 여러 가지 있다. 계씨가 자신의 신분과 분수에 어긋나는 예법을 행하는 것을 방관하였다거나 세금을 대폭 올린 것 등이 이에 속한다. 세금을 많이 거둔 것은 국가와 계씨를 부유하게 만드는 것이지만 일반 백성들은 살기가 더 어려워진다. 이 때문에 공자가 염유를 크게 나무란다. 염유가 훌륭한 제자였고 이렇듯 공자를 귀국하게 하는 데 중요한 역할을 했음에도 공자로부터 꾸중을 많이 받았다.

공자는 69세에 비로소 노나라로 돌아온다. 다음 해 아들 공리가 50세의 나이로 세상을 떠난다. 다음 해에 공자가 가장 사랑했던 제자 안회가 32세의 젊은 나이로 죽는다. 안연이 죽자 공자는 "하늘이 나를 버렸구나, 하늘이 나를 버렸구나"라고 탄식한다. 이때 어떤 제자가 "선생님 안회가 죽었다고 그렇게 통곡을 하십니까, 그렇게 애통해하십니까"라고 말하자, "아, 내가 애통해했느냐. 내가 안회의 죽음을 애통해하지 않으면 누구를 위해 애통해하겠느냐"라고 하면서 가장 아끼던 제자의 죽음을 슬퍼한다.

이후 공자는 '노나라가 끝내 나를 등용하지는 않을 것이다'라고 생각하고 자신이 직접 정치에 나설 것에 대한 생각을 접는다. 그리고 제자를 기르고 문헌을 정리하는 데 시간을 쓴다. 이때 『시경』과 『서경』을 정리하고 제자들에게 예와 악을 가르친다. 공자가 이 시기를 거치면서 가르친 제자가 대략 3,000명 정도라고 한다.

72세 때 제자인 자로가 위나라 내란에 휘말려서 죽는다. 이는 공자 일생에 있어서 대단히 중요한 사건이다. 『논어』에 "자로는 가르침을 듣고서 아직 그것을 실천하지 못했을 때 또 다른 가르침을 들을까 두려워한다"라는 기록이 있다. 자로는 이만큼 공자의 가르침에 대한 절대적인 신봉자였다. 앞서 공자가 위령공의 부인인 남자를 만나고 왔을 때, 그리고 필힐이 반란을 일으킨 후 공자를 불렀을 때 모두 자로는 공자에게 "선생님 왜 그러십니까?"라고 따지지만, 자로는 공자에 대한 절대적인 신봉자였다. 이 때문에 자로의 죽음은 말년의 공자에게 큰 충격이었다.

다음 해인 73세 여름에 공자가 세상을 떠난다. 공자가 죽었을 때 당시 군주였던 애공이 직접 조문을 썼다고 한다. 그 조문에서 "하늘은 나를 불쌍히 여기지 않는구나. 이 노인 한 사람마저 나에게 남겨주지 않다니! 나를 도와 군주 자리에 있게 하지 않는구나. 외로운 나는 병중에 있는 듯하다. 아, 슬프구나. 공자여, 나는 어찌할 줄을 모르겠구나!"라고 탄식한다. 공자가 살아 있을 때 공자에게 정치적으로 많은 도움을 주거나 공자로부터 조언을 많이 듣지 못한 것을 뒤늦게 탄식한 것이다. 공자는 노나라 수도 북쪽 사수泗水라는 강가의 언덕에 묻혔다. 이곳이 지금의 중국 산동성 취푸시에 있는 공림孔林이다.

공자의 무덤은 왕릉 규모는 아니지만 큰 편이다. 공자의 무덤 앞의 묘지석에는 '대성지성문선왕大成至聖文宣王'이라고 쓰여 있다. '대성大成', 크게 모든 걸 이루었고, '지성至聖', 지극한 성인이시고, '문선文宣', 문장을 천하에 펼치셨던 '왕王'이라는 말이다. 후학들은 공자가 수기치인修己治人을 목표로 했기에 왕의 지위까지 올라가는 게 가장 이상적이지만 현실에서 왕을 하지 못했다고 해서 소왕素王이라고 불렀다. 임금의 옷을 입지 않은 왕이라는 말이며, 학문을 하는 사람들에게 있어서는 왕과 같은 존재라는 것이다.

공자의 무덤 인근에 있는 작은 집앞 표지석에는 '자공려묘처子貢廬墓處'라고 쓰여 있다. 이것은 공자의 제자 중 자공이 이곳에 움막을 짓고 스승 공자의 시묘살이를 했다는 표시이다. 자공은 공자 당시부터 언변과 외교술이 매우 좋았고 장사도 잘했다. 사마천의 『사기』에는 돈을 많이 번 사람들을 기록해놓은 「화식열전貨殖列傳」이 있는데 자공은 이곳에도 등장한다. 당시에 대단한 부를 축적하였고 그 부를 가지고 공자 교단의 든든한 후견인 역할을 했다. 당시 다른 제자들은 삼년상을 마친 후 모두 이곳을 떠나지만, 자공만은 혼자 남아서 삼년상을 한 번 더 했다고 전해진다. 공자와 공자 교단의 입장에서 정말 든든한 제자라고 할 수 있다.

11강

리더를 완성하는
공자의 가르침

한 점 부끄럼 없는 리더가 되어라

공자의 정치

『논어』에서 공자가 가장 강조한 것은 인仁과 예禮이다. 이를 통치자, 리더의 관점에서 정리한다면 다음의 두 가지로 설명할 수 있다. 첫째는 리더가 실현해야 할 사랑의 정치인데, 여기서는 인에 의한 정치인 인정仁政, 덕을 기준으로 하여 행하는 정치인 덕치德治를 말한다. 둘째는 리더로서 꿈꾸는 세상의 조화라는 것인데, 이는 공자가 강조했던 예에 대한 것이다.

유가는 지향하는, 혹은 유가의 학문이 가야 할 길로 수기修己와 치인治人 두 가지를 강조한다. 자기 자신을 수양한다는 수기와 남을 다스린다는 치인, 이 두 가지를 지향하기 때문에 공자의 학문을 '내성외왕內聖外王'을 지향하는 공부라고도 한다. 내적으로는 성인이 되고 외적으로는 왕의 지위에 오르는 것을 지향하는 학문이라는 말이다. 이 말은 노장사상을 대표하는 『장자』의 「천하天下」에서 언급한 것이다. 여기에 나오는 내성이 바로 수기의 덕목이고, 외왕이 치인을 가리킨다.

'수기'란 자신을 완성하고 이를 통해 성인의 경지에 이르는 것을 목표로 하는 '내성'이다. "외적으로 왕이 되다"라는 '외왕'은 '치인'의 실현을 통해 백성을 사랑하는 이상적인 어진 정치를 말한다. 이를 합하면 내면적으로는 성인이 되고 외면적으로는 군주나 왕이 되고자 하는 것이다. 여기에서 수기의 길은 자신의 인격적인 완성을 목표로 하고 그를 통해 자기 내부의 합리성과 조화로움을 추구하는 개인의 실천이며, 치인의 길은 사회적인 실천이다. 「안연」에 다음과 같은 구절이 있다.

> 공자 제자인 사마우가 군자가 어떤 존재인지 물었다. 그러자 공자가 대답하였다. "군자는 근심하지도 않고 두려워하지도 않는다."

'군자'는 대단히 어려운 경지라고 생각한 질문에, 공자는 "근심하지 않고 두려워하지 않는 것"이 군자라고 간단하게 답한다. 이에 사마우는 공자에게 다시 묻는다.

> "근심하지 않고 두려워하지 않기만 하면 군자라고 할 수 있는 건가요? 너무 단순한 거 아닙니까?" 이에 공자가 다시 답하였다. "자기 스스로 안으로 돌아보아 거리낌이 없다면 무엇을 근심하고 무엇을 두려워하겠는가?"

공자는 군자라는 존재를 "안으로 스스로 돌아보아 잘못된 점이 없다면 무엇을 근심하고 또 무엇을 두려워하겠는가(혹은 어찌 근심할 것이며 어찌 두려워하겠는가)?"라고 설명한다. 이 대답은 보통 질문자인 사마우의 상황과 관련이 깊다고 생각한다. 사마우의 형은 송나라의 대부인 사마환퇴라고 보는 견해가 많은데, 사마환퇴는 공자가 천하를 떠돌아다닐 때 공자를 해치려고 한 적이 있다. 자신의 형 사마환퇴가 무도한 행위를 많이 하였기에 동생으로서 걱정과 두려움이 많았던 사마우는 항상 조심스럽게 행동하였다. 이 때문에 공자가 근심하지 않고 두려워하지 않는다는 지극히 간단한 말로 군자를 설명해준 것이다.

여기에서 "군자는 근심하지도 않고 두려워하지 않는다君子不憂不懼"라고 하였는데, 이는 "자기 안으로 돌아보아서 거리낌이 없어야內省不疚" 가능하다. 즉 내면적인 성찰의 중시에서 출발해 스스로 돌아보아서 거리낌이 없는 상태가 된다면 이것이 바로 내면적인 완성을 이룬 군자의 경지이며 수기의 경지이다. 이처럼 내면적인 완성에 이르게 되면, 이것은 곧 하늘과 인간의 뜻이 일치되고 또한 인간의 욕망이 도덕적인 이상형과 일치될 것이라고 공자는 생각한 것이다. 그리고 이 내면적인 완성을 사회적으로 실현하는 것이 '치인'이다. 사회적 실현은 수기, 즉 자신으로부터 출발해서 자신과 만물의 조화로움을 만들어내는 것이고 이를 통해 국가와 백성을 구하고 온전하고 올바른 사회의 모습을 실현하는 것이 된다. 이를 『논어』에서는 '덕치'라는 말로 설명한다. 즉 도덕의 실현을 근본으로 하여 정치를 행하는 것이다. 공자는 이때 백성들이 감화되어 진정으로 통치자를 따를 것이라고 말한다.

「위정」에는 "도덕의 실현을 근거로 정치를 행하는 것은 마치 북극성이 제자리에 있지만 모든 별이 그 주위를 둘러싸고 돌아가는 것과 같아서 감화력이 절대적이다"라는 공자의 말이 있다. 정치를 행함에 있어서 도덕을 기준으로 한다는 것은 "위정이덕爲政以德"이라는 말인데, 바로 덕치를 말하는 것이다. 북극성은 북쪽 하늘에 있고 언제 어디에서나 변함이 없이 같은 장소에 있다. 많은 별이 북극성을 중심으로 주변을 돈다. 공자는 덕치를 베푸는 군주란 북극성과 같고 그의 감화를 받은 사람들은 주변을 맴도는 별과 같아서 감화력이 대단하다고 설명한다. 이는 덕을 기준으로 정치를 했을 때의 효과가 얼마나 큰 것인지를 언급한 것이다.

『논어』에는, 백성들을 정치적인 역량으로 인도하면서 형벌을 이용해서 백성을 바로잡겠다고 하면 백성들은 적발되어 벌을 받지만 않으면 부끄러워하지 않는다고 말한다. 정치적 수단이나 형벌로만 백성을 바로잡으려고 하면 사람들은 피하기만 할 뿐이라는 것이다. 공자는 이와 반대로 백성들을 도덕적인 감화력으로 인도하고 예절을 이용하여 바로잡으려 하면 백성들은 설령 적발을 피해 벌을 받지 않더라도 스스로 부끄러워하면서 자신의 잘못을 고친다고 설명한다. 즉 정치적인 힘이나 형벌에만 의지한 채 백성을 통치하려고 해서는 안 되며 도덕적으로 감화시키고 예의를 통해 그들을 바로잡아야 한다는 것이다.

이 구절은 현대의 법치주의 관점에서 본다면 제도보다 인간의 심성에 의존한다는 약점처럼 보인다. 그렇지만 아무리 사회가 복잡해지면서 시스템으로서의 법률이 중요하다고는 하지만, 인간을 먼저 고려하지 않는 법률과 제도가 우선이어서는 안 된다. 우리는 지금 민주주의 사회에서 살고 있다고 하지만 현재의 법률과 제도가 힘없고 돈 없는 사람에게까지 똑같이 적용되는 공정성을 보여주지 못하는 것을 자주 발견한다. 그런 점에서 인간에 대한 무한한 믿음을 전제로 하는 공자의 생각은 여전히 우리에게 큰 의미가 있다.

통치 방식에 대한 백성들의 반응은 도덕적인 감화력이 형벌보다 더 강력하다는 증거이지만, 우리의 현실에서 정말 그럴 것인지에 대해 회의적인 시각이 있을 수 있다. 특히 일상적인 뉴스에서 사회의 많은 죄악을 볼 수 있기에 더욱 그러하다. 공자의 생각에 의하면, 이러한 현상은 오히려 현재 형벌이나 법에 기대어 사람들을 통치하려고 했기 때문에 벌어지는 결과이다. 여기에 더해 공자는 윗사람, 즉 사회의 리더부터 스스로 도덕적으로 완전해서 백성에게 모범이 되어야 백성들 스스로 그것을 따라갈 것이라고 주장한 것이다.

이와 통하는 말로 "덕불고, 필유린德不孤 必有隣"이라는 구절이 있다. 덕을 가진 사람, 훌륭한 도덕을 갖추고 있는 사람은 결코 '불고不孤'하다, 즉 외롭지 않다. 왜냐하면 '필유린', 즉 반드시 이웃이 있기 때문이다. 도시의 아파트 중심으로 이루어지는 요즘 사회에서 이웃의 의미가 많이 없어졌지만 가까이에서 많은 것을 함께할 수 있는 든든한 사람을 떠올린다면 이것이 진정한 이웃이다. 도덕이라는 것은 국가를 경영하는 것에만 쓰이는 말이 아니며 많은 사람이 항상 가까이하기를 바라는 것이다. 이것이 군주나 리더에 대한 것이라면 더더욱 그러하다. 리더로서 비교적 높은 지위에 있는 사람은 사실 외로운 사람이다. 다른 사람들이 할 수 없는 정책적 결정을 해야 하고, 때로는 그의 판단에 따라 조직의 생사가 결정될 수 있다. 이 때문에 덕을 갖춘 리더가 외롭지 않다는 것은, 반드시 그와 뜻을 같이하면서 지지하고 따르는 사람이 있다는 말이다. 그래서 리더가 먼저 훌륭한 도덕을 갖추고 있는 것이 모두를 위해 필요하다.

또 공자가 도덕에 의한 정치와 함께 사회적으로 중시한 것이 인仁, 즉 '어짐'이라고 하는 인에 의한 정치이다. '인'이 무엇인지 『논어』에서 명확하게 설명하지 않는다. 『논어』에서 인을 언급한 여러 구절을 통해 대체적인 뜻을 유추할 뿐이다. 공자가 제일 사랑했던 제자 안회는 학문에 대한 열정이 매우 컸다고 공자가 평가한 바 있는데, 그와의 대화에만 유일하게 인이 무엇인지 공자가 직접 언급한 구절이 있다. 안연이 인이란 어떤 것인지 묻자 공자가 대답하였다. "극기복례위인克己復禮爲仁", 즉 자신의 사사로운 욕심, 사욕을 이겨내서 사람 사이의 조화를 이루는 예로 돌아가는 것이 바로 인이라는 말이다. 공자는 여기에 이어서 "하루라도 자신의 사욕을 이겨내서 예로 돌아가면 천하가 그 인으로 귀의할 것이다. 인을 행하는 것이 자신에게 달린 것이지 남에게 달린 것이겠는가?"라고 말한다. 이 구절에 보이는 "자기의 사적인 욕심을 이겨내서 사람 사이의 조화로운 예로 돌아가는 것이 바로 인이다"라는 말이 『논어』 전체에서 공자가 인이 무엇이라고 직접적으로 이야기한 유일한 구절이다. 이 구절을 극기복례를 통해 인을 행한다고 해석하는 견해도 있다. 이 두 가지 해석 중 어느 쪽이든 인이라는 것은 결국 사랑이고 인간다움일 수 있으며 인간관계를 원만하게 이루기 위한 기본 전제라고 볼 수 있다.

"극기복례위인"은 사사로운 욕심을 이기고 예에 맞게 행동하는 것이 인이라는 말이지만, 사실 이 말은 여전히 추상적이어서 이해가 쉽지 않다. 다만 이 구절에서 인과 예가 밀접한 관련이 있다는 것을 알 수 있다. 인이 인간관계와 사회적 조화를 말하는 예와는 떨어질 수 없는 불가분의 관계를 이루고 있다는 것이다.

『논어』에 보이는 인에 대해 언급한 것 중에는, 공자가 의리를 해치는 이익에 대한 것, 은미하여 도저히 잘 알 수 없는 하늘의 명인 천명, 크나큰 도여서 말보다 실천이 더 중요할 수 있는 인에 대해서는 적게 말하였다는 구절이 있다. 현재 통행되는 판본을 기준으로 할 때 『논어』에는 모두 109회 '인'자가 쓰였지만, 공자가 직접 인의 정의를 내린 적이 없기도 하거니와 그 정의를 내리기도 어렵기에 공자가 인에 대해 잘 말하지 않았다고 후인들은 기록한 것이다.

인에 대한 『논어』의 구절을 종합해보면, 인이란 인간에 대한 절실한 사랑에서 시작해 자신과 남을 일치시킬 수 있는 마음, 그리고 그것을 행동으로 실천하는 것이라고 할 수 있다. 이것을 리더의 덕목과 관련하여 말하면 아랫사람들에 대한 리더의 사랑이다. 인仁이 들어간 단어에 '인자仁慈하다'가 있다. '인자하다'는 윗사람이 아랫사람을 아끼고 사랑하는 것이다. 아들에 대한 어머님의 모습이나 부하를 대하는 사장님의 모습에 대해 인자하다는 말을 쓴다. 인자하다는 말이 인이 가진 뜻에 가장 가까운 말이다.

『논어』는 인한 사람을 가까이하는 사람이 지혜로운 사람이라고 말한다. "이인위미里仁爲美"는 사는 마을에 어질고 후덕한 풍속이 있는 것이 정말 좋은 것이라는 말이다. 공자는 이 말에 이어 거주할 곳을 선택한다면 이처럼 어질고 후덕한 풍속이 있는 곳을 선택해야 하며, 그렇지 않다면 지혜롭지 않다고 강조한다. 이 구절을 보면 예나 지금이나 사람들은 교육 여건이 좋은 곳을 찾아 거주하려고 한다는 생각이 든다. 하지만 과거에는 인간적인 풍모가 넘치는 마을의 풍속이나 분위기를 중시했다면, 이제는 중·고등학교의 여건, 학원의 근접성 등을 원한다는 점에서 차이가 있다. 이처럼 공자는 어진 풍속, 인한 사람이 있는 곳. 그러한 어질고 후덕한 풍속이 있는 곳에 사는 것이 지혜롭다고 말한다. 그들과 함께 살면 자신도 마찬가지로 어질어지고 후덕해진다는 것이 바로 공자의 생각이다.

이렇게 보면 인을 실천하기란 참으로 어려운 것이라는 생각을 하게 된다. 공자는 "인은 멀리 있는 것인가? 그렇지 않다. 내가 인하기를 바라면 인은 바로 찾아온다"라고 말한다. 인의 실천이 결코 어려운 것이 아니라는 것이다. 공자의 제자 중에도 공자의 가르침을 실천하기 어렵다고 생각한 사람이 있었다. 제자인 염구는 "선생님, 저는 선생님께서 말씀하신 삶의 도리를 좋아하지 않는 건 아닙니다. 하지만 저의 힘이 그것을 실천하기에 부족합니다"라고 말한다. 이에 공자는 힘이 부족한 사람은 그것을 실천하다 보면 도중에 그만둘 수밖에 없을 때가 있다. 그런데 지금 염구는 미리 한계를 설정하고 있다고 꾸짖는다. 공자는 끝까지 실천하려는 의지만 있다면 인에 누구나 도달할 수 있다고 생각했다. 염구가 시작하기도 전에 자신은 힘이 부족하다고 전제하기에 공자가 그것이 잘못된 생각이라고 비판한 것이다. 이 점이 바로 공자가 끝내 인간에 대한 믿음, 그리고 사랑을 버리지 못하면서 동시에 세상이란 계속 나아지고 좋아질 것이라는 무한한 가능성을 믿었음을 알게 해준다.

지금까지 리더가 실천해야 할 사랑의 정치에 대해 언급하였는데, 이를 간단히 정리하면 다음과 같다. 유가가 지향하는 목표로 수기치인修己治人을 말하는데, 그중 수기가 개인적인 실천이라면 치인은 사회적인 실천이다. 자신의 사적인 욕심을 버리고 세상의 조화를 추구하는 모습이 사회적 실천으로서의 인이고, 이것이 정치에 표출되었을 때 덕을 근거로 백성을 다스린다는 덕치로 구현된다. 또 인은 인간에 대한 절실한 사랑에서 시작해 자신과 남을 일치시킬 수 있는 마음과 행동이라고 할 수 있다. 아랫사람들에 대한 리더의 사랑, 인자함이 바로 리더가 실현해야 할 사랑의 정치이다.

시대의 변화를 읽고 올바른 사회를 선도하라

공자의 꿈

"예지용화위귀禮之用和爲貴", 이 구절은 예의 모습은 조화로움을 귀하게 여긴다는 뜻으로, 공자의 제자인 유자有子의 말로 나온다. 유자는 유약이라는 제자인데 '자'가 붙어 있다는 점 때문에『논어』의 편찬에 유약의 제자가 깊이 관여했을 것이라는 추측이 나왔다.『논어』에는 이 말 뒤에 다음 구절이 이어진다. "이러한 이유로 옛날에 뛰어난 왕들이 나라를 통치하는 데 항상 이 조화의 정신을 아름다운 것으로 간주하였고, 크고 작은 일들이 모두 이 정신에 따라서 이루어졌다. 그러나 이 원칙만을 가지고 할 수 없는 것이 있다. 그것은 조화로움만을 중시하여 조화만을 생각할 뿐이고 예를 행하는 근본 취지에 따라서 조절하지 않는 것이니, 이 또한 안 되는 것이다." 이 구절의 '용用'의 해석에 따라 전체 구절의 이해에 차이가 있지만 여기서는 이에 대해 언급하지 않기로 한다.

이 구절은, 예란 인간관계의 조화를 가장 이상적인 것으로 보고 있음을 말한다. 또 이것이 사회적으로 실현되는 모습에는 관직제도나 법률과 같은 현실적인 대안도 포함된다. 유가의 중요한 경전으로 13경을 언급할 때 그중 주나라의 예법을 담고 있는『주례周禮』라는 책이 포함된다. 이 책은 과거 주나라 시기의 관직제도를 담고 있다. 관직제도를 설명하는 책이 '예'라는 명칭을 가진 것은, 관직제도가 세상의 조화로운 모습을 만들어 내기 위한 중요한 기제이기 때문이다.

인간관계의 조화를 이루는 방법은 시대나 상황에 따라 달라진다. 예는 형식적으로 나타나는 외면적인 모습이지만 내면에는 조화의 정신이 중요하다. 공자는 곳곳에서 예의 정신을 강조하는데, 예의 근본을 물은 임방에 대한 답변에도 나타난다. 공자는 "참 중요한 질문이다. 예는 사치스럽게 하기보다는 차라리 검소한 편이 좋고, 상례는 형식적으로 잘 갖추기보다는 차라리 슬픔을 잘 나타내는 것이 좋다"라고 답한다. 예의 근본을 물었는데 직접 예의 근본을 설명하지 않고 외면적인 형식에 치중하기보다는 차라리 내면의 마음을 제대로 표출하는 것이 더 중요하다고 예시를 통해 설명한 것이다. 상을 치르는 데 중요한 내면의 슬픔이란 마음으로부터 우러나오는 것이므로 예는 외면적인 것과 내면적인 것의 두 가지 성격을 갖는다. 물론 이 구절에서 지나치게 사치스럽거나 지나치게 검소한 것, 그리고 지나치게 형식적이거나 지나치게 슬퍼하는 것은 모두 정도를 벗어나는 것으로 이미 잘못된 것이다. 그렇지만 이 구절에서 사치보다는 검소함, 형식보다는 내면적인 슬픔이 훨씬 중요하다는 공자의 생각을 엿볼 수 있다.

예의 외면적 형식보다 내적인 정신이 중요하다는 것은 예가 시대에 따라 변한다는 것에 대한 수용으로 나타난다. 공자는 "관청에 나갈 때 삼실로 만든 모자를 쓰는 것이 원래의 예법이다. 지금 사람들은 보통의 실로 만든 소박한 것을 쓰고 간다. 검소한 모습이어서 나는 요즘 사람들을 따르겠다"라고 말한다. 원래 삼 실로 만든 모자는 비싸기도 하거니와 관리상의 어려움이 있다. 공자는 그것보다 대부분 사람이 검소하게 보통 실로 만든 것을 쓰고 다니는 세태를 따르겠다고 말한다. 예법 자체를 중시했던 공자가 기존의 예법인 삼 실로 만든 모자를 안 쓰겠다고 하는 것은, 예라는 것이 의미가 없거나 무시하겠다는 것이 아니다. 그것이 전통적인 예법이기는 했지만 삼 실로 만든 모자를 쓰는 것이 가진 문제점이 있고, 이 때문에 일반인들처럼 보통 실로 짠 모자를 쓰고 관청에 나가는 것으로 예법을 새롭게 해석 혹은 만들 것을 주장한 것이다.

공자는 이어서 다음을 언급한다. "신하가 군주를 뵐 때 당 아래에서 절하는 것이 예인데, 지금 사람들은 당 위에서 절을 한다. 이것은 교만한 태도이기에 나는 일반 사람과 다르게 이전처럼 당 아래에서 절하는 것을 따르겠다." 일반적으로 군주는 높은 자리에 있고 신하는 그보다 낮은 자리에서 군주에게 절하는 것이 보통이었다. 그런데 공자가 살던 시대에는 귀족인 대부의 힘이 때로는 군주보다 더 강력했다. 공자가 젊었을 때 노나라의 군주인 소공은 대부인 계씨와 전쟁을 하다가 국외로 도망갔다. 때로는 대부의 가신이 대부보다 강한 힘을 갖고 있을 때도 있었다. 공자 50대 즈음에 대부 계씨의 가신이었던 양호가 그러했다. 이 때문에 신하들이 군주를 존중하지 않는 경우가 있었고, 신하가 군주를 만날 때 아래에서 높은 곳에 있는 군주를 향해 절하지 않고 자신도 높은 자리까지 올라가 인사를 하는 경우가 있었다. 군주와 신하가 눈높이를 맞추고 인사하는 것을 지금은 긍정적으로 평가할 수 있다. 하지만 공자 당시에는 있을 수 없는 일이다. 공자는 이것이 교만한 모습이므로 다른 사람이 어떤 방식으로 행동하든 자신은 이전처럼 낮은 자리에서 높은 곳에 있는 군주를 향해 절을 하겠다고 말한다.

위 두 가지 경우를 가지고 유추해본다면, 무조건 과거의 형식을 지키는 것이 예법은 아니며 때로는 일반 사람들을 따라 변화하기도 하고 때로는 모두가 변화해도 이전의 것을 고수할 수 있다. 시대가 달라지면 시대의 변화를 인정하면서 예법이 가진 본래의 정신을 손상하지 않는다면 구체적인 형식의 변화는 수용할 수 있다는 것이다.

사회적 지위가 높은 리더는 세상이 어떻게 달라지고 있는지를 먼저 파악하고 그 변화를 선도할 수 있어야 한다. 최근의 디지털 시대로의 대전환, AI, 빅 데이터Big Data 등의 영향으로 일어나는 문명 대전환 시대라면 더더욱 그러하다. 보통 나이를 먹어가면서 사회적으로 높은 지위에 올라가면 후배들이나 젊은 사람을 보면서 "쟤들은 왜 저래", "요즘은 왜 저렇게 버릇이 없어? 건방져"라고 말하는 경우가 많다. 이런 반응은 스스로 자기 자신이 나이를 먹었고 구시대의 인물이라는 것의 선언에 불과하다. 최근 "라떼는 말이다"라는 유행어가 있다. 나이를 먹은 기성세대가 "나 때는 말이야…"라고 자주 말하는 것을 비꼬는 말이다. 공자가 예의 변화를 인정한 것은 리더에게 시대의 변화를 읽고 그에 맞는 올바른 사회를 선도할 것을 말한 것이다.

공자는 당시의 시대상을 보면서 예법이 무너진 것을 비판한다. 그는 노나라 대부였던 계씨를 이렇게 평가한다. "예법에 따르면 천자의 제사에서만 출 수 있는 팔일무라는 춤이 있는데, 계씨가 자신의 뜰에서 이 춤을 추게 하였다. 계씨가 이런 일조차 감히 할 수 있다면 무엇을 못 하겠는가?"라고. 팔일무라는 춤의 구체적인 모습에 대해서는 여러 가지 견해가 있지만, 대체로 8열 8행, 64명이 춤을 추는 것으로 천자의 제사에서만 할 수 있는 일이다. 천자만이 행할 수 있는 팔일무를 천자도 아니고, 제후도 아닌 대부가 자신의 집안에서 행한 것이다. 이는 당시 노나라의 국정을 전횡하고 있던 맹손씨, 숙손씨, 계손씨 세 대부가 얼마나 심각하게 예법을 무시하고 있었는지 공자가 단적으로 기술한 구절이다. 이는 공자로서는 상상할 수 없는 예법에 어긋나는 행동이다. 공자는 이 일을 알고 대부인 계씨가 이런 일까지 할 수 있다면 더 나아가 국가를 전복시키는 일도 감행할 수 있다는 우려를 나타낸 것이다.

공자는 군주는 군주로서, 대부는 대부로서의 올바른 직분이 있고 그에 걸맞게 살아야 한다고 생각했다. 이것이 사회적인 조화로서의 예의 실현이며 공자가 제창한 '정명'이다. '정명正名'은 '바를 정正', '이름 명名', 즉 이름을 바로잡는다는 뜻이다. 『논어』에는 제나라 경공이 공자를 만나 정치를 묻자 공자가 답변한 "군군신신부부자자君君臣臣父父子子"라는 유명한 구절이 나오는데, 정명과 깊은 관련이 있다. 한자의 특성으로 인해 "군군"은 "군주가 군주답다", 혹은 "군주를 군주로 모시다" 등 여러 가지 해석이 가능하다. 이 구절에 대한 보편적인 해석은 "군주가 군주답고, 신하가 신하다우며, 아버지가 아버지답고, 아들이 아들다워야 한다"이다. 『논어』에는 경공이 이 말을 듣고 맞는 말이라고 맞장구를 치는 장면이 나온다.

물론 '~답다'라는 말은 굉장히 추상적이어서 정확한 이해에 어려움이 있다. 군주답다는 것이 군주의 어떤 모습이고 신하답다는 것이 신하의 어떤 모습인지 다양한 설명이 가능하다. 다만 이는 예를 사회적으로 실현할 때 한 사회에서 구성원들이 각자 자신의 역할을 충실히 하는 것이 가장 중요하다는 말이다. 예가 실현된 조화로운 사회란 각자 자신의 역할을 충실히 하는 것이며 이를 통해 국가의 올바른 정치가 행해질 수 있다는 말이다. 앞서 언급한 대부 계씨의 예처럼 위아래의 신분 관계가 혼란스러웠고 명분도 제대로 서지 못한 세상에서 공자의 주장은 혼란을 극복하는 방안으로서의 설득력이 있었다. 당시 공자의 주장은 실현되지 못하였다. 다만 춘추전국시대 정치상의 혼란, 명분과 실질의 불일치를 극복하고자 공자가 '정명'이라는 중요한 담론을 제기한 것은 의미 있는 일이다.

정명과 관련하여 더 살펴볼 이야기가 하나 있다. 그것은 공자와 제자 자로의 대화이다. 공자가 위나라에서 정치한다면 무엇을 할 것인지를 자로가 물었을 때 공자는 이렇게 답한다. "이름이 바르지 않으면 말이 자연스럽지 못하다. 말이 자연스럽지 못하면 어떠한 일도 제대로 이루어질 수 없다. 일이 제대로 이루어지지 못하면 예와 악이 일어나지 못한다. 예악이 흥하지 못하면 형벌을 어떻게 해야 할지 알 수 없으며, 이 형벌을 적절하게 쓸 수 없으면 백성들은 스스로 자신들이 어떻게 행동할지 몰라서 손과 발을 둘 곳이 없게 된다. 그러므로 군자는 어떤 것에 대해 먼저 이름을 정하면 반드시 말로 할 수 있고 말을 한다면 반드시 그것을 실천할 수 있는 경지까지 가야 한다." 공자의 주장은 이름을 바로잡는다는 것에서 시작하여 이것이 '말', '일', '예악', '형벌'을 통해 백성들 삶의 문제까지 영향을 미치게 되므로 이름이 바르지 않으면 사회의 올바른 통치, 조화로운 세상을 만들 수 없다는 것이다.

정명에 대한 강조는, 공자가 살았던 당시 제후국들이 부국강병만을 꿈꾸면서 혼란이 극에 달했기 때문에 각자의 역할이 무엇인지에 대한 고민이 있었고 이것이 반영된 논의라고 할 수 있다. 특히 자로가 질문의 대상으로 삼았던 위나라는 왕위의 후계와 관련된 다툼이 있었던 나라이다. 이 때문에 아버지는 아버지답고 아들이 아들다운 모습을 보이는, 원래의 이름에 맞는 모습을 갖고 있어야 한다고 주장한 것이다. 공자의 생각은 각자의 자리에 맞는 모습을 통해 사회의 조화인 예가 실현되고 또 이것이 바로 정치의 시작이라는 것이다.

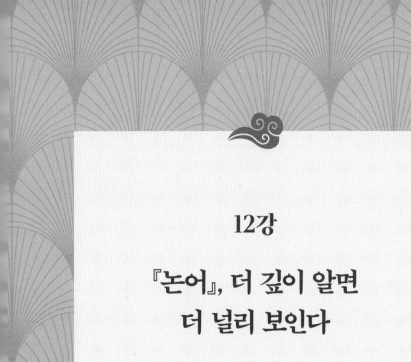

12강

『논어』, 더 깊이 알면
더 널리 보인다

차곡차곡 축적되어 견고해지다

고전의 편찬

이제『논어』가 누구에 의해 어떤 과정을 거쳐 편찬된 것인지를 살펴보자. 전통적으로『논어』의 편찬에 대해서는, 공자의 제자들이 모여서 함께 편찬했다거나 공자의 제자 중 몇 사람에 의해 편찬되었다는 주장, 그리고 공자의 제자인 유약과 증참 두 사람의 제자에 의해 편찬되었다는 주장이 있다.『논어』에 유약과 증참만이 '유자有子', '증자曾子'라는 호칭으로 나오는데, 여기에 쓰인 '자子'가 선생님을 존중하여 부르는 말이므로 유약과 증참의 제자가 편찬했다는 주장이다.

『논어』를 문헌학적으로 살펴보면 어느 한두 제자나 어느 한 시기에 편찬된 것이 아니다. 책의 편찬 과정은 청나라 최술의『수사고신록洙泗考信錄』에 의해 연구되었다. '수사洙泗'란 공자의 고향 취푸 주변을 흐르는 두 강의 이름이다. 우리나라에는 사람 이름에 '洙(물이름 수)를 쓰는 사람이 많다. 이는 오행을 따르는 것이기도 하고 공자를 본받고자 했던 전통이 들어 있다. 또 '고신考信'이란 잘 살펴보아 믿을 만한 것이라는 말이다. 즉『수사고신록』이라는 책 이름은 공자와 관련된 내용을 고찰하여 믿을 만한 내용을 기록했다는 뜻을 갖는다. 이 책에서 다루는 공자와『논어』에 대한 문헌학적인 내용은 신뢰할 만하고 국내외 학자들이 많이 따른다.

최술에 의하면『논어』는 앞의 10편과 뒤 10편을 상론上論과 하론下論으로 나눌 수 있다. 상론은 대체로 문장의 글자 수나 문장 자체의 수가 적고 간결하며 하론은 문장이 복잡하고 글자 수가 많다. 공자가 당시의 대부인 계강자의 질문에 답하는 장면에 이르면, 상론에서는 '자왈子曰'이라고 쓰는데 하론에서는 '공자대왈孔子對曰'이라고 쓴다. '공자대왈'은 상론의 경우 정공이나 애공처럼 군주에게 대답할 때에만 상대를 존중하여 쓴다. 상론과 하론에서 '관중'을 기록하는 태도가 다르다. 상론에는 관중에 대해 부정적인 내용이 있는데 하론에서는 관중을 인정하는 태도를 보인다. 관중은 제나라 출신으로 춘추시대 다섯 패자 중 한 명인 환공의 재상이다. 제나라가 크게 성장하는 데 큰 공을 세웠지만, 유가에서는 부정적인 평가를 많이 하는 편이다. 『맹자』는 유가에서 언급조차 하지 않으려 한다고까지 말했다. 하론에서 관중을 긍정적으로 평가했다면 이는 아마도 하론의 편찬에 제나라 출신 제자가 참여했을 가능성이 있다. 이러한 상론과 하론의 차이, 노나라 출신 제자와 제나라 출신 제자의 관점 차이가, 초기 『논어』의 전래 과정에서 노나라에서 유행하던 노나라 『논어』인 노론魯論과 제나라에서 유행하던 제나라 『논어』인 제론齊論이 별도로 통행된 것에 영향을 미친 것이 아닌가 추측된다.

최술은 하론 중에서도 제11편부터 제15편까지와 제16편 이하도 차이가 있다고 설명한다. 앞의 5편에서는 공자의 말을 기록할 때 기본적으로 "자왈"이라고 시작하는데, 뒤 5편 중 「계씨」나 「미자」는 '공자왈'로 시작한다. 「자장」에서는 '중니왈仲尼曰'이라는 말도 쓴다. '공자왈', '중니왈'은 "공자가 말하였다", "중니가 말하였다"라는 말로 '자왈'보다는 친밀감이나 존경심이 떨어지는 말이다. 이는 아마도 공자로부터 시대가 더 떨어진 시기의 기록일 것이다. 이 때문에 마지막 5편은 가장 후대에 편찬되었을 가능성이 있다고 설명한다. 또한 앞 5편에서 제자가 공자를 직접 부를 때는

'선생님'을 뜻하는 '자子'라는 호칭을 쓰는데, 뒤 5편 중 「양화」를 보면, 공자가 제자인 자유가 책임자로 있는 무성을 방문한 적이 있는데, 공자를 '부자夫子'라고 쓰고 있다. 필힐이라는 사람이 반란을 일으켜서 공자를 초청하려고 한 이야기 속에도 제자인 자로가 공자를 '부자'라고 부른다. 최술의 고증에 의하면 '부자'는 공자가 살아 있을 때가 아니라 그보다 후대인 전국시대 이후의 습관이므로, 이 문장이 공자의 생존 시기에서 한참 떨어진 전국시대 이후에 기록된 것이 된다.

제일 마지막 5편에는 역사적 사실과 달라서 믿을 수 없는 내용도 다수 포함되어 있다. 「계씨」에는 계씨가 전유국을 정벌하려고 하자 염유와 자로가 공자를 찾아뵌 내용이 있다. 염유가 계씨의 재상을 지낸 것은 공자 만년의 일이고 이 당시 자로는 위나라에서 벼슬을 하고 있었다. 이 때문에 염유와 자로가 함께 공자를 만났을 가능성이 없다. 「양화」에 필힐이 반란을 일으켜서 공자를 초청하려고 하자 공자가 처음에 가고자 하였다는 것도 믿기 어려운 구절에 속한다. 필힐이 반란을 일으킨 것은 공자가 죽은 지 5년 후의 일인데, 필힐이 반란을 일으켜서 공자를 부른다는 것은 역사적 사실과 전혀 다르다.

이상의 이유로 최술은 제16편부터 끝까지의 마지막 5편은 아마도 전국 말기의 학사에 의해 확실하시 않은 사료들이 더해진 것이라고 주장한다. 최술의 이야기는 상당히 논리적이고 신뢰할 만하다. 그의 주장에 근거할 때 『논어』의 편찬은 다음 세 단계로 나누어진다. 제1편 「학이」에서 제10편 「향당」까지의 상 10편, 즉 상론은 공자 사후 직계 제자들에 의해 편찬되었다. 하론 중에서 제11편 「선진」에서 제15 「위령공」까지는 상론에 이어서 나온 일종의 속편이다. 아마도 증자가 죽은 후 공자 제자의 제자들에 의해 이루어졌을 가능성이 크다. 제16편 「계씨」에서 제20편 「요왈」까지의 마지막 5편은 맹자 때 혹은 맹자가 죽은 이후, 즉 맹자보다 더 뒤에 전국시대 말기의 학자들에 의해 불확실한 자료들까지 추가된 상태로 편찬된 것이다. 물론 상론에도 후인들에 의해 삽입된 것으로 보이는 부분이 있고 하론에도 공자가 언급한 것이 분명한 구절도 많다. 이에 대해서는 청나라 때 유월의 『고서의의거례古書疑義擧例』에 구체적인 사례가 제시되어 있다.

대체로 『논어』를 읽으면서 누구나 경험하듯이, 뒤로 갈수록 말이 길고 앞과 모순된 듯 보이는 공자를 보게 된다. 이것은 고전으로서의 『논어』를 읽어내는 능력의 부족 때문이 아니고 『논어』라는 책의 편찬 과정과 관련이 있다. 혹자는 『장자』처럼 『논어』도 제일 앞의 10편은 내편이고 그다음 5편은 외편, 그다음 5편은 잡편이라고 주장한다. 책으로서의 『논어』는 이상의 역사적인 단계를 거쳐서 편찬되었으며, 어느 한 시기, 특정한 몇 사람에 의해 편찬된 것이 아니라는 점을 기억해야 한다.

여러 굴곡을 거쳐 현대에 전해오다
고전의 전래

여러 시기에 걸쳐, 여러 사람에 의해 편찬된 『논어』는 현대에 전해오기까지 다시 여러 굴곡을 겪는다. 이는 혼란스러운 춘추전국시대에 이어진 통일국가 진秦나라를 거치면서 나타난다.

B.C.221년 혼란의 전국시대를 통일한 진시황은 하나 된 국가를 위해 봉건제를 군현제로 개편하고 도량형을 통일하는 등 많은 업적을 남긴다. 이때 사상의 통일을 위해 시도한 일이 분서갱유이다. '분서'란 책을 불태우는 것이고 '갱유'란 유학자를 땅에 묻어버리는 것이다. 통일된 진나라는 B.C.207년 패망하게 되어 14년 동안 지속하는데, 진시황은 B.C.210년 세상을 떠난다. 따라서 진시황이 통일 이후 중국을 통치한 기간은 실질적으로 10년 정도라고 할 수 있다. 통상 분서갱유는 10년의 기간 중 후반부의 3년 정도의 시기에 집중적으로 이루어졌다고 한다. 묻어 죽였다는 유학자들은 지금 우리가 말하는 유학자가 아니라 당시의 술사들, 즉 일종의 사기꾼으로 평가받을 만한 이들이었다는 의견도 있다.

책을 불태웠다는 것에 대해 여러 주장이 있지만, 대체로 다음과 같이 설명한다. 진시황이 좋아한 한비자와 같은 법가서와 실용서 등을 제외한 책을 태웠다. 그러나 당시 전국시대 제자백가 사상을 담고 있는 책을 모두 태운 것이 아니고 민간에서 수장하는 것을 금지한 것이다. 궁궐 내의 도서관에는 많은 책을 남겨두었는데 나중에 항우가 아방궁을 점령하고 아방궁에 불을 내면서 이 책이 모두 불에 타서 없어졌다. 물론 지금으로선 분서의 구체적인 과정은 알 수 없다. 다만 진나라의 통치 기간을 지나면서 원래의 『논어』는 자취를 감추었다고 볼 수 있다.

그렇다면 지금의 『논어』는 어떻게 전해진 것일까? 통일된 진나라는 B.C.207년에 망하고, 한나라가 초한 전쟁에서 승리하여 국정을 안정시킨 후 문헌 복원 작업을 하게 된다. 책이 모두 없어진 상태에서 문헌 복원은, 문헌의 내용에 대한 기억에 의존하는 것과 누군가가 숨겨둔 문헌이 다시 발굴되는 경우에 가능하다. 진나라가 오래가지 않았다는 것은 문헌 복원의 입장에서는 다행스러운 일이다. 한나라 초기에 과거의 문헌을 공부했던 학자가 생존해 있을 가능성이 크기 때문이다. 『논어』의 복원 역시 한나라 초기에 구술의 과정을 거쳐서 이루어진다. 다만 책의 복원이 특정한 한 사람에 의해 이루어진 것이 아니었고, 제나라 지역에서 복원하여 전해지는 제나라 『논어』 '제론'과 노나라 지역에서 복원하여 전해지는 노나라 『논어』 '노론'이 각각 전해진다.

이로부터 상당한 시간이 지난 후에 과거 노나라 지역을 통치하는 제후인 공왕이 궁궐을 확장하려고 공자 후손들이 살던 집을 부수려다가 벽에서 『논어』가 발견된다. 이것을 흔히 노나라의 벽이라는 뜻인 '노벽魯壁'으로 부른다.

전해지는 바에 의하면, B.C.154년 한나라 무제 때 노나라 제후였던 공왕이 자신의 궁궐 확장 공사를 하다가 공자의 후손이 살던 집을 허물었는데, 거기에서 『춘추』, 『예기』, 『논어』, 『효경』 등이 나온다. 진시황 때의 분서갱유를 피해 문헌을 숨겨놓았다고 전해지지만 믿기 어려운 점도 몇 가지 있다.

우선 한나라 초기부터 공자에 대한 존숭은 시작되었고 특히 무제 때에는 유학이 중시되었기 때문에 공자에 대한 존중의 의미로 공자 후손이 살도록 해주었던 집을 노나라 지방을 다스리는 제후가 함부로 무너뜨릴 수는 없었을 것이라는 의심이다. 둘째는 『춘추』, 『예기』, 『논어』, 『효경』 등의 서적이 나왔다고 하는데, 이 당시의 서적은 모두 대나무로 만든 죽간竹簡으로 되어 있었기 때문에 그 양이 상당할 것인데 그렇게 많은 죽간이 벽에서 나오기는 어렵다는 것이다. 셋째는 공왕이 확장하려던 자신의 궁궐과 문헌이 나왔다는 노벽 사이의 거리가 상당히 떨어져 있기에 궁궐의 확장 과정이라는 것 자체가 성립되기 어렵다는 것이다.[5] 지금으로선 역사적인 진위나 구체적인 과정을 명확하게 알 수는 없지만, 이 당시에 누군가에 의해 감추어두었던 『논어』가 있었다는 것만은 사실인 듯하다.

이렇게 발굴된 『논어』는 옛날의 원래 『논어』라고 해서 고론古論이라고 부른다. 이는 진나라 통일 이전의 옛 문자로 쓴 것이기에 붙여진 명칭이다. 또 제나라 『논어』나 노나라 『논어』가 당시의 문자로 기록되어 있어서 금문今文 경전이라 하고, 벽에서 발굴된 『논어』는 옛 문자로 쓰여 있다고 해서 고문古文 경전이라 부른다. 앞서 복원된 노나라 『논어』, 제나라 『논어』와 발굴된 옛 『논어』를 합하여 세 가지 논어라는 뜻의 '삼론三論'이라고 부른다.

세 가지 『논어』 텍스트는 현재 전해지지 않기에 원래의 모습을 알 수 없다. 다만 짐작할 수 있는 것은, 고대 학문의 전승은 스승과 제자 사이에서 직접 이루어지는 것으로서 매우 엄밀했으며, 학문이 전승되는 과정은 학문의 분파마다 지역이나 사람도 달랐고 글씨체와 편수 등에서 모두 차이가 났다. 이 때문에 세 가지 『논어』 역시 내용상 같은 것도 있고 다른 것도 있었을 것이다. 이처럼 서로 다른 내용과 체제를 가지고 있는 삼론이 서로 각각 다른 과정을 통해 전수되었다.

우리는 구술을 통해 복원하여 전해진 『논어』보다 출토된 『논어』가 원래의 모습에 가까울 것이므로 고론이 출현하고 나서 노론과 제론은 없어졌다고 생각하기 쉽다. 그러나 고론보다 먼저 노론과 제론이 만들어져 이미 100여 년이 지났고 그것으로 공부한 학자들은 새로 출토된 『논어』

---

5   이에 대해서는 탕밍구이唐明貴의 『논어학사論語學史』에 자세한 설명이 나온다.

를 어떻게 받아들일지 고민스러웠을 것이다. 그래서 공자 후손 집안의 벽에서 나온 책이 가짜일 수 있다는 주장이 나오면서 고론을 중시하는 학자들과 제론이나 노론을 중시하는 학자 사이에서 논쟁이 벌어진다. 이것이 한나라 때 노론, 제론과 고론의 세 가지 『논어』가 각각 전승되고 각각 그것을 공부하는 학자들이 있었던 이유이다.

이후 한동안 각자 스승으로부터 배운 것을 공부하고 이를 다시 후학들에게 전수해주는 방식으로 『논어』는 전승된다. 그러던 중 장우가 나타나서 이를 통합한다. 장우는 원제 때 재상을 지냈던 사람으로, 처음 하후건에게 노론을 배우고 이후 용담에게 제론을 배운다. 그는 노론을 기본으로 하고 여기에 제론을 함께 넣고 이 과정에서 번잡하고 의심스러운 부분을 삭제하여 새로운 『논어』를 20편으로 편찬하게 된다. 이를 보통 장우의 『논어』라는 뜻에서 '장우론'라고 부르는데, 제론에 있었던 「문왕問王」과 「지도知道」 두 편이 여기에서 빠졌다고 알려져 있다. 장우는 한나라 말기와 이어진 왕망의 신나라에서 높은 지위를 역임했기 때문인지 당시 사람들은 "논어를 공부하려면 장우의 『논어』를 읽어라"라는 말이 유행할 정도로 학자들 사이에서 장우의 『논어』를 존중하게 된다.

후대에 장우의 『논어』는 다시 정현에 의해 고론과 통합된다. 정현은 노나라 지역을 중심으로 활동한 고문학자이다. 이 때문에 당연히 고론을 중시하지만, 『논어』의 편찬은 노론을 기본으로 하고 제론과 고론을 참조하여 주석을 달게 된다. 특히 정현은 고론의 자구에 근거하되 노론에 많이 쓰인 가차자를 교정한다. 가령 「학이」의 "전불습호傳不習乎"에 대해 정현은 노론에서는 '전할 전傳'자 대신에 '전문가'를 말할 때 쓰는 '전專'자로 썼는데, 자신은 고론을 따라서 '전傳'자를 썼다고 말한다. 즉 그는 노론을 기본 텍스트로 하지만 이 구절에서는 고론에 있는 글자를 따랐다는 말이다. 정현의 『논어』는 텍스트를 확정하는 과정에서 기본적으로 노론을 근거로 하되 고론을 통합한 것이다.

정현의 『논어』 주석은 대략 오대 시기 이후에 없어져서 우리가 그 전면을 알지 못한다. 20세기에 들어서 중국의 돈황 지역에서 정현의 『논어』 주석 일부가 발견되어 일면을 알 수 있게 된다. 또 청대의 후기에 들어서면 여기저기에서 보이는 정현의 『논어』 주석을 모으는 작업이 이루어진다. 서양원은 「논어노독고論語魯讀考」를 써서 정현의 견해를 중심으로 『논어』에 반영된 노론을 모았으며, 유보남 역시 『논어정의論語正義』를 편찬하면서 정현의 『논어』 해설을 언급하고 있다. 정현의 『논어』 주석은 그가 살아 있을 당시부터 중시되었고, 현재 전해온 『논어』의 판본은 정현의 삼론 통합을 거친 것이다.

⊛ 참고문헌 ⊛

※ 여기에는 내가 이 글을 쓰면서 직접 참고한 것도 있지만, 본문을 읽어나가는 과정에서 참고가 될 만한 문헌을 소개하는 것도 있다. 제3부에는 내가 번역한 『논어-개인 윤리와 사회윤리의 조화』(2006, 살림출판사)의 내용을 일부 수정 및 재기술하여 가져온 것이 있다. 『논어』의 번역문 역시 내가 번역한 책에서 일부 수정하여 가져왔다.

(淸) 劉寶楠, 『論語正義』, (1990년 北京 中華書局 高流水 點校本)

(淸) 崔述, 『論語餘說』(1963, 『崔東壁遺書』, 臺灣 世界書局 배인본)

(淸) 崔述, 『洙泗考信錄』(1963, 『崔東壁遺書』, 臺灣 世界書局 배인본)

高尙榘 主編, 2001, 『論語岐解輯錄』, 北京, 中華書局.

弓英德, 1970, 『論語疑義輯注』, 臺灣 商務印書館.

김도련 역주, 1990, 『朱註今譯 논어』, 현음사.

김학주 역주, 2013, 『맹자』, 서울대학교출판문화원.

唐明貴, 2009, 『論語學史』, 中國社會科學出版社.

李零 著, 2007, 『喪家之狗:我讀論語』, 山西人民出版社. (김갑수 역, 2012, 『집 잃은 개』, 글항아리)

리쩌허우 저, 임옥균 역, 2006, 『논어금독』, 북로드.

박종연 역, 2006, 『논어』, 을유문화사.

司馬遷, 『史記』의 「孔子世家」와 「仲尼弟子列傳」

梁濤, 「孔子行年考」(1-3) (中國儒學網, http://www.confuchina.com 자료)

이강재, 「논어 고주 고석(1-8)」, 『중국어문논역총간』 2001-2006, 중국어문논역학회.

이강재, 1998.8, 「『논어』 상십편의 해석에 대한 연구」, 서울대학교 박사학위논문.

이강재, 1999, 「논어 '其爲人也孝弟章'과 '子游問孝章'의 해석에 대한 연구」, 연강중국학논

총 제1집, 연강중국학회.

이강재, 2006, 『논어-개인윤리와 사회윤리의 조화』, 살림출판사.

이강재, 2011.6.11, 「나는 어떤 『논어』책을 원하는가?」, 경학학회 월례발표회 구두발표문.

이강재, 2013.10, 「공맹사상을 통해 본 남북통일」, 『통일인문학자료집(통일인문학 신규개발 보고서 논문집)』, 연세대학교 국학연구원.

이강재·김효신 역해, 2006, 『고증학자는 논어를 어떻게 읽었나』, 학고방.

이강재·이예성, 2018.5, 「논어정의(論語正義)에 나타난 노론(魯論)」, 『인문논총』 제75권 제2호, 서울대학교 인문학연구원.

이강재의 NAVER 블로그 blog.naver.com/kjleeok

李相玉 역, 1987, 『신완역 예기』, 명문당.

임태승, 2017.12, 「"孔子適衛"의 본말과 그 行程의 재구성」, 『대동문화연구』 100호, 성균 관대학교 대동문화연구원.

程樹德, 1942, 『論語集釋』, (1990, 北京中華書局, 排印本)

정종, 1986, 『論語와 孔子』, 1986, 원광대학교출판국.

鍾肇鵬, 1990, 「孔子繫年」, 『孔子研究』, 北京 中國社會科學出版社.

周何, 田博元 主編, 1978, 『國學導讀叢編(上)』, 臺灣, 康橋出版事業公司.

胡志奎 著, 「論語編撰源流考徵」 (1978, 『論語辨證』, 臺灣, 聯經出版事業公司)

KI신서 10608

논어처럼
이끌어라

1판 1쇄 인쇄 2023년 1월 2일
1판 1쇄 발행 2023년 1월 9일

지은이 이강재
펴낸이 김영곤
펴낸곳 (주)북이십일 21세기북스

서가명강팀장 강지은
책임편집 공승현 **서가명강팀** 이지예
디자인 표지 어나더페이퍼 본문 푸른나무디자인
출판마케팅영업본부장 민안기
마케팅2팀 나은경 정유진 박보미 백다희
출판영업팀 최명열 김다운
e-커머스팀 장철용 권채영
제작팀 이영민 권경민

출판등록 2000년 5월 6일 제406-2003-061호
주소 (우 10881) 경기도 파주시 회동길 201(문발동)
대표전화 031-955-2100 **팩스** 031-955-2151 **이메일** book21@book21.co.kr

(주)북이십일 경계를 허무는 콘텐츠 리더

21세기북스 채널에서 도서 정보와 다양한 영상자료, 이벤트를 만나세요!
페이스북 facebook.com/jiinpill21 **포스트** post.naver.com/21c_editors
인스타그램 instagram.com/jiinpill21 **홈페이지** www.book21.com
유튜브 youtube.com/book21pub

서울대 **가**지 않아도 들을 수 있는 **명강**의! 〈서가명강〉
유튜브, 네이버, 팟캐스트에서 '서가명강'을 검색해보세요!

© 이강재, 2023

ISBN 978-89-509-9151-7 03100